從神話到歷史

神話時代與夏王朝

神話から歴史へ　神話時代　夏王朝

宮本一夫——著
郭清華——譯

第四章 區域文化的發展

第五章

第七章 畜牧型農耕社會的出現

第十章 邁向初期國家的曙光

考古學家寫史，歷史學家導讀

中興大學歷史系助理教授　游逸飛

歷史該從何時開始寫起？或者說歷史可追溯至何時？此問題其實隱藏了所有格——「人類的」歷史。關於歷史學的性質，過往曾有「科學」抑或「藝術」之爭。但當代歷史學被視為人文學科，基本已無爭議。或因如此，現代史家原則上只研究人類自身的歷史，至多關注及於人類與自然環境互動的歷史。「宇宙的」歷史、「地球的」歷史、「生物的」歷史，大抵被劃歸至天文學、地質學、生物學等自然科學範疇。在一定程度上，兩千年前司馬遷所謂的「究天人之際」，已是現代史家不能想像的境界。

即便畫地自限於人類的歷史，現代史家亦未全面掌握人類歷史的書寫權力。理論上，前一剎那，即是歷史，但當代人類的政治、經濟與社會卻是政治學家、經濟學家、社會學家乃至人類學家等社會科學研究者的禁臠，現代史家似乎只能鑽故紙堆，喪失了鑑往知來、指點江山的話語權，無怪乎社會上「歷史無用論」甚囂塵上，歷史系的學生也對未來感到茫然。

至於人類歷史的根源，現代史家也用「史前」時代等術語與之劃清界線。「商代是中國信史的開端」，竟然仍是中學教科書常見的觀念。所謂「信史」，相對於口傳故事、相對於神話傳說，大抵是指甲骨文等文獻紀錄的歷史。其實文獻、口傳、神話傳說等概念的關係極度複雜，部分文獻的內容來自口傳，神話傳說的內容亦常見於文獻，更不要說文獻也會虛構、口傳故事是人類另一種記述歷史的方式、神話傳說也保留了早期人類的集體記憶等觀點，我們根本無法簡單判定文獻、口傳、神話傳說的可信度高低。再看考古學於這百餘年在世界各地的蓬勃發展，難道根據考古材料書寫的「史前史」會比根據文獻的「信史」更不可信？如果文獻與考古材料是同等效力的史料，那「史前史」、「史前時代」等概念是否有必要調整、甚至揚棄？

不管未來如何，要根據考古材料寫遠古人類的歷史，當代歷史學者力有未逮，大抵是不爭的事實。正因如此，日本講談社「中國的歷史」洋洋十二冊的開頭第一冊，敦請考古學者宮本一夫負責撰寫，也就不令人意外。然而能掌握好考古材料，是否就能書寫上古史了呢？且讓我們拭目以待。

《從神話到歷史》共分十章，來自文獻的內容只有第一章〈神話與考古學〉的部分內容，其他九章半的內容全部依據考古材料，作者可謂盡了考古學的「本分」。雖然有些歷史學者可能希望古史傳說在「中國的歷史」系列開頭占據更多的篇幅，但因這些保存古史傳說的文獻，成書時間多半晚至戰國秦漢之際（見本書第三七頁），即便是新出土文獻，大抵也不外如是。加上神話傳說裡的歷史訊息不易抽絲剝繭、西方神話學理論不一定適用於中國等原因，作者的謹慎處理也合乎現代學術規範。

不過根據考古材料書寫的中國上古史，反映的是今人對人類社會起源與演化的認知：從舊石器到新石器、從原始人到現代人、從農業起源到國家形成等等。儘管這些學說在當代蔚為主流，但百年千年之後，未必仍是顛撲不破的真理。而古人對世界誕生、人類起源、國家形成等問題的理解與想像，看似已經過時，卻未必全無是處。我們今日回顧百年千年之前，古人對人類社會起源與演化的認知，應帶有更多同情的理解。誠如顧頡剛所言，這些古史傳說更適合用來探討戰國秦漢以降的思想史。正因如此，這些反映古人思維的古史傳說在上古史仍應占有一席之地，就連唐代柳宗元的〈封建論〉也值得一提。

回到《從神話到歷史》的考古學視野，與歷史學家撰寫的通史、斷代史相比，本書的最大特色之一就是以「區域」為主體，絕不預設「中國」、「中國人」為全書的「主詞」。

現代史家撰寫的中國通史，即便再怎麼具有反思力，或多或少也隱含「中國」、「中國人」的預設，自不必多論。秦漢史、明史等統一帝國的歷史，「秦朝」、「漢廷」、「明政府」等概念往往以整個帝國的代言人的角色躍然紙上，事實上地方政府、基層社會可否被中央政府「代表」，殊為可疑。而魏晉南北朝史、宋遼金元史等分裂時代的歷史，現代史家即便擺脫了傳統史學「正統論」的束縛，看似將各地政權等量齊觀，但日後乃至當代未被納入中國版圖的朝鮮、越南等地，或不被納入筆下、或以周邊民族與政權書之。分裂時代尚且如此，唐史、清史等帶有「異樣血統」的統一帝國史，就更難避免「中國」、「中國人」概念的制約了。

受惠於考古學的視野，兼以此時期「最早的中國」尚未建立，《從神話到歷史》超越了政治與民族等後世概念的束縛，以經濟生業為綱，先將新石器早期的定居社會分成華北的粟黍農業區、華中的稻作農業區，更北方（遠東）與更南方（華南）則是採集與狩獵的非農業區（八四頁圖說），在此區域體系的基礎上展開全書的討論。隨著定居社會的發展、農耕技術的擴張，新石器時代中晚期的區域體系自然在原先的格局上有所變動，《從神話到歷史》進而將之析分，概略但細膩地描繪了各區域的社會面貌（一一一頁圖）。

在此基礎上，《從神話到歷史》得以省思商周「中國」的面貌何以形成。作者不僅引用日本學術大家林巳奈夫「商周青銅器饕餮紋的原形，是良渚文化的獸面紋」之說，還進而主張良渚的玉琮等玉器文化從長江下游傳播到黃河流域（二四一頁圖），可謂中國玉文化的源頭。作者更探討黑陶酒器等隨葬器物（本書二七二頁圖），指出商周「禮樂」的成分（三二八頁）頗多來源於新石器時代黃河下游地區的「儀禮」；就連殷墟的甲骨文（三三一頁圖），也來自於北方長城地區的卜骨文化（二八三頁圖）。雖然某某事物的起源探索非常困難，很容易被新出土材料所修正。但《從神話到歷史》這些說法確實讓人深切感受到中國並非鐵板一塊，而是許多區域共同組成的複合體。區域的有無，不只影響中國疆域的伸縮，甚至影響了中國特質的形塑。

《從神話到歷史》以區域為主體的作法，固然值得推崇，但也並非全無流弊。一部小說不一定只能有一位主角，但主角若多達七、八位乃至十餘位，自然難逃劇情分散、鋪陳過多、缺乏主旋律之譏。「中國」只有一個，區域卻可以無限分化。讀《從神話到歷史》，或多或少會被不同區域的「考古學文化」牽著鼻子走，不知細節描述的意義何在。尤其《從神話到歷史》是「中國的歷史」裡的一冊，缺乏考古學知識的讀者，「見區域而不見中國」的感受只會更加強烈。儘管《從神話到歷史》陸譯版的導讀人許宏先生嘗試為作者緩頰：

> 這些敘述對讀者而言可能略顯枯燥，似乎學術味兒重了些，但卻是解讀遠古中國必不可少的輪

廓性勾畫。

但對一般讀者而言，作者對這些考古學文化的敘述，就像歷史學家喜歡引用的史料一樣，只要有讀不懂的地方，就不能不說是雞肋之作。

作者並非沒有意識到此問題。如果我們不願意把「國家」、「民族」等既有概念當作歷史的主體，又不滿足於將各區域的具體歷史簡單拼湊在一起的作法，那麼使用新概念作為歷史的主體，藉此整合各區域的歷史，應是行之有效的辦法。中國史、東亞史、全球史均可如此重寫。事實上《從神話到歷史》就是這麼寫的，諸章已嘗試運用「農業的起源與擴散」、「社會的複雜化與統合」、「宗教信仰」、「早期國家」等概念，去統攝不同區域的考古學文化，描繪出豐富且清晰的上古史圖景。

行文至此，我們當然可以追問下去：如果用「國家」、「民族」的概念去統攝不同區域的考古學文化，是不可取的作法。那運用其他概念去統攝區域，難道就毫無弊端嗎？但這個問題已觸及「個案」與「概念」的本質矛盾：任何個案都不可能完全被概念化，所有個案都有其特殊性，因此我們不能用概念去堆砌歷史。但個案若完全不加以概念化、不抽繹其意義，那歷史就只能是斷爛朝報，根本無從寫起。重視概念與重視個案，各有優劣，我們只能執中道而行。《從神話到歷史》既以區域為主體，又重視概念化的寫法，我認為在現階段十分恰當。問題未能完全解決，主要是受制於學界現有的研究水平，作者還沒辦法徹底將不同區域的考古學文化充分概念化。而宮本先生不勉強概念化的作法，恰可凸顯其學風嚴謹的一面。

讀《從神話到歷史》，不難注意到其區域史敘述裡，東北地區的比例較一般中國考古學著作為多。這是因為宮本先生乃日本人，嘗試從東亞的角度解析這段時期的歷史，探討「為何東亞最早出現的古代國家在中國大陸」這一宏大課題。故作者須透過東北地區考古學文化的介紹來銜接中國與朝鮮半島、日本列島（二〇〇頁圖），進而將日本列島與中國大陸對照，指出日本出土研磨堅果的石盤、半地穴房屋、玉玦、土偶（女性像，二六三頁）、卜骨、「埴輪」、木棺墓、成人甕棺墓等遺存，均可在東北、華北、東西伯利亞等地找到類似者，反映日本不只經濟生業與東北地區相似，在宗教信仰上更是遠東文化圈的一部分（一八〇頁圖）。作者認為這一視野，有助於反思西嶋定生設定了中心與邊陲的東亞史觀。無論是洞見抑或偏見，宮本先生從東亞考古學的角度切入中國上古史，無疑充分發揮了身為日本人的特長。臺灣雖然在東北亞區域之外，但作者的問題意識與取徑，對我們思考臺灣與中國大陸的關係，足資借鑑。

中國考古學與民族主義的關係向來處於「剪不斷，理還亂」的微妙境地，不管是現代人的「非洲起源說」與「多元起源說」之爭，抑或夏朝究竟是否存在等熱門課題，中國學者與漢學家的立場往往涇渭分明，清晰反映出國籍、種族與學術態度的高度關聯性，說明學者所處的學術環境往往影響其學術判斷甚鉅。宮本先生身為日本人，卻研究中國考古學，其學術態度無疑值得我們注意。但令人驚訝的是，作者對上述爭議極大的兩個問題，其判斷卻溢出我們的「常識」之外：

> 只要人類多元說沒有被遺忘，蒙古人種的起源地在中國大陸的可能，就值得我們多加注意。
>
> 二里頭文化就是夏王朝，因此夏王朝是確實存在的朝代。

如果只看上述言論，恐怕很難猜出這是漢學家的意見。或許有人會堅信學術政治角度的解釋力，進而揣測這是作者為了迎合「中國崛起」而改弦易張。但我更願意相信這是二十一世紀學界全球化的結果，任何一個地方的學者都可以透過各種方式，在一定程度上超越自身所處的學術環境，從而提出更具意義的學說，包括中國學者。事實上當代中國二里頭考古隊隊長許宏恰恰不願意主張「二里頭文化就是夏王朝」。宮本先生與許宏先生看似矛盾的學術判斷，卻存在著共通性——他們都挑戰了我們根據國籍與種族來下判斷的「常識」。這非常值得我們咀嚼再三：臺灣學者又會在這些重大學術問題上持有什麼樣的看法呢？正如「楚人失弓，楚人得之」的故事一樣，或許我們該反思的是「臺灣」二字的意義。有些時候，我們不一定需要「臺灣」，我們需要的只是「學者」。

雖然反思民族主義已經帶給我們夠多的刺激，但作者對夏王朝的討論並非僅止於此。他指出即使二里頭文化可以稱之為「夏」，也不代表二里頭考古學文化自動升級為王朝的社會型態。二里頭文化的實質內涵、當時的統治形式、與各區域之間的關係（二九四頁圖）究竟為何，才是更重要的問題，拘泥於「名」，只會讓我們忽略掉「實」。

上文已對《從神話到歷史》的考古學視野略加介紹，最後我想稍微介紹一些本書涉及的考古學研究方法，以供一般讀者參考。

考古學對區域的重視，來自具體的考古遺址發掘。與史書不同，一個個考古遺址的時間座標往往難以精確到年月日，只能約略判斷；但空間座標卻可以精確到經緯度小數點後幾位，因為遺址就在那裡。同理，史書往往只能透過文字去描繪歷史場景，但位於該處的考古遺址彷彿時間膠囊，竭力保留了遺址廢棄、墓葬掩埋時的那一瞬間，帶給人的臨場感特別強烈。因此從考古學的角度書寫歷史，不僅具有區域主體的眼光，還會特別重視歷史場景的重建、日常生活細節的復原，因為那就是考古現場所見。但不像史書能以生花妙筆直接描寫人物，考古遺址雖然曾為人所居，但生人終究已逝，屍骨未必留存，今人所見的往往只是器物與建築，而且還是不易腐爛者。因此考古學要想書寫歷史，只能經由「透物見人」的途徑。但要想解讀百千萬年前的出土遺物，豈有那麼容易，否則人人都是考古學家。下文以器物、飲食、聚落為例，說明《從神話到歷史》如何「透物見人」，還原遠古歷史。

史書裡的器物，多半是一鱗半爪，依附於某個人物、場景或事件才被提到，很少成為主角。考古遺址則不然，遺址出土最多的是器物，最令人興奮者往往也是器物。同一遺址裡同類器物的風格差異，往往反映了時代差異（三二三頁圖）；不同遺址的器物差異則可能反映使用者的差異，器物的傳播與擴散可能反映人群的遷徙與擴張，這些是考古學裡器物類型學的基本理念。但作者謹慎地指出鼎、鬲等單一器物的傳播與擴散（二三八頁圖），嚴格來說只能反映地域之間有所交流往來，不宜簡單將單一器物對應於某批人群。如果找出遺址裡的若干基本器物，建立起器物群（一〇五頁圖），便可比較有效地建立器物與人群的對應關係。除了基本器物，海貝、綠松石、玉琮等舶來品同樣值得重視。由於舶來品取得不易，舶來品的擁有者理應是人群裡的有力人士。而擁有舶來品，又會強化有力人士的權力與地位，使之成為領袖。

要想「見人」，其中的重要課題無疑是人如何生存。但史書裡的人物，生存下來彷彿自然而然，只有很偶然的時候才會提及這些人也會吃飯、也會喝水，是個活生生的人。事實上，人的必備生存條件之一是食物，食物則不外乎動物與植物。憑藉現代科技的發達，動物考古與植物考古遂為顯學。考古遺存中若有動物的骨頭或牙齒，專家透過其形態分析，可能辨識出是何種動物，甚至可能辨識出野豬與家豬的差異，進而確定人類的經濟生業是狩獵抑或畜牧。同樣的，植物遺存也可能辨識出栽培稻與野生稻的差別（九三頁圖），進而探討人類是否已進入農業社會。

人群生於斯、長於斯，聚落考古與環境考古（一一二頁圖）亦為「見人」的重要課題。史書裡的人物往往只有籍貫、身分，沒有對其居所作更具體的描寫。考古發掘的遺址則是古人居址的鮮明寫照，看似極有助於聚落的理解，實則需要更縝密的研究。陝西臨潼姜寨環壕聚落赫赫有名，許多人可能對其五組「大房子」圍繞大廣場的平面圖（一二二頁圖）印象深刻。《從神話到歷史》卻根據各組建築之間的疊壓關係，將原來一張平面圖析分成三張按時代先後排列的平面圖（一二三頁圖），復原出姜寨環壕聚落的變遷歷程。這讓我們切實體會要搞清楚出土遺存的時代，然後排列出先後順序，看似簡單，實際上到底有多不容易！

一個聚落是一群人，再大的聚落還是一群人。要進一步探討人群組成的複雜社會，不能不討論聚落與聚落之間的關係。史書裡的聚落，往往有郡縣鄉里等明確等級，聚落關係非常清晰。考古發掘的聚落遺址則不然，聚落不論大小，之間的關係均有待進一步論證。如長江中游位於漢水流域的石家河遺址、位於沮漳河流域的陰湘城、位於澧水流域的城頭山遺址，它們均屬於屈家嶺文化時期，均有一定規模的城址，是各自流域的中心，但彼此之間有交流往來。由於石家河遺址面積最大，我們是否可推測居住在石家河遺址的人群地位較高，甚至控制了其他流域的人群呢？作者認為石家河遺址並未發現宮殿或大墓等反映王權的遺存，看不出控制力外擴的跡象。三個流域中心遺址的關係可能是既合作又競爭，其城址規模大小可能只反映人口多寡或經濟強弱，並不反映政治等級的高低。

以上希望可以具體呈現考古學如何「透物見人」。相較於在文獻中發現歷史，在考古遺址中尋找歷史，無疑是值得關注的另一扇窗。二十一世紀初，「中國的歷史」第一冊由考古學家撰寫，似乎反映本世紀考古學與歷史學將更緊密地結合。事實上文獻在商周秦漢以降的歷史，數量固然越來越大、扮演的角色也越來越重要。但商周秦漢以降的考古材料自有其價值，不應被歷史學家忽略，考古學應成為所有古代史家共同的學術素養。而宋代以後的考古發掘，也應得到考古學家更多重視。如果宮本先生的《從神話到歷史》是考古學反饋給歷史學的成功典範，那麼歷史學應該怎麼對考古學「投桃報李」呢？再者，歷史學家對商周以前的歷史「失語」的窘境是否合理？我們真的甘心讓考古學者搶走飯碗嗎？一部由嫻熟考古學視野與材料的歷史學家撰寫的上古史，會否各擅勝場、別有一番風貌？二十一世紀，還很長。

前言

為何中國大陸會早早就出現了古代國家？

中國的古文明，被譽為是世界四大古文明之一，而這四大古文明，都發源自大河流域。埃及文明發源於尼羅河流域，美索不達米亞文明孕育自底格里斯河與幼發拉底河的兩河流域，印度河文明萌芽於印度河流域，而中國的古文明則在黃河流域蓬勃發展。由此，我們可以認為：孕育了四大古文明的那些發源地擁有共同的發展條件，那就是河流與河流兩岸的肥沃沖積地。而其共通點則是在沖積地形成的平原上，都曾有發達的農耕社會。

儘管我們可以發現，各地域的農耕社會形成的內容有所不同，其發展階段與歷史性過程也不盡相同，但是，我們還是可以看到共同點，其一就是這些區域都出現了以王權為中心的古代國家。

不過，為什麼中國大陸會早早就出現古代國家呢？為了尋求這個答案，我們必須先來看看古代國家誕生之前就已經存在的農耕社會，了解其出現的原因與發展、以及變遷的過程，並思考關於農業社會何以形成古代國家的結構問題。

司母戊鼎（中國國家博物館收藏）
1939年於河南省安陽殷墟出土。
青銅製祭祀器。

流經甘肅省永靖縣的黃河　永靖縣位於甘肅中部西南，臨夏回族自治州北部，地處黃河上游，是中華民族黃河古文化早期的發祥地和傳播地之一，有著五千年燦爛輝煌的黃河古文化。

然而中國大陸幅員遼闊，不是只有黃河流域，還擁有其他許許多多的地理環境。近二十年來，人們開始注意到這個事實，於是將之前針對以黃河流域為中心所展開的一元化文化、文明的看法，轉換成重視以中國的多種地域觀為基礎的、多元化社會的歷史解釋。

主導這個想法的人，便是具有巨大影響力的中國史前時代研究者，中國社會科學院考古研究所的蘇秉琦先生。近年來，更出現了不少強調長江文化在史前文化中的先進性，並認為長江文明不僅不亞於黃河文明，甚至更勝於黃河文明的研究者。

也就是說，以各種自然環境為背景，中國各地固有的地域文化，很明顯早在史前時代就已經存在了。了解這樣的地域文化的實際狀態，當然是我們首先要重視的事情，我們還必須知道這些地域文化，在歷經古代國家出現、王朝更迭、政治變動之後，都還是今日我們所知的各地域文化的基礎架構。

要了解今日的中國地域社會或地域風土時，絕對不能忽視史前時代的地域文化實態！或者說，即使身處在王朝的更迭、或瞬息萬變的政治之中，也絕不能忽視那些超越歷史事實而存在的地域文化的脈絡。否則，這些地域文化的脈絡，將消失在歷史的記述當中。本書將針對這些難以把握的地域文化的基礎部分，進行考察。

為了解史前農耕社會的形成，到史前時代的地域文化，我覺得必須使用考古學式的解釋方式來進行研究。希望讀者們也能藉此了解一部分的考古學，尤其是以考古學為對象的地域調查研究。無論如何，這都是與一個地域的近、現代史息息相關的事情。

包含挖掘文物在內的考古學調查史，各現代國家之間有著差異，其研究方法與調查行動，當然有其共通之處，但有些差異確實大到讓人覺得不可思議。那些差異的原因可以簡單歸納為民族性的不同；民族性是一個國家自古以來就累積而成的歷史產物，又或者是近代國家在成立之後所產生的民族意識。

從中國近代考古學的步伐，窺見現代中國的面貌

本書想從中國近代考古學的步伐開始說起。

今日中國考古學的發達讓人瞠目結舌，資訊過多的情況已經和日本不相上下。然而這樣的現象正好與這十年來，或者說這五年來的中國經濟發展相呼應。因此，人們也能從考古學一窺現代中國的面貌。

西元一九七二年中日建交前後，一般外國研究人員幾乎無法直接看到在中國挖掘出來的古代遺物，更別說是參與挖掘文物的行動。只能從發表在《考古》、《文物》、《考古學報》等三大學術雜誌上的挖掘報告文章中，看到一些研究成果，然後再做評論。但是，進入八〇年代之後，中國大陸政策轉換成改革、開放路線，許多地方陸續出版了考古學專門雜誌，更多的文物挖掘報告出爐；

甚至到了九〇年代的後半，外國研究人員也可以和中國研究者共同進行調查，直接參與挖掘考查的行動。

貝塚茂樹、伊藤道治兩位老師所著的《從原始到春秋戰國》（「中國的歷史」1，講談社，一九七四年），引用了中日建交以前的資料，但在當時卻無法對這些資料進行直接檢證。雖說這本書是二次戰前培養出來，具有深厚東洋學傳統學術素養的兩位大學者的著作，但很遺憾的，還是難與近年來陸續發表的挖掘成果論著相提並論。講談社學術文庫後來將此書以《古代中國》重新再版發行時，伊藤道治老師大幅改寫了殷商以前的史前時代部分。但是，把史前社會和隨著學術的進展所看到商周文獻史料總結在一起，看起來總是有點不太自然。

本系列書是將史前社會到商周社會作為獨立的一冊，可以更多元且深入地說明。另外，因為本書主要探討的對象是農耕社會，其時期相當於新石器時代，以日本列島而言，則相當於繩文時代。中國的新石器時代社會和日本列島的繩文社會，大致是在更新世末期相同的時代，皆已經開始使用陶器，也進入定居型的生活，但是後來隨著社會變化的速度與各自的發展過程，而有了極大的差異。就像之前所提出來的，「為何東亞最早出現的古代國家是在中國大陸」，該問題是本書探討的重點之一。此外，本書還想把日本列島的史前社會，與該課題做對比，進行討論。

本書在探討史前社會階段性社會構造的變化時，試著進行地域間的物質文化，及地域間的社會構造之比較。

中國大陸的地域區分大致可以分為黃河流域的華北地區、長江流域的華中地區，南嶺山脈以南

流經四川省的長江

人頭像（四川廣漢三星堆博物館收藏） 三星堆祭祀坑出土。

的華南地區，及東北與西北等地區。這些區域因各地不同的氣候、植被、地形等環境因素，自然衍生出不一樣的作業經濟、生活形態，造就了地域文化間的差異。這些差異早就受到關注，因此本書要探討的，是這些差異文化的母體，也就是社會內容，或構成社會的人們，其精神生活與信仰等問題。這些問題的內容非常豐富，例如伴隨占卜，或是以動物或人物為崇拜對象所進行的祭祀活動等等。本書要探討的，就是這些構成社會實態的種種內容。

同時，本書還要從考古學的立場，掌握史前社會各地域的文化變遷，同時嘗試橫跨地域，根據歷史法則做綜合性的解釋。

從整體東亞的角度，看中國大陸的史前社會

針對這樣的綜合性的歷史變遷，提出多元化史前社會學說的蘇秉琦先生，曾經嘗試以「古文化」、「古城」、「古國」等名稱，從發展階段的角度來掌握古代國家形成的過程。

著名的哈佛大學考古學者張光直教授，也運用了艾爾曼．

塞維斯（Elman Rogers Service）的新進化主義的人類學理論——也就是進化論述的社會發展階段論，來分析說明中國從史前社會到初期國家階段的發展過程。

本書將特別關注史前社會的發展階段，希望能帶領讀者們重新認識各地域的歷史發展過程，其內容可能遠超出我們所想像的呢！史前社會的發展過程，與接之而來的商周社會，事實上是非常緊密相連的。

這裡還有另外一個重要的問題。以中原為中心的中國觀是在商周社會漸趨成形，因此，「從史前社會穩定地朝向商周社會發展的意義」也難免受到後來的中華思想影響，而被定位在以中原為中心的中國觀的成立過程之中。但問題是：用這樣單純的中華史觀來看中國史前社會，真的適當嗎？八〇年代以後的考古學界，在史前時代的看法上，除了支持以蘇秉琦先生為中心的多元性地域觀，也重視有地域特徵的社會發展階段。另一方面，到了歷史時代，強調的是商周古代國家以黃河中游流域為中心，實現了統一的歷史發展的歷史觀。目前中國正以舉國之力，要用科學的方法來證明夏商周三個朝代的存在。

啟動國家級的考古工程計畫，證明夏王朝的存在，證實商周的年代，這是提高中國國家威信的手段，也是試圖建立國民對國家認同的方法。現在的中國在考古學的觀點上，史前時代之前採用的是多元化的地域觀，到了歷史時代改以一元的地域觀。問題是：要如何解釋這樣的轉變呢？

史前時代地域社會的發展除了是一個政治性的地域統合過程外，更是先前所述的，中國觀的形成過程。我想在本書中闡述個人對這個展開過程的看法。我個人認為，從多元到一元的變化過程，應該還可以做出更廣泛的解析。就像前面所說，以單純的中國觀來思考中國史前社會的統合化是否恰當，其疑問就在於此。我覺得應該就中國以及其周邊國家在內的整個東亞來看，才能探討從多元轉變到一元的過程。

還有，中國大陸的史前時代演變，絕對不是只在中國大陸內部就完成的封閉體系。在史前時代，中國大陸和其周遭地域，就算沒有直接的往來，應該也會有某種意義上的間接接觸，這就是日本研究者為何要關心中國大陸的原因。基於這個立場，我不想把中國大陸的考古學窄化，不想把它封閉在只侷限於一個地域的研究裡。

本書以「從神話到歷史」為題，想要闡述的就是政治性地域統一的一元化的中國——也就是商周國家的出現過程。在此同時，當我們放眼看廣大的東亞時，希望能把中國放在這個龐大的多元性之中。我想以這個論點，做為擴展這次論述的目標。

第一章　神話與考古學

五帝神話與地域性

傳說中的五帝所活躍的領域在黃河中游流域到渭河流域一帶

在中國殘留至今的史料文獻中，有系統地整理出中國最古老的王朝為夏商周，並記述了夏商周之前階段的歷史書，就是西漢時代司馬談、司馬遷父子編纂的《史記》。《史記》不僅是中國最早的正史，其文學性的敘述手法，也深深吸引著後世的閱讀者。《史記》是一部浩瀚鉅著，全書包括十二本紀、十表、八書、三十世家及七十列傳，共一百三十篇。其中本紀的記述內容為到漢王朝前期為止的歷代帝王歷史。

殷商王朝因為甲骨文的發現，而被證明確實存在。但殷商王朝之前的夏王朝的存在證明，主要見於《史記》的〈夏本紀〉。關於夏王朝的存在，近代中國考古學界或歷史學界，認為二里頭文化相當於夏王朝時代的文化，二里頭遺址裡的宮殿區，就是夏王朝的都城。但日本或歐美的學者針對此一看法卻有不同的見解，他們認為若無同時代的文字資料做佐證，很難認定夏王朝是確實存在的王朝。

在《史記》的記述裡，〈夏本紀〉之前還有〈五帝本紀〉，記述了黃帝、顓頊、帝嚳、堯、舜等五位帝王治國的功業與德行。舜的時候，因為禹治水有功，於是把帝位禪讓給禹，而禹開啟了王權世襲的制度，形成了最初的王朝，也就是夏王朝。本書敘述的內容除了史前時代外，也包含了五帝的時代、夏王朝的時代。

司馬遷編纂《史記》時，曾兩度遍訪全國，當時他所探訪的各地長者，莫不稱頌黃帝、堯、舜。換成現在的說法，就是司馬遷兩度進行鄉土調查，求證五帝是否真實存在，並且得到了正面的答案。

此外，記錄古代帝王言行的《尚書》，雖然只記錄了堯以下的帝王言行，但是在魯國的編年紀《春秋》，或春秋時代依國別記錄的《國語》等書當中，確實可以看到「五帝德」、「帝繫姓」的記載，可見司馬遷編寫的〈五帝本紀〉實非憑空杜撰，而是選擇確實可信的內容，再加以記錄編纂的。

看到兩千年前的史學者以科學的態度進行調查的姿態，確實打動人心。但是，司馬遷所記錄的，很有可能是「當時的人口耳相傳的傳說」，這樣的疑慮確實是存在著。又或者是，司馬遷選擇了屬實的記述，但那也是他基於既有的一個史觀下，所做的意圖性的選擇，很可能並沒有客觀地如實傳達史實。

根據東京大學名譽教授松丸道雄先生的看法，所謂的「五帝」，其實是來自於戰國時代之後的人所創的「五行說」。

「五」是很重要的數字，所蘊含的內容因文獻而異，或許追究「五帝」究竟是哪幾位帝王，並不是什麼有意義的事。

也就是說《史記》裡的五帝，與其他文獻中的五帝，或許根本並不相同。但不管怎麼說，《史記》中所提到的五帝說，確實是今日考古學有必要去辨明的課題。本書試著做了以下的探討。

根據《史記》，從黃帝到舜的五位帝王來自同一氏族，都是姬姓。第二代顓頊是黃帝的孫子，第三代帝嚳是黃帝的曾孫，而堯是帝嚳的兒子。就如同司馬遷自己所述的，《尚書》只記載了堯之後的帝王言行，所以《史記》裡對堯、舜的記載，也相對詳細許多。另外，從舜往上溯到第二代的顓頊的話，舜是顓頊的第六代孫，和堯雖然是親族，但兩人的關係很遠了。至於堯和舜到底是什麼關係，史書裡沒有記載，他們不像前幾代的帝王般，他們不是親子，也不是孫子或曾孫。

至於前幾代的帝王到底是不是真的父子或祖孫，也很值得懷疑，因為為了保護為政者的威嚴，很多所謂的親族關係，其實是後世虛構而成的。即使在這樣的記載中，舜也只被列為遠親。在《史記》中，舜為冀州人（今山西省）。

〈五帝本紀〉裡記載，黃帝死後葬於橋山。這應是司馬遷藉由鄉野調查，從耆老那裡聽來的記述吧！根據《史記》的注釋書——南朝宋人的《史記集解》的記載，黃帝陵在上郡橋山；而唐代的《史記索隱》或《史記正義》也說黃帝陵在上郡陽周縣橋山。可見司馬遷說的橋山，應是陝西省北部的橋山。

然而黃帝確實葬於橋山嗎？從文獻被採用的時間點來看，司馬遷採用的是漢代以後的耆老的傳說，很明顯地缺乏可信度。橋山的地理位置距離周王室的出身地很近，所以，黃帝葬於橋山之事，不得不讓人懷疑是周王室編造出來的說法。周王室也是姬姓，強調自己與黃帝同一血脈，正好可以顯示自己的正統性。

不過，現在有很多人會去陝西省北部黃陵縣的黃帝陵參拜，觀光客絡繹不絕。但這個黃帝陵是以後世的傳說為根據打造出來的陵墓，絕對不是歷史上的真正黃帝陵墓，這就像日本的神武天皇陵一樣。

假使〈五帝本紀〉的傳說是正確的，那麼黃帝就是以陝西省北部為根據地的氏族。又如果說傳說的系譜無誤，那麼從黃帝到堯是以陝西省北部為根據地，而舜是以山西省為據點。

總之，從黃河中游流域到渭河流域，應該就是傳說中五帝當年活躍的地域。

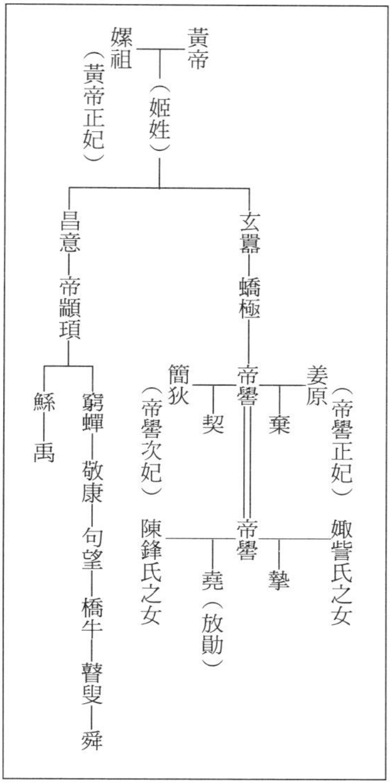

五帝系譜

「三苗」與「蚩尤」和五帝系統是不同的地域群體

根據〈五帝本紀〉，在黃帝成為天子之前，神農氏這個氏族以德治理天下，黃帝因為討伐蚩尤建功，於是被眾諸侯推舉為天子。這裡暗示著蚩尤是與五帝的系譜對立，另一支擁有龐大勢力的族群。

〈五帝本紀〉又說黃帝與蚩尤大戰於涿鹿。前面說過了，黃帝是以黃河中游流域到渭河流域為據點的氏族，可以想像與黃帝對立的蚩尤，其據點應該也在那一帶。這一點暗示著彼時華北已存在著地域性的政治單位了。

在堯、舜的時代，「三苗於江淮、荊州，屢屢作亂」。是說以江淮、荊州——漢水下游流域到長江中游流域為據點的三苗這個氏族，經常發動戰事。根據《戰國策》魏卷第七的記載，在舜、禹的時代，「昔者，三苗之居，左有彭蠡之波，右有洞庭之水，文山在其南，衡山在其北。恃此險也，為政不善，而禹放逐之」。從這段文字可以清楚地看出三苗的居住據點在長江中游流域。

就上述的兩項記載，到底是說三苗和五帝系列的戰爭有兩次，一次是在堯、舜的時候，一次是是舜、禹的時候；還是其實是同一次的戰爭，卻被後世記載成兩次的戰役？不過，在此探討此事似乎沒有什麼意義。

總之，不管是三苗還是蚩尤，都是和五帝不同系譜的族群，並且是以五帝系列之南的區域為根據地。這個傳說告訴我們，在黃河中游流域到渭河流域、黃河下游流域、長江中游流域等地，存在著不同的族群。

再回到〈五帝本紀〉。話說巡行歸而來的舜對堯進言：「流共工於幽陵，以變北狄；放驩兜於崇山，以變南蠻；遷三苗於三危，以變西戎；殛鯀於羽山，以變東夷」。

上一段文字裡提到的北狄、南蠻、西戎、東夷等地域族群，是周代，尤其是在春秋、戰國時代的地域概念下，對當時周邊民族的稱呼。五帝的時代是否就已經有周邊民族的概念了呢？我覺得未必是那樣。就像我覺得司馬遷在編纂《史記》時，所反映出來的地域概念或民族概念，未必與傳說時代的史實相符一樣。不過，這裡我們知道了除了三苗之外，與五帝系列不同的族群還有驩兜等等。

同樣的地域統治的疆域概念也見於〈五帝本紀〉中，歌頌已成為天子的舜功績卓越，並讚揚他平定天下的記述中，例如「南撫交阯、北發，西戎、析枝、渠廋、氐、羌，北山戎、發、息慎，東長、鳥夷，四海之內咸戴帝舜之功」。這些地理概念也反映出戰國時代到西漢時期的地理概念，那些地域在那個時期，被認為是邊境地帶。但，這未必是五帝時代對周邊地域的認知。

五帝活躍的領域是黃河中游流域到渭河流域，當時與五帝對立的蚩尤或共工以其周邊為據點，三苗則占有長江流域。但這就是傳說時代的世界觀了嗎？或者說，由這些地域概念所形成的世界觀，至少在商周時期以前就存在了，而且商周時期以前的五帝人民，就已經知道其他的地域存在著與自己的祖先不一樣的族群。〈五帝本紀〉的最後說：五帝從黃帝到舜、禹，屬於同一家系，都是黃帝和他的妻子嫘祖的子孫。可是，五帝卻各有各的國號，司馬遷認為這是各個天子想要彰顯自己的功績、德治之故。

「黃帝為有熊，帝顓頊為高陽，帝嚳為高辛，帝堯為陶唐，帝舜為有虞。帝禹為夏后而別氏，姓姒氏」。從黃帝到舜，都同樣姓「姬」，但禹建立了夏王朝，並以「姒」為姓，是個獨立的氏族。同樣的，〈五帝本紀〉裡還說商的始祖姓「子」，周的始祖姓「姬」。

總之，從黃河中游流域到渭河流域的各族群，都有來自相同祖先的意識，而建立新王朝的夏，不過是從中獨立，自稱姓「姒」而已。

洪水傳說與藉著強大王權來治水的關係

從黃帝到舜皆有同族意識，但這是基於有著血緣關係的背景嗎？就像司馬遷說的，五帝雖然各有各的國號，但都是黃河中游流域到渭河流域這個小區域族群的霸主，以王者之名流傳到後世。

在此，我想以「華夏系諸族」之名，來稱呼從黃帝到舜在位期間，生存在黃河中游流域到渭河流域的這個族群。而華夏系諸族與蚩尤、共工，及南方的三苗等族群的關係，是對立的，換句話說，異地而居的不同族群相互對立、交流的世界觀，此時已經形成了。

這個世界觀影響了包括《史記》在內，以及後來的商周時代的中國世界觀，而司馬遷就以華夏系諸族為中心，在這樣的世界觀下匯集傳說，完成了《史記》。但我們現在有必要暫時跳脫司馬遷的主張，重新看這個時代。

在這一點上，這裡有一個很有意思的研究，那就是佐藤長先生對於傳說的研究。根據佐藤先生的研究，在山西南部有一個崇拜日神、水神的族群。日神是堯，水神是禹。水神禹來到黃河中游流域後，受到夏王朝的崇拜。而農耕之神舜，則在山東西部受人崇拜。〈五帝本紀〉就有這樣的記載：「舜，冀州之人也。舜耕歷山，漁雷澤，陶河濱，作什器於壽丘，就時於負夏」。

前面已經說過舜是冀州人士，所以是出身自山西的帝王。在探討歷山、雷澤到底位於何處時，自古以來就有兩種說法，有一說是歷山、雷澤位於山西，另一種說法則是位於山東以西。關於傳說中的地名，各時代都有歷史評價，無須論斷哪一個才是正確的。在此也不需要進一步詳細討論佐藤先生的說法，之所以提出佐藤先生的說法，就是為了讓各位讀者知道：司馬遷是在他個人的觀點下，對傳說進行解釋。另外，關於堯、舜的傳說與考古學上的事實，將在第八章再重新討論。

〈五帝本紀〉裡還記載另外一件令人矚目的事情，那就是與洪水有關的傳說。〈五帝本紀〉裡說：堯帝的時候，舜「肇十有二州，決川」，又說：「四嶽舉鯀治鴻水，堯以為不可，嶽彊請試之，試之而無功，故百姓不便」。與此相關的記事，也出現在〈夏本紀〉的文章之初。帝堯之時，洪水為害，百姓受苦，於是向天下尋求可以治水的能人。他接受了群臣的薦言，用了自己並不喜歡的鯀來治水，但鯀歷經九年，還是不能提升治水的效果。

取代鯀治水的舜巡視全國時，認為鯀的治水確實無效，於是處死了鯀。後來舜即帝位，起用了鯀的兒子禹，讓禹繼承父業治水。禹勤奮有德，又有優秀的測量技術，不僅在治水的事業上展現功績，還讓百姓在低溼地種植水稻，提升糧食的生產。

禹也是夏王朝的建立者。禹治水的故事或許能說明：治水事業藉由國家形成期時的強大王權，有了明確的效益。還有，這或許也說明了五帝的時代洪水屢屢氾濫成災，給百姓帶來極大的痛苦。

另外，不少學者認為新石器時代晚期，已經在各地域發展出來的地域文化突然消失，與屢屢氾濫成災的洪水有關。但是，時至今日，能夠證實這一點的考古學證據並不足夠。

不過，禹的治水傳說至少說明了一件事，那就是在農耕社會裡，治水這件事的意義重大，並且治水的事業必須有強大的政治力做為後盾。至於治水之事是否是史實，且留待討論國家階段時，再做進一步的說明吧！

三皇神話與盤古傳說

〈三皇本紀〉是唐代司馬貞的補筆之作

從五帝時代往上溯及三皇神話的記載，是《史記》的〈三皇本紀〉。事實上，司馬遷編纂的《史記》裡，並沒有〈三皇本紀〉這個篇章。〈三皇本紀〉是唐朝司馬貞的補筆之作。

正如司馬遷自己所說，他所編纂的《史記》，只選擇採用確實的事蹟，不確實的傳說，是無法用在歷史記述。關於三皇或五帝的人物名，後世的儒學者各有不同的見解。例如西漢孔安國在《尚書》序裡的論述，就和東漢鄭康成的觀點相對立。不過，唐代的司馬貞支持鄭康成的觀點，所以寫了這個補筆之作。然而，不管是哪一方的論點，似乎都不算是可靠的歷史記載。

關於三皇的傳說，不過是當時的學者把流傳到唐代的傳說做了一番整理罷了。用現實一點的說法來形容，其實就是人類對自己的祖先，或者說對人類的起源產生關心，並且把這種關心進行體系化的一種表現。

根據〈三皇本紀〉，三皇是指伏羲、女媧、神農。伏羲與女媧的形象是人首蛇身，神農的形象是人首牛身，他們都不是人類。從外形來看他們接近神，不是五帝那樣的人類。神農就是炎帝，姓

「姜」。周代的諸侯、許、呂都自稱是「姜」姓的氏族，做為那些民族的祖先，或許一定要是神才可以。還有，以「姜」為姓的原因，據說是因為炎帝成長於姜水之畔。而姜水就在現在的陝西省岐山縣境內，這表示神農也是來自渭河流域。

五帝中的第一位天子是黃帝。〈五帝本紀〉說神農的子孫無德，所以黃帝取代了神農，成為天子。按照《史記》的結構，其實是有必要交待神農的來歷的，這應該就是唐代的司馬貞為《史記》補筆〈三皇本紀〉的原因吧。因為神農不是人類，所以司馬遷沒有把神農納入歷史記述之中。但是，不管是誰的記述，都明白顯示了神農和五帝的據點都在黃河中游流域到渭河流域，是華夏系的神話。

伏羲、女媧　在山東省武氏祠畫像石上的伏羲、女媧圖。伏羲左手持矩、女媧右手執規。

另外，漢代以來的畫像石或墓葬壁畫上，經常可以看到伏羲、女媧的雕像，可見他們是民間的信仰，自漢代以來有一定的地位。這或許是唐代將他們列為三皇的理由吧！

刻畫在漢代畫像石上的伏羲手執畫方的矩、女媧手執畫圓的規，兩位都是人首蛇身，並且自腰到尾的蛇身部位相互交纏。傳說伏羲、女媧是夫妻，蛇身部位相互交纏好像是交尾的象徵。

在中國西南地區的苗族與瑤族的傳說裡，伏羲與女媧原本是兄妹，後來結為夫婦。那時因為雷神憤怒引發大洪水肆虐，人類幾乎因此滅絕，只有這對躲藏在大葫蘆裡的兄妹存活了下來，並且結為夫婦後，成了人類再生的祖先。這就是所謂的洪水傳說。這個傳說故事和舊約聖經裡諾亞方舟的故事很類似，也有些類似亞當與夏娃的傳說內容。

不清楚這樣的傳說到底開始於何時，不過，從漢代畫像石上的浮雕看來，應該就是根據這個傳說而來的，這表示在漢代已經有這個傳說了。但若從圖像學的角度來看，伏羲、女媧同時出現的情況，可以上溯到西漢中期；人首蛇身交纏的圖像，始見於西漢晚期到東漢的時代。在西漢初期的馬王堆一號漢墓出土的帛畫上，則只單獨畫著女媧的像。

在〈三皇本紀〉裡看到的伏羲、女媧都是單獨的神，後來卻以夫婦的形態，變成了讓人類再生的神。

漢民族的祖先是開天闢地的「盤古」

世界是誕生在哪個時代呢？關於這個問題，戰國後期的楚國詩人屈原在他的詩作〈天問〉中，問：世界是怎麼誕生的？又問：宇宙是如何形成的？但提出這些問題的屈原，並沒能得到答案。在他的那個時代裡，沒有創世神話吧？

在中國，因為開天闢地而有名的人叫做「盤古」，也就是盤古的神話。三國時代吳國的徐聖收集了南方少數民族的神話，寫了《三五歷記》，他在書中將開天闢地的盤古視為是漢民族的祖先。

根據《三五歷記》的敘述，天地還沒有分開之前，宇宙是混沌而黑暗的，像一顆大雞蛋，而盤古生長在宛如雞蛋的混沌之中。有一天，盤古拿著斧頭，在混沌中，朝著黑暗用力砍下，於是大雞蛋開始裂開，分裂成天與地。把天地分開之後，盤古害怕天地會再合而為一，於是站在天地之間，用頭頂著天，腳踩著地。盤古就這樣支撐著天地不知過了多少年，但就在他不再擔心天與地會再合而為一的時候，他也面臨了生命的最後。盤古臨終之際，他身體的一部分化身為自然界的太陽、月亮、山脈與河川，這個世界於是誕生了。

比較盤古神話與伏羲、女媧神話的內容，盤古的時代應該比伏羲、女媧的時代更古老，將盤古神話整理、記述出來的，則是三國時代的《三五歷記》。雖然都是以神話的方式流傳到後世的，但還是必須思考每個神話時代的時間先後。

不管是伏羲、女媧神話還是盤古神話，都不存在於司馬遷編纂的《史記》當中，或許可以認為那些神話的誕生，是因為漢代的人們關心起宇宙或世界形成的問題，並認為有必要把漢民族的祖先正統化，才創造出來的東西。

也就是說，這些神話內容雖然可能是先秦的時代就已經有的，但卻是到了漢代才被體系化，並且被付予了漢代的價值觀。我們應該暫且把這樣的神話放到一旁，專注於歷史！

《山海經》與地域諸神

就像五帝是公孫氏姓姬，而炎帝是神農氏姓姜一樣，擁有各自的姓，為的就是強調商周時代氏族家系的正統性。這些傳說中的天子，被視為氏族祖先神的意味濃厚。另外，夏王朝的始祖禹一邊自稱和周朝同樣姓姬，一邊又特別地以別姓做區別，其用意難道不是為了表示：「五帝本紀」所記載的神話，將周王朝正統化？或者是要表示：從周王朝流傳下來的書籍由司馬遷編纂成書，這樣的結果說明了周繼承五帝家系的正統性。

黃帝死後埋葬於陝西省橋山，那裡離周的起源地很近。加上這一點，完全讓人覺得這是有意識地在說明周與黃帝系出同源。

話說至此，讀者們應該都可以明白三皇五帝的華夏系神話，說的就是從渭河流域到黃河中游流域的神話。而這些神話，講的就是商周先祖的故事，是為了彰顯商周的家系正統性。

除了在「三皇本紀」或「五帝本紀」裡記載的祖先神外，還有一個叫少皞的氏族。戰國時代以後，在補編周歷史的《逸周書》中的〈嘗麥篇〉裡，有「命蚩尤宇于少昊，以臨四方……」的記述，由此可知少皞氏和蚩尤是同一時期，也就是說：黃帝同時代少皞氏已經存在了。

《春秋左氏傳》昭公十七年的文中，有以下的記述「昔者黃帝氏以雲紀，故為雲師而雲名，炎帝氏以火紀，故為火師而火名，共工氏以水紀，故為水師而水名，大皞氏以龍紀，故為龍師而龍名，我高祖少皞，摯之立也，鳳鳥適至，故紀於鳥，為鳥師而鳥名」。

意思是：我們的祖先是魯國的始祖，少皞是魯國的祖先神。這是春秋時代就已經有的想法吧！

同樣是在《春秋左氏傳》昭公十七年的文中，還有這樣的記述「若火作，其四國當之，在宋衛陳鄭乎，宋，大辰之虛也，陳，大皞之虛也，鄭，祝融之虛也，皆火房也，星孛天漢，漢，水祥也，衛，顓頊之虛也，故為帝丘，其星為大水」。和少皞被視為魯國的祖先神一樣，大皞被認為是陳國的祖先神，祝融是鄭國的祖先神、而顓頊是衛國的祖先神。

大皞在今日的河南省東部淮陽附近，少皞在今日的山東省西部，都位於渭河流域和黃河中游流域的華夏系神話的邊緣位置上，引人注目的是他們各自以龍和鳥做為自己的符號，外界認為龍和鳥的圖像很可能就是他們氏族的標識。

此外，有別於祖先神，屬於自然界的種種神祇，則出現於《山海經》。《山海經》由五個部分組成，分別是〈大荒四經〉四篇，〈海內經〉一篇，〈五藏山經〉五篇，〈海外四經〉四篇，〈海內四經〉四篇。不過，《山海經》的編纂是從戰國時代到西漢初期，分成三個階段依次完成的。

根據陸思賢（譯注：中國大陸考古學學者）的觀點，《山海經》中的神祇分為三大類，其一是包括日神、月神、星神、雲神等在內的「天神」；其二是以地母神為主，包括山神、河神、水神等的「地神」；其三是包括歲神、四方之神、四季之神、時間之神、風神、雨神、雷神、火神等等的「天地之神」。先秦時代（秦朝統一以前的時代）的人們稱這些居住在天、地等自然界的所有神靈為「鬼神」。「鬼神」偶而會被記述在包括《山海經》在內的文獻中，但這些「鬼神」們與史前時代到商周時代的那些神靈們是否有對照關係呢？這是個很難回答的問題。

京都大學名譽教授林巳奈夫先生，從新石器時代的河姆渡文化和良渚文化中的圖像，解讀了日神、火神、朱鳥，並提出了以下的論述：商周時代地位最高的神稱為「帝」，經常出現在青銅器上的圖案「饕餮」，就是「帝」。關於上述的這兩個文化，我們會在後面的章節中討論到。

這個饕餮的圖像被認為可以上溯到新石器時代的太陽神，在史前時代的圖像中具有重大的意義。還有，商周的青銅器上也被鑄造著各種鬼神的圖案，那些鬼神都源自各地區的土地神靈。另外，商周時代和之前的五帝時代，也就是新石器時代所看到的種種圖像，應該是當時的眾神。

史前時代各地的諸神被統合、淘汰、創造，然後與商周期的眾神做連結，這是很容易想像的事情。但是，要具體地說明如何連結，卻相當困難。而商周時代的諸神應該也是受到統合、淘汰與創造，最後這些鬼神被記述在戰國時代到西漢的《山海經》中。要探討史前時代的諸神，就必須把曾經被統合、淘汰、創造，並且已經斷掉的線再連接、復原起來才行。

神話與考古學

存在於史前世界的各地域的眾神

本書討論到的時代，大半是被區分在史前時代；是不會被當做歷史記述，記載在文獻史料上的；但就算是被記載了，通常也會被當做是傳說的時代。例如司馬遷編纂《史記》，時代就上溯一千年編纂了〈商本紀〉、〈夏本紀〉，乃至於「五帝本紀」。

就像現在的歷史學家編纂日本平安時代以前的歷史一樣。《史記》被完成時，那些時代的事情都已經被傳說化了，非常模糊不明，根本很難證明那些故事是不是事實。

神話是可以透過神話學的觀點，去做體系性的結構分析，從中觀察神話中自然現象、社會組織、與儀禮的關係等，以解釋神話的意義。但是，留存在史料裡的神話，卻是片斷的，只能反映出編纂史料時的解釋或價值觀，甚至反映出史料性的侷限。那樣的神話到底能傳達什麼樣的事實呢？實在讓人非常懷疑。因為史料太有限了，所以讓人無法相信是事實。神話傳達了某種事實的可能性當然也很高，但是那是否具有歷史性的意義？這就很難判斷了。

就像前面說過的，神話有可能是基於該時代的價值觀，或是為了正統化某個王朝或家系而產生的，尤其是後者。神話經常被認為與祖先神有密切的關係。

西漢的《史記》裡沒有記述到的伏羲、女媧等的三皇事蹟，到了唐代卻以補寫的形式，被編纂成〈三皇本紀〉，且成了《史記》中一個篇章。這不就是以神話的方式，來尋求自我主體性社會價值觀的例子嗎？

從圖像學的角度來看，西漢初期的女媧還是獨立存在於圖像中的，但是到了西漢中期後，伏羲、女媧卻被組合在一起，經常同時出現在一個圖像當中。這種伏羲、女媧的連結，從西漢晚期一直持續到東漢。讓人類重生的伏羲、女媧的神話，或開天闢地創造世界的盤古神話被一般化，是漢代以來的事，而在漢代，確實有創造出這種世界觀的必要性，誰也無法得知漢代以前的世界觀，是否有如此宏大。

如果只看祖先神這一點，那麼也有可能為了證明周王朝的正統性，而選擇使用神話來說明。因此，五帝時代的世界觀，也只限於包括部分的渭河流域到黃河中游流域的這塊狹窄區域。華夏神話其實只是中國世界的一部分，這種可能性是很高的。

比較起來，被記載在《山海經》裡的自然神，可能有更寬闊的世界觀背景。不過，就算如此，那些自然神也都是戰國時代到西漢初期，在中國世界觀下所誕生的鬼神。

商周之前的五帝時代等史前世界的鬼神種類有許多，祂們都是存在於各個地域的神祇。但我們不能只討論文獻上可以看到的、史前世界的華夏系神話。

如果說歷史學包含在人文科學的範疇裡，那麼歷史學也是科學。但是，無法獲得證明的事物，就不能稱之為科學。形成於十九世紀後半的考古學，這門學問就像一把手術刀，以科學的方法處理曖昧不明事物。另外，處理沒有文獻記述時代的學問，我們稱為史前學。

本章所探討的內容，大半屬於考古學或史前學研究範疇內的時代。至於中國的考古學是怎麼開始的？現在又發展到什麼程度了呢？我將於下一章試著談談中國考古學的歷史發展。

第二章　中國的文物挖掘物語

中國考古學的歷史

近代歷史學的黎明

中國是王朝國家。新王朝在名正言順地繼承皇位後，會依照慣例總結前一個王朝的歷史，做成正史。二十四史就是這個慣例下的產物，但中國最早的正史是西漢司馬遷編纂的《史記》。關於這一點，前面已經說過了。

自漢代以來，中國便相信以正史為中心的文獻記載，因此儒學家們熱衷以考據正史為中心的訓詁學。清朝末年，在歐美列強的壓力下，清王朝也不得不打開國門，讓歐美勢力進入。在當時完成產業革命，競相擴大殖民地的歐洲人眼中，中國或印度是停滯不前的地區，被貼著「專制國家」的標籤；而從馬克思主義的歷史學觀點來看，為什麼會有所謂的「亞細亞生產方式」（譯注：Asiatic mode of production，縮寫為AMP）的原因，就是因為亞洲有專制國家的背景。站在亞洲人的立場，上述的觀點當然是一種侮蔑性的歷史認識。

在那樣的政治氛圍下，西元一九一九年中國發生眾所周知，被稱為五四運動的群眾愛國運動。

五四運動雖是反對日本侵略政策的一個行動，但也可以說是五四之前就已經存在的文化啟蒙運動。五四運動是一場反舊有的家族制度、反儒教思想，並學習西歐近代思想的新文化運動。

中國的歷史學當然也乘著這個運動的潮流，走向近代化的學問體系，也就是必須用科學化的方法來學習。於是，懷疑文獻記載可信度的疑古派因此誕生了。疑古派的領頭人，就是「古史辨」派的創始者顧頡剛，他引進西歐近代科學的方法來解釋歷史，迎接中國近代歷史學的黎明。記載在《史記》〈夏本紀〉、〈殷本紀〉裡的夏王朝與殷商王朝是否確實存在呢？的確有人存疑吧！

距離現在約一百年前的清朝末期，當時的國子監祭酒（中國古代教育體系的最高學府負責人）王懿榮和他的食客劉鐵雲發現了甲骨文，這是近代歷史學的一件大事，而羅振玉、王國維等人，藉由清朝考證學對甲骨文字進行解讀，更具意義。

甲骨文字中有「殷」這個字，讓人們開始相信殷商王朝確實存在，這是近代歷史學的一大成果。而且，根據王國維的解釋，甲骨文所顯示的殷王名字，與記載在《史記》上的殷王系譜，幾乎是一致的。

然而，要證明殷商王朝確實存在的話，還需要發現殷商王朝存在的遺址才行。也就是說：當時被視為珍貴中藥材的龍骨——甲骨，到底是從哪裡來的呢？追查甲骨來源的行動於是開始了。

清朝在日清戰爭中敗給日本，又經歷了義和團事件和緊接而來的辛亥革命，終於走向滅亡。成立新政權的中華民國政府為了促進中國現代化，設立了中央研究院，而第一任中央研究院歷史語言研究所的所長為傅斯年先生。

知道甲骨出土之地是河南省安陽小屯後，傅斯年立刻指派剛從哈佛大學得到人類學博士的李濟，由他組成安陽調查隊。

話說回來，在傅斯年命李濟組成安陽調查隊之前，受聘於中國政府地質研究所的瑞典人安特生（Johan Gunnar Andersson），已經注意到在學會上發表的「龍齒」，並於一九二六年於北京周口店的石灰岩採掘場發現了化石人骨。埋藏著化石的地層被認為形成於五十萬年前，而人骨化石被命名為北京猿人。

當時荷蘭古人類學者歐仁・杜布瓦（Eugène Dubois）在印尼爪哇島發現人骨化石，他表示應該是比尼安德塔人的舊人類更古老的原始人。但是，之前一直有人對亞洲有原始人之事，抱持著懷疑的態度。所以北京猿人被發現後，杜布瓦的說法獲得了肯定，也證實了非洲出現猿人後，亞洲很快地就有比猿人更進化的原始人出現。對於時至今日仍然爭論不休的人類進化多系說而言，北京猿人的發現，無疑是非常珍貴的一大證據。

再回來說安特生。安特生於一九二一年，在遼寧省錦西縣沙鍋屯遺址發現了彩陶。同年，也在河南省澠池縣仰韶村發現彩陶。因為那些彩陶類似西亞的新石器彩陶，所以可以證實新石器時代中國已經存在，並且與西亞地區有關連。因此安特生繼續在甘肅進行挖掘，並且也發現了相同的彩陶，稱之為甘肅彩陶。安特生認為中國的彩陶是從西亞流傳過來的。

另外，一九二四年法國傳教士桑志華（譯注：原名埃米爾・黎桑Emile Licent）與德日進（譯注：原名皮埃爾・泰亞爾・德・夏爾丹Pierre Teilhard de Chardin），在內蒙古自治區的赤峰市紅山

仰韶文化彩陶罐　河南洛陽博物館館藏。

後遺址發現彩陶；一九二三年桑志華等人在寧夏回族自治區的武靈縣水洞溝，發現了後期舊石器。

除了桑志華、德日進的發現外，瑞典地理學家斯文・赫定（斯文・安德斯・赫定Sven Anders Hedin）、英國東方學學者馬爾克・斯坦因（馬爾克・奧萊爾・斯坦因Marc Aurel Stein）、法國東方學學者伯希和（保羅・伯希和Paul Pelliot）及日本大谷光瑞等人在絲路的探險，發現了敦煌文物，也是在這個年代，大約是一九〇〇～一九二〇年。

日本人也在這個時期進入中國大陸展開考古調查。以京都帝國大學的濱田耕作教授、東京帝國大學的原田淑人教授、北京大學的馬衡教授等人為中心所組成的東亞考古學會，於一九二七年在現在的遼寧省碧流河河口附近的貔子窩遺址，展開首次的中國大陸考查。

被譽為近代考古學開拓者的濱田耕作的業績

日俄戰爭後，獲勝的日本在滿州——即現在的東北地方的權益大幅擴大，考古學者趁此機會在這個地方展開正式的挖掘調查行動。

一九一一年羅振玉因為辛亥革命而流亡到日本，濱田耕作對他帶到日本的殷墟出土遺物很感興趣，早就表達過想到殷墟挖掘古代遺物的意願。但是，就如同稍後會提到的內容那樣，一九二八年中央研究院歷史語言研究所，率先展開了挖掘殷墟的調查工作，濱田耕作不得不放棄挖掘殷墟的願望。

後來東亞考古學會的挖掘調查行動，便以當時的滿州、遼東半島為中心，開始在牧羊城遺址、南山裡的漢代遺址、營城子的漢墓、羊頭窪遺址等地，進行挖掘調查。另外，濱田耕作也對桑志華、德日進在赤峰發現的彩陶深感興趣，於一九三五年到內蒙古自治區的赤峰市紅山後遺址進行調查，證明了彩陶文化與青銅器時代文化的存在。今日，紅山後遺址的彩陶文化，已被認為是中國東北地方的新石器文化，是紅山文化的標識遺址。

濱田耕作完成的這些調查成就，卻因日本侵略大陸，而被說成是殖民地考古學，這當然是受到批判的。但是，他確實也是該地區的近代考古學開拓者。而且在完成考古調查後，就出版挖掘調查報告，他的努力與意志，也的確值得他人敬佩。這些調查是近代考古學開拓期的調查，儘管這當中有些調查精準度的問題，但對考古學的研究來說，他所出版的挖掘調查報告書，作為今日學術研究的基礎資料，就學術研究這點而言，是很有意義的。

之後，日本學術振興會於太平洋戰爭開戰前後的一九四一年到一九四二年間，陸續在遼東半島的四平山積石塚、老鐵山積石塚、文家屯貝塚、上馬石貝塚等史前時代遺址展開考古調查，直到第二次世界大戰結束，日本人才停止了在中國大陸地區的考古調查活動。

殷墟出土資料受難史

第一任中央研究院歷史語言研究所所長傅斯年以科學性的方法，嘗試證明《史記》中〈殷本紀〉所記載的殷商，是確實存在的王朝。一九二八年，傅氏派董作賓到據傳是甲骨文出土的所在地——河南省的安陽小屯做前行調查。而這個前行調查的結果顯示，小屯就是殷墟的可能性相當高。

傅斯年決定由中國人自行進行殷墟的正式調查，並任命有中國考古學之父之稱的李濟為調查隊的隊長。李濟是哈佛大學人類學博士，除了董作賓之外，他招集了許多優秀年輕研究者加入，例如郭寶金、梁思永、吳金鼎、高去尋、石璋如、夏鼐等等，都是是這支調查隊的隊員。一九二九年，調查隊開始到殷墟進行正式調查，除了一九三〇年到山東省濟南章丘市龍山鎮城子崖遺址進行調查外，到一九三七年中日戰爭爆發為止，前後在殷墟進行了十五次的調查。

在那段時間裡，小屯地方發現了宗廟遺址和大量的甲骨文字，侯家莊發現了王陵和祭祀坑。這些輝煌的挖掘調查成果，足以證明安陽是殷墟。因挖掘而出土的大批貴重遺物，也從安陽被移送到歷史語言研究所所在的南京。

一九三七年，十五年戰爭（譯注：從一九三一年的九一八事變，到一九四五年的波茨坦宣言後日本宣布無條件投降，日本人稱為十五年戰爭）的中日之戰陷入激戰，給當時的中華民國政府帶來極大的危機感與壓力。於是，以蔣介石為首的國民黨政府在日軍擴大戰域的情況下，只得一步步撤退，最後撤退到四川，以重慶為戰時首都。

國民黨政府撤退時，安陽殷墟的遺物與故宮的文物，也從南京博物院隨著歷史語言研究所，被強迫搬遷到湖南省長沙、雲南省昆明、四川省李莊。這段期間裡，研究所的人員雖然持續地進行研究，但被打包起來的殷墟遺物卻完全沒有再被打開來過。

這樣的過程成了甲骨文的受難史。在中央研究院數度搬遷的期間裡，出土甲骨文的報告書幾乎已經整理到可以出版的階段，卻因為戰事，出版計畫兩度受挫，直到約二十年後，第三次規劃出版時，調查報告書才終於正式地出版。除了調查報告延遲出版的問題外，做為《小屯》乙篇出版內容的H一二七土坑出土的甲骨，雖然在出土當時，被小心翼翼地拿了出來，但戰爭導致的遷移行動，卻讓那些甲骨受到損傷，變成碎片，無法還原成原來的樣子，大大降低了資料性的價值。

第二次世界大戰於一九四五年結束了，但不久之後中國大陸發生內戰，蔣介石率領的國民黨與毛澤東率領的共產黨開始對戰，社會變得動盪不安，以陝西省延安為據點的中國共產黨首先解放中國東北，占據有利的形勢，並且逐步南下。而被共產黨包圍，又遭到孤立的國民黨軍隊在美國支援下，倉促撤退到臺灣，蔣介石保住了國民黨政權。

故宮的文物與殷墟遺物隨著國民黨軍隊搬遷到臺北，中央研究院歷史語言所也遷移到臺北的南港地區，這就是今日故宮博物院有臺北故宮和北京故宮的原因。

在內戰中獲勝的中國共產黨於一九四九年在北京成立中華人民共和國，而參與安陽挖掘調查工作的年輕研究員，此時也不得不面臨人生的重大抉擇，傅斯年、李濟、董作賓等幹部，隨著歷史語言研究所搬遷到臺灣；郭寶金、梁思永、夏鼐等人，則留在中華人民共和國。李濟到臺灣後，成為臺灣大學的教授，在臺灣大學人類學系努力培育人材。從臺灣大學人類學系出來的張光直後來到美國，成為哈佛大學教授，將中國考古學的成果帶到國際上。另一方面，留在大陸的郭寶金、梁思永、夏鼐等人，則加入中華人民共和國的中國社會科學研究院，在大陸再度展開調查行動。停滯了十三年的安陽調查工作，終於在中華人民共和國建國後不久的一九五〇年再度展開，並且在武官村大墓、祭祀坑的挖掘行動中，獲得成果。一九五九年，安陽成立了調查工作站，研究人員可以常駐在工作站中，持續進行挖掘調查與研究。在大陸開放改革後，今日中國大陸的挖掘調查，在社會科學研究院考古研究所的主導下，獲得了顯著的成果。

一九二〇年代～一九三〇年代持續發現的重要遺址

本書所敘述的新石器時代著名遺址，在大陸解放前的中國考古學界草創時期就已經被發現了。其中之一就是前面已經說過的，紅山文化名稱的由來——紅山後遺址。另外，中央研究院歷史語言研究所的吳金鼎等人，分別在一九三〇年和一九三一年，兩次前往一九二八年發現的山東省龍山鎮城子崖遺址進行調查。城子崖遺址可以說是龍山文化的標識性遺址。有趣的是：兩次城子崖遺址調查所發現的遺物，現在都收藏於臺灣的中央研究院歷史語言研究所中。一九三六年，浙江省西湖博物館的施昕更，在浙江省杭州市餘杭區良渚，試著挖掘六個黑陶文化遺址，然後發現了良渚文化，這就是以絢爛華麗的玉器文化聞名於世的良渚文化被發現之始。

前面已經說過了，一九二〇年代，因為安特生的關係，彩陶文化的遺址被發現了。其一是在一九二一年，發現於河南省澠池縣仰韶遺址，而仰韶遺址是今日仰韶文化的標識性遺址。其二是被安特生發現的甘肅彩陶。這樣一看，今日眾人所知的各地新石器時代文化，如仰韶文化、甘肅彩陶文化、紅山文化、山東龍山文化、良渚文化等，都在二次世界大戰前就已經開始調查，其發現地也成為各文化的標識性遺址。

提出彩陶文化的仰韶文化與黑陶文化的龍山文化，來自不同系統民族的夷夏東西說，也在這個時候被提出，而提出這個學說的人，正是傅斯年。然而，仰韶文化與龍山文化並沒有民族的差異，只有年代上的差異，卻必須等到大陸改革開放後，一九五九年河南省陝縣廟底溝遺址的挖掘調查之後才得到確定。

中華人民共和國成立後，在中國大陸推動調查與挖掘行動的單位，就是中國社會科學研究院考古研究所（最初叫做中國科學院考古研究所）。中國社會科學研究院考古研究所成立於大陸開放改革後不久的一九五〇年，第一任所長是鄭振鐸，之後是伊達，和到英國學習近代考古學的夏鼐，他們以指導者之姿，帶領蘇秉琦、王仲殊、徐平芳、安志敏等人，有著活躍的表現。

中華人民共和國成立後不久，除了殷墟遺址外，又發現了可以證明殷商中期存在的瑠璃閣遺址，並在固圍村遺址進行三座戰國魏國墓的挖掘調查行動。一九五一年，洛陽設置了調查工作站——也就是調查辦公室；之後，西安研究室、安陽工作站陸續成立，有了這些工作站、研究室，就可以進行有組織性的長期調查工作了。這些調查完全呈現出國家級別的調查工程面貌。

另外要說的是：北京大學歷史系考古學專科——即後來的北京大學考古學系，便是培育年輕考古研究者的地方。一九五二年正式成立的北京大學歷史系考古學專科的領導者是蘇秉琦、俞偉超、宿白、鄒衡、嚴文明等人。北京大學考古學系和中國社會科學研究院考古研究所攜手，一起進行了一連串的調查工作。就這樣，在學術機構與教育機構合作的雙軌並進下，新生中國的考古學蓬勃發展。

僅就新石器時代的研究來討論的話，中華人民共和國成立後不久的一九五四年，在中國社會科學研究院考古研究所的主導下，展開對西安半坡遺址的挖掘調查，對一個聚落進行全面性的挖掘調查。從這個時候到文化大革命之前的那段時間，北首嶺遺址、安陽後崗遺址、山西省西陰村遺址、甘肅省臨夏姬川遺址等等，被視為今日考古史上重要遺址的地方，都展開了挖掘調查。同樣的，北京大學也在成為中原陶器編年基準的洛陽王灣遺址，以及發現多個合葬墓的元君廟仰韶墓地等地，進行挖掘調查的工作。

從一九六六年開始到一九七六年的文化大革命，嚴重地摧殘了中國社會，那是一段整個國家社會陷入癱瘓狀況的空白時期。考古學的研究也受到影響，整個考古學研究被迫中止。主要的學術雜誌《考古》、《文物》、《考古學報》也不得不停刊，挖掘調查工作停擺。不過，一九六八年發現的滿城漢墓——西漢中山靖王劉勝基與夫人竇綰的夫婦墓，與一九六九年發現的北京元大都遺址的挖掘調查，卻一直進行著。

從群眾運動演變成政治運動的文化大革命終於停止，自一九七二年開始，主要的學術雜誌復刊了。殷墟或二里頭遺址的挖掘調查行動，也從這一年再度開啟。殷墟方面，成功地在孝民屯遺址保存了商代馬車的完整形狀；二里頭遺址則是集中於挖掘一號宮殿遺址，成功地將一號宮殿的全貌呈現給世人。就這樣，中國全國性的考古挖掘調查工作再次展開，重啟調查、研究之風。

現代中國與文物挖掘

在文化大革命造成的社會混亂現象逐漸平息後，考古學的研究再度活躍起來。一九七二年以後，中國與資本主義社會的美國、日本相繼恢復邦交，同時也逐步對外開放，尤其是鄧小平於一九七八年十二月開始推動改革、開放路線後，加速中國經濟成長向前邁進。

陸續成立的各地文物考古研究所

相對於之前的挖掘調查工作以中國社會科學研究院考古研究所或北京大學為中心的情況，從這個時期起，各地方的博物館或大學，也自主性地投入挖掘調查。特別是在八〇年代，許多地方性的文物考古研究所從博物館獨立出來，成立專門的研究機構，進行個別的挖掘調查工作。

像這樣地方性調查研究的發展，是從七〇年代後半開始的，就像搭上了改革、開放路線的同一班車似的。到了一九八〇年代初，除了之前的三大學術雜誌外，各地域的考古學專門學術雜誌也紛紛出版。一九八〇年創刊的有陝西省的《考古與文物》、河南省的《中原文物》、湖北省的《江漢考古》，一九八一年創刊的是黑龍江省的《黑龍江文物叢刊》（後來改名為《北方文物》）和江西省的《農業考古》，而內蒙古自治區的《內蒙古文物》，也在這一年創刊。

到了八〇年代的後半，又有許多和考古有關的學術雜誌創刊，它們是陝西省的《文博》、遼寧省的《遼海文物學刊》、河南省的《華夏考古》、江蘇省的《東南文化》、江西省的《南方文物》、四川省的《四川文物》、新疆維吾爾自治區的《新疆文物》、河北省的《文物春秋》和山西省的《文物季刊》（後來改名為《文物世界》）。從這個趨勢可以看出，這些專門學術雜誌，是以各省為單位發行的。

在各地紛紛出版專門雜誌的情況下，和挖掘調查有關的報告文章也陸續被出刊，讓原本有限的考古資料快速增加，而豐實的資料有助於提升調查的深度。於是，整個中國考古界的大環境有了明顯的改變，研究者在調查後儘早提出調查成果或調查資料，與他人共享這些成果與資料。一九九〇年代起，中國各地開始舉辦國際學術研討會，讓考古的挖掘調查行動得到更充實的資訊。不僅國內學者能夠獲知考古研究的新動向或新的研究成果，國外的研究者也能共享同樣的資訊。資訊、訊息的公開化，對學術研究的進步有極大的幫助。

一九九〇年代，中國的改革、開放路線，讓中國的經濟發展有了飛躍性的成長。但經濟發展促使中國各地出現了都市化的現象，商業發達的沿海地區與工業化緩慢的內陸地區，產生了經濟上的落差。而各省經濟的落差，則表現在各種預算上。在一九七〇年代後半到一九八〇年代成立的各地考古研究所或文物考古研究所，自然也受到各省經濟條件不同的影響，有些都市的研究經費非常充裕，但也有些地方僅能獲得極為有限的調查經費。因為各地的經濟有落差，於是各地的考古研究進展也會有差異。

周王陵的發現與造成轟動的周原文物挖掘調查

經濟的發展帶動了國土的快速開發，隨之而來的便是越來越多讓遺址瀕臨破壞的緊急調查活動。這就是今日中國的挖掘調查特徵。在這種狀態下，考古資料大增，越來越多的挖掘報告出爐，造成資料氾濫，這是中國目前考古挖掘調查界存在的現況。這與日本考古學界走過的路非常接近，要如何解決這個問題，是當務之急。

中國的現代社會變化太快，這個變化指的是都市方面的變化。近代化的建築物改變了城市的容貌，也改變了社會習慣。最明顯的莫過於速食店的出現。這幾年來，中國的都市也和日本一樣，市容變得越來越像美國的城市。

在社會快速資訊科技化的情況下，馬路上的網咖如雨後春筍般地增加。但是，去遺址參觀或進行調查時，田園地帶的郊外還是和以前一樣的寧靜，讓人不禁懷疑那樣的城市和這樣的郊區，真的是處於同一個國家嗎？這樣的社會變化，也影響了大學的組織結構，中國現在也採用了近似日本的大學院大學（研究所大學）制度。

舉例來說，北京大學的考古學系就相當於日本人所說的考古學部。北京大學的考古學系內有依時代別區分的專門科目，例如舊石器時代、新石器到商周時代、漢代到唐代等等，或以學科區分的專門科目，如古文字、陶瓷器、博物館學、考古科學等等，並且擁有三、四十名專業教師。日本現在還沒有這麼大規模的考古學專門教育機構。但只是考古學系還不夠，一九九八年，北京大學考古學系進階了，成為北京大學考古文博院（又稱「中國文物博物館學院」），這是一個兼具保護文物與研究古代建築的考古學專門教育機構。

一九九九年與二〇〇〇年，考古文博院內又分別設立了古代文明研究中心和中國考古學研究中心。這樣的機構類似日本文部科學省主導下的ＣＯＥ（Center of Excellence），是為了設立高度研究機關而存在的制度，並擁有特別預算。除了考古學的考古文博院外，吉林大學考古學系也向該制度提出申請，獲准成立吉林大學邊疆考古研究所，在中國的邊境地帶進行考古學、體質人類學的研究，同時召開國際研討會。

中國現在正在進行的國家級考古研究計畫，就是夏商周三代斷代工程，也就是用科學的方式，來解析夏商周的年代。所謂的夏商周三代，指的就是中國最早的王朝——夏王朝、因殷墟的甲骨文而獲得證實存在的殷商、以及消滅殷商，建立封建制度的周朝等三個時代。

《史記》中雖然有關於這三個朝代的記載，但在紀年這一點的記載，卻只有西周王朝的共和元年——即西元前八四一年，因此在此之前只能知道相對性的年代關係。因此，即使是周武王伐紂，消滅殷商的最後一個帝王的實際年代，也只從文獻記載與古代天文現象的關係來推斷，所以有很多種說法。不過，大都不脫西元前十一世紀左右。如果還要上溯到殷商開始的年代，或殷商盤庚遷都的年代，甚至是傳說的王朝——夏王朝成立的年代等等，這些答案更是處於黑暗之中，完全沒有決定性的證據可以確切證明它們的年代。

而夏商周三代斷代工程，要匯集考古學、歷史學、天文學、文化科學等專業的力量，找到最接近上述問題的年代。

作為這個研究計畫一環，周朝初期的都城周原，早早就進行挖掘調查，並且有了新的調查成果。根據最近的研究成果，顯示周原很可能就是周王陵的所在地。目前雖然還無法證實周原就是周王陵，但在這個研究調查之前，完全沒有人知道三千年前的周王陵，因此是一項了不起的大發現。位於陝西省岐山縣周公廟附近的周王陵挖掘調查活動，真的讓人非常期待。

為了整合已經達到經濟發展目標的中國新民族意識，夏商周三代斷代工程的目標，就是要把中國定位在古文明的先進國家上。如同把炎帝、伏羲、女媧等三皇從傳說人物變成歷史人物，視漢代到唐代乃是來自三皇的正統般，先設定了自己的祖先，就可以從祖先的先進性與文明性得到鼓舞。讓中國古代文明冠上世界四大文明之一，再用科學的方法證明現代中國就是古代中國的正統，這是中國現在的戰略。這樣的歷史觀完全反映在中國的大國意識。

戰後的日本與中國考古學界

在前面章節已經說過，在第二次世界大戰前，由於日本侵略中國，日本的研究人員得以直接參與中國東北部的考古調查工作。不知道這是幸還是不幸，日本研究人員在此地進行了正規的考古學調查。當時日本研究人員對朝鮮半島或中國大陸產生極大的興趣，那是因為傳到日本的許多文化，其源頭都是

七〇年代末開始，年輕的研究者能前往中國留學

來自於這些地方。像歐洲社會去西亞追尋自己的文明之路，在那裡進行了殖民地主義的調查，不可

否認的，日本也在當時的政治性統治意識下，進行考古學調查。

戰後，日本研究人員放棄了在中國大陸的調查活動，有五十年左右的時間不能再在中國大陸進行調查。在這段時間裡失去調查領域的日本考古學者，不得不轉向在離大陸最近的對馬、壹岐，或北海道東部進行挖掘調查行動。在中國大陸與日本恢復邦交前，直接往來幾乎是不可能的，《考古》、《文物》、《考古學報》等主要的學術雜誌，成為日本唯一能得到中國考古學資料的來源。不過，在那樣的環境下，一九五七年，以東京大學教授原田淑人為團長，包括東京大學、京都大學的駒井和愛、水野清一等傑出學者，接受中國科學院招待，在戰後第一次訪問中國。他們經由香港，走陸路，從廣州入境，前往南京、北京、敦煌、西安、洛陽等地，然後再由香港回到日本。那是一趟現在難以想像的、繞遠道的調查旅行。但在那一次的旅行中，團員們不僅看到開放改革後不久的中國，還因為看到了豐富的考古資料與中國舉國保護遺址的行動而感動不已。

在那個訪問團裡最年輕的團員是岡崎敬，其次是樋口隆康，當時兩人都是才三十初頭、未滿三十五歲的青年。後來岡崎敬成為京都大學教授，樋口隆康成為九州大學教授，帶動戰後日本的中國考古學。對這樣的研究者來說，只能看戰前所累積的調查資料，不能直接接觸到現場的古跡遺物，就像隔靴搔癢般地覺得非常不痛快。一九七二年，因為日本與中國建交，所以兩國變成可以正式往來，雖然開始的時候學者間的交流並不是那麼容易，但慢慢地已經能直接在中國看到資料了。

中日兩國學者間的往來變得密切，是在一九七八年十二月鄧小平的改革、開放路線之後的事。而日本研究考古學的學者最早到中國留學，則是在一九七九年，從此之後每年都有年輕的研究者前往中國留學，學習中國的考古學。

另外，八〇年代也是中國改革、開放路線進入地方的時代，以區域為單位的考古學學術雜誌因此應運而生，公開的研究資料也迅速地豐富起來。在日本，專門研究中國考古學的學生也在這個時候開始變多了。中國考古學已經不像七〇年代那樣遙遠、難以追求了。我就是這個時代下的一員，從八〇年代開始研究中國的考古學，也曾經到中國留學。在岡崎敬和樋口隆康兩位老師的眼中，如今研究中國考古學，真的比他們當年方便太多了，會有彷若隔世之感吧？

中日的學術交流從八〇年代正式活絡起來，加速雙方學術上的交流，則是從一九九一年二月修訂考古涉外工作管理辦法開始。這個修訂法讓外國研究者也能在中國的領土上進行挖掘調查，但附帶條件必須是中外學者共同進行研究調查。想當然爾，這也是鄧小平改革、開放路線的一環，目的就是學習海外先進的考古學、古物保存的科學，幫助中國考古學的學術發展。後面我想談談參與共同挖掘的一些經驗。

國際共同調查與共同挖掘文物

日本與美國在共同挖掘上的差異

與中國進行共同研究的外國研究者中，以美國與日本的學者為主。中國與日本開始共同挖掘調查研究是在一九九五年。後面會詳細說明共同挖掘調查研究的內容，這裡只先列舉共同挖掘的主要遺址名稱。

新石器時代的遺址地點有：湖北省陰湘城遺址、江蘇省草鞋山遺址、浙江省並安橋遺址、內蒙古自治區岱海遺址群、四川省寶墩遺址、湖南省城頭山遺址等。商周時代的遺址地點有：二里崗文化的都城遺址，也就是河南省府城遺址。漢代之後的遺址地點有：新疆維吾爾自治區的交河故城城南區古墓群車師國時代墓遺址、寧夏自治區的北周田弘墓、唐代史道洛墓、新疆維吾爾自治區尼雅遺址、陝西省漢長安城桂宮二號遺址等。

至於與美國的共同挖掘調查方面，新石器時代的遺址地點有：山東省兩城鎮遺址、江西省吊桶環遺址、仙人洞遺址。新石器時代到商周時代有：河南省商丘遺址群、四川省中壩遺址——製鹽遺址等。此外，美國還積極參與了山東省兩城鎮遺址周邊、河南省二里頭地區、河南省安陽周邊、河南省垣曲周邊、內蒙古自治區赤峰地區等地的遺址分布調查，利用電腦的地理資訊系統，進行空間分析，從遺址的分布研究時代的變遷，了解地方的歷史輪廓。

美國和中國的共同調查因兩國的學術研究風格差異較大，而且中國在考古學上的經驗累積比不上日本，所以中美的共同調查通常不會馬上進行挖掘，而是先進行遺址的分布調查，在這方面有成果之後，才會開始挖掘調查。或者可以說：美國與中國的共同調查行動，以前階段的遺址分布調查為主。事實上，在包羅性的遺址分布調查下，許多以前不被知道的遺址因此被發現了，這也使得之前被忽略的歷史有了新的解釋。這一點讓人們再度了解到中國大陸的考古學須要這麼細密的調查。

確認了遺址的分布後，就知道有些研究領域被疏漏了，我認為同屬於東亞的日本研究者，也必須重視到這一點。

我參加過三個中日共同挖掘調查，分別是：湖北省陰湘城遺址、江蘇省草鞋山遺址、內蒙古岱海遺址群。在陰湘城遺址挖掘出新石器時代的巨大城垣。在草鞋山遺址，我參加了東亞最古老的水田遺址的挖掘。而在岱海遺址群的挖掘調查，透過時間軸，了解到氣候變動劇烈的長城地帶，其地理環境與遺址的關係。

其實，在參加這些共同挖掘調查前，我自一九九〇年起，與遼寧省文物考古研究所，曾有過三年共同調查的經驗。那三年的調查因為剛好是在挖掘調查被允許的時間之前，所以只能進行測量調查、遺物調查和參觀遺址等活動。雖然不能進行挖掘活動，卻是最早得到國家文物局正式許可的共同調查，所以團員們都帶著自豪與責任感，進行所有的調查工作。當時日本的調查團團長是大手前大學的秋山進午教授，中國方面的團長是當時的遼寧省文化廳副廳長郭大順先生。

第一年進行的測量調查有：和二里頭文化平行期的，夏家店下層文化城址遺址中的遼西淩源縣城子山遺址，以及同屬夏家店下層文化城址的阜新南梁遺址。第二年的測量調查地點是位於遼東半島與商代平行期的大連市王山頭積石塚，第三年是遼東文石墓墓地群中鳳城縣東山大石蓋墓。

中國考古界好像很少有考古學者，親自使用測量板和照準儀（平面測量器）做簡單的平面測量，或使用全站式光波測距儀（Total Station）進行測量，所以對日方研究人員的單調調查行為感到有些不解，當時經常出現的畫面就是，日本方的研究員頂著晚秋到初冬的寒風，一邊進行遺址的測量，同時向中方的考古學者解說如何從遺址的測量中得到考古學資訊。

雙方共同發表的調查報告書裡，詳細地記載了這個測量報告的意義，想表達的是：即使沒有挖掘，只是在當地進行種種測量調查，也可以獲得各種考古的資訊。然而，經由測量調查，從這些資訊中得到的新假設，會讓人想知道那些新假設是否正確，想要成立調查區，大大提高了挖掘調查的慾望。

首次參加共同挖掘——陰湘城遺址調查

我一直期待著能到中國參與挖掘調查，而第一次的機會，終於到來了。一九九五年的春天，我前往湖北省荊沙市的陰湘城遺址進行挖掘調查，這是因為前一年時，京都大學人文科學研究所的岡村秀典副教授，受到福岡市主辦的文化論壇之邀，到陰湘城遺址訪問，經過交涉後，定下了這一次的挖掘調查活動。福岡市文化論壇舉辦的這次挖掘調查活動，由福岡市教育委員會與湖北省江陵縣博物館共同進行，日方的挖掘隊長是岡村秀典先生，中方是江陵縣博物館的副館長——新石器時代專家張緒球先生。

在中國進行共同調查或挖掘調查時，住宿經常成為問題。對我們而言，只要有地方睡覺就可以了，可是中方為了盡待客之道，總是努力要讓我們住得舒適，為我們選擇設備良好的旅館。然而設備良好的旅館總是離我們進行調查活動的遺址有一段距離。維持良好狀況的遺址通常都在離飯店較遠的郊區。歐美人比較講究實際，進行遺址考察時，對住宿的要求很簡單，搭個可以休息的帳棚就行了。我去俄羅斯的遠東地區進行共同挖掘時，休息的地方就是遺址附近的帳棚，過著在河裡洗澡的生活。但中國人不會這樣對待外國人，這或許也是基於治安與飲食上的考量。

即使是平時對飲食並不講究的中方研究人員，似乎也覺得必須給外國研究人員較好的飲食，這就是所謂中國人的面子問題吧！中國人經常很在意面子問題。因此，我們在進行各種交涉時，也不得不重視所謂的面子問題，這是外國調查人的宿命。入境隨俗，這也是不得已的事情。於是，我們在陰湘城進行調查時，每天必須從旅館開一個小時的車到遺址附近，再走四十分鐘左右的路程，才能到達遺址的所在地。一九九五年夏天到一九九七年夏天，我去內蒙古岱海周邊進行挖掘調查時，雖然住在由工作站改建的住宿設施中，但從住宿的地方到調查現場，仍需要兩個小時搖搖晃晃的車程。

進行共同調查的過程中，記錄遺址或出土遺物的方法經常會成為問題。日本人對記錄的要求比較瑣碎，雖然這是日本人的性格問題，但如果不能完成正確的圖面，調查就變得沒有意義了。

中方採用的是英國考古學的傳統探方調查法，在五公尺見方的溝槽內進行挖掘。也就是先設定探方，再進行挖掘調查。四方形溝槽般的探方像格子一樣，每一格之間以田埂般的隔梁為界，而隔梁便是把握層位關係的重要關鍵。日本也常用這種方法來進行挖掘調查，但問題是測量的基準座標。看起來像棋盤格子的探方組合，其實都經過精密的計算與測量。如果探方是在斜坡上的，就會產生斜距。用眼睛看時好像沒有什麼差別，但實際計測後，會發現探方其實不足五公尺見方。

在過去的調查中，探方或者說是網格就像是實測用紙一樣，被視為實測的基準。但就像上一段所說探方會有誤差。在日本，這種時候一般會用經緯儀（角度測量器）或全站式光波測距儀，實測出基準座標，把正確的基準座標打樁在地表上。九〇年代後半的中國考古學者還不習慣這個方法，或者是研究調查機構尚未備齊那樣的測量儀器。我們在遼寧省參與共同調查、進行測量調查時，就不得不先詳細說明測量的意義，以及利用探方為基準進行測量時，會產生誤差的實例。

陰湘城遺址是面積廣大的新石器時代的城址遺址，進行挖掘調查時要先完成正確的地形測量圖，使土垣與其外側的壕溝能夠復原。

經濟蓬勃發展與擴大挖掘調查

在中國每個地方進行挖掘調查時，和在日本一樣都有種種的辛苦，而趕走那些辛苦的，就是辛苦調查之後的飲食。每個調查都有節省經費的必要，所以不能去餐廳吃飯，於是聘請了當地人家為我們做飯。這讓我們能夠吃到當地的家常料理。在陰湘城和草鞋山進行挖掘調查時，我們的主食是長米粒的秈米。平日吃慣粳米的我們原本應該會覺得秈米不合口味，意外地卻發現剛從蒸籠裡蒸出來的秈米飯又香又好吃。

中國各地的料理口味大不同。草鞋山的料理味道比較清爽，而陰湘城的料理味道較重，而且又辣；但這又和內蒙古華北風的豪邁口味不一樣。至於在食材方面，陰湘城因位於長江流域，能吃到多種長江流域的河魚，那些原本只在文獻上看到的、從遺址出土的魚種，因為到當地做調查研究，而有機會直接在餐桌上看到，知道是什麼樣的魚了。

當然，我們也在內蒙古接受了全羊大餐的款待，甚至學會了肢解羊隻的方法，和各種羊料理的處理方法。另外，每個調查現場附近的居民生活習慣也不相同。和受僱於我們、幫助我們做調查的百姓直接接觸後，就會了解當地居民的生活習慣與日常生活。由於我們也會去參觀遺址周邊的住家，所以也看到了陰湘城所在的長江中游，其百姓們居住的空間、聚落的型態，與華北的內蒙古有相當大的差異。那些差異當然不是現在才有的，我覺得那是可以溯及到史前時代就已經存在的差異。

另一方面，草鞋山雖然是農村，卻因為位於都市近郊而變富裕，除了還保留著從前水鄉澤國的影子外，農村的模樣正在變化當中。我雖然是外國人，卻不禁為此感到焦慮，覺得應該趕快把以前傳下來的種種民俗記錄下來，以免時日久了，傳統民俗因農村的變化消失殆盡。中國的遺址調查活動聚集了來自全國各地的考古學者，積極地進行挖掘調查，並且記錄下各種考古資料，然而卻幾乎看不到民俗方面的調查紀錄。久居於一個地方的人民所形成的風俗、生活習慣或技能，正在快速消失，沒有被記錄下來的過去，將會被黑暗淹沒。

進入二〇〇〇年後，日本與中國的共同調查活動趨緩。原因之一是日本研究者想到中國進行共同調查時，必須得到日本文化廳文物局的同意，如今要得到這項同意越來越難了，這當然與政治因素有關。另外，藉著之前的共同調查，中國學者的研究水準大為提高，和外國學者進行的共同調查活動，已經不像以前那麼具有吸引力。再加上中國經濟的躍進，研究調查活動也不再需要外國人的經濟支援。

就某種意義來說，中國的經濟發展確實給中國考古學帶來很大的刺激。和日本經濟高度成長期時一樣，中國的挖掘調查活動也在經濟發展的帶動下，挖掘調查案件迅速大增，出版挖掘成果的機會也大幅增加了，甚至克服了印刷技術不成熟的困難，利用漂亮的彩色印刷技術，印刷出昂貴的報告書，變得一點也不稀奇。報告書的價格更是貴得令人咋舌，幾乎已經到了不是學者一個人，就能全部擁有的地步。

在這樣的學術發展下，學術細分化了。在考古資料不斷增加的情況下，以往站在外國考古學的立場來看中國考古學，把許多時代概括在一起的時期劃下句點。將舊石器時代、歷史時代、貿易陶瓷等的時代，籠統地放在一起研究的模式，終於漸漸消失了。然而，中國國內各地區之間的研究交流，卻沒有想像中的順利，能夠縱橫各個地區，看到全體資料的研究者，只有中國國內的部分研究者。這和各地區的研究者觀點不盡相同，各地區互相競爭誰的遺址歷史更久、誰的遺物更珍貴的競爭心態有關。

外國考古學者要在這樣的情勢下，把史前時代的歷史做地域性的通史整理，真的談何容易。可是，本書就是要在這樣的情勢下，試著整理、敘述中國史前社會。雖然不知會有什麼樣的結果，但我想以我曾經參加過中日共同挖掘調查的經驗，與在遺址實地觀察遺物的經驗為背景，執筆論述我的所見所聞來成就本書。

下一章我想談論的是：中國大陸的農耕社會是如何形成的。

第三章　農耕活動的出現

人類誕生與中國舊石器時代

人類起源於非洲說與多元說

非洲是人類的起源地。一直以來，都以人類出現於地質年代的第四紀更新世為定說。但是，根據現在古地磁年代的層序區分等觀點，以一七七萬年前為界線，原始人出現的年代相當於那個時候。

南方古猿出現的時間比猿人更早，可以追溯到第四紀更新世之前的第三紀鮮新世；一九九〇年代在埃塞俄比亞發現的始祖地猿，讓人類的起源可以追溯至五百萬年前。用兩腳直立行走的猿人發明了石器，目前在埃塞俄比亞的哈達爾發現的最古老石器年代，可以上溯到兩百五十萬年前。

從以色列的烏貝蒂亞遺址的發現來看，人類最早從非洲開始向歐亞大陸遷徙的時間，大約可以上溯到一五〇萬年前。相對於這個發現，目前中國在好幾個地方，都發現了相當古老的地質年代的石器，安徽省人字洞遺址的年代是二四〇萬～二〇〇萬年前，四川省山縣龍骨坡遺址是二一五萬～一八七萬年前，雲南省元謀遺址是一六〇萬年前或一六〇萬～一一〇萬年前，河北省小長梁遺址（泥河灣遺址群之一的遺址）是一八七萬～一六七萬年前或一六〇萬年前。除了上述遺址之外，還

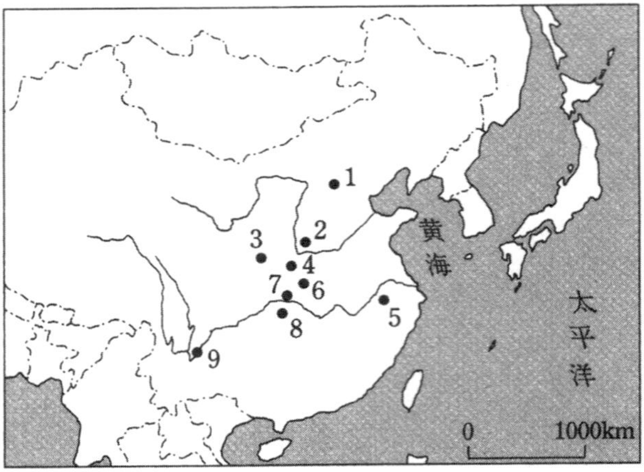

中國大陸的前期舊石器時代遺址 1.泥河灣遺址群 2.西侯度 3.藍田公王嶺 4.龍牙洞 5.人字洞 6.鄖縣人 7.巫山龍骨坡 8.建始龍骨洞 9.元謀

有被認為是更新世前期遺址的山西省西侯度遺址、湖北省建始縣龍骨洞遺址、陝西省藍田公主嶺遺址等等。

問題是：從這些地方出土，被認為是石器的東西，真的可以認定是石器嗎？就像人字洞遺址中被認為是石器的東西，到底是人為形成的石器，還是天然形成、像石器一樣的天然石？關於石器的年代與石器的真偽等問題，今後還需要有科學根據，深入探討的必要。如果說除了人字洞遺址以外，其他遺址內的發現，都是人工形成的石器，那麼，從非洲往外遷徙的人類，在更早的時候就已經到達東亞了。

還有一個問題，那就是從元謀遺址出土的人類牙齒化石。被稱為元謀人的古老人類化石與北京猿人的化石類似，但更為古老，於是元謀人被認為是東亞最古老的人類。然而在經過地磁年代測定後，這個認定也被懷疑了，有人認為元謀人的化石最多只是六十萬～五十萬年前的化石，很難斷定元謀人是東亞最古老的人類。不過，經過一九八四年的再次調查，於古地磁年代測定法的測量下，元謀人出土的地層層位為一八七萬～一六七萬年前。所以說，不管是中國最古老的石器，還是人類化石的年代，今後還是必須要有更多的科學性論證才行。

舊石器捏造問題撼動了日本考古學界，並從反省中體認到：未來要做的事情並不是簡單的討論預測，而是應該盡量做科學性的討論。問題是：如果上述得到的訊息是可以信賴的資料，那麼長久以來「人類來自非洲」的說法，就有再思考的必要。而「人類多元說」可能和人種問題有著直接的關係，這是必須慎重去面對的問題。學術若要有更進步的發展，確立國際性的共同研究體制恐怕是刻不容緩。

與非洲早期石器文化有密切的關係

中國的舊石器時代研究，因為發現了以華北為中心的舊石器時代遺址，以及發現北京猿人的周口店遺址的關係，華北成為舊石器時代的研究中心。但是，這二十年來，由於中國的南方也不斷發現舊石器遺址，對於中國舊石器時代的整體解釋產生了根本性的變化，一元性的解釋已經無法滿足現況。北京大學的王幼平教授對此有一系列的研究。

陝西省南鄭龍崗寺遺址、廣西省新州遺址，可以說是中國南方的舊石器時代遺址的代表。

龍崗寺遺址位於漢水上游的漢中盆地，屬於中更新世的遺址。因為位於漢水上游的這個地理位置，所以納入中國南部。

這些中國南部遺址出土的石器，其特徵為都是使用礫石加工製作而成的簡單石器。敲打礫石的一部分，可以做成的礫石單面砍砸器、

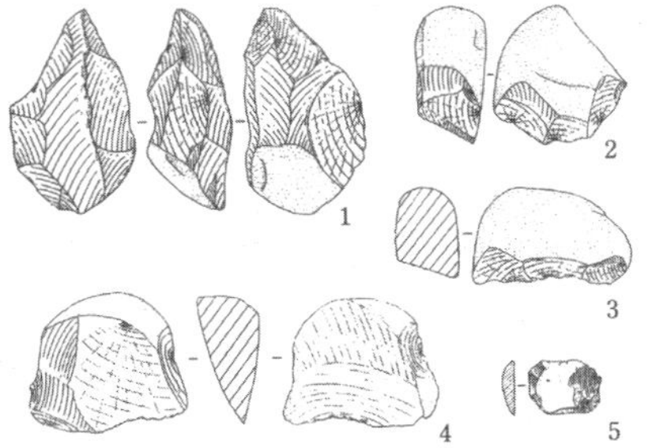

龍崗寺遺址出土石器　1.原手斧　2、3.砍砸器　4、5.刮削器

雙面砍砸器，或是敲下部分的礫石，把剩餘的剝片加工做成刮削器。還有就是可以做出上述工具的礫石手斧。

哈佛大學的莫維斯教授曾經提出二大文化圈的說法，他認為從非洲到歐洲，甚至到印度的石器文化是手斧石器文化，而上述區域之外的東南亞、東亞等地區，是單面砍砸器或雙面砍砸器的砍砸器文化。相較於以礫石器為中心的非洲而言，沒有手斧的東亞、東南亞，是主流之外的邊緣文化。但是，這種以石器類型劃分區域的看法，就近年來的新挖掘案例，已經不符合現代的解釋了。

非洲從早更新世進入中更新世時，石器的變化也從典型奧杜韋（oldowan）文化進入到發展奧杜韋文化。換句話說，就是礫石器文化在技術上進化了。前面說過，早更新世的以色列烏貝蒂亞遺址，是人類最早從非洲擴散的遺址，測定的年代是一四〇萬年前～一一〇萬年前。但是，格魯吉亞的德馬尼斯遺址則在一五〇萬年前的地層，發現了猿人化石人骨與石器。

這至少可以說明一五〇萬年前，猿人就從非洲遷移到歐亞大陸了。而歐洲受到石器文化的影響，誕生了有手斧這個特徵的早期阿舍利文化（Acheulean）。這就是以非洲典型的奧杜韋文化為基礎，在歐洲誕生的礫石器文化。

王幼平教授將近年來在中國南部地區發現的中更新世的石器，與非洲或歐洲中更新世以前的石器，做了一番比較。

比較非、歐各地域的石器後，王幼平教授發現：與中國南部中更新世的石器種類或組合最類似的，就是非洲的典型奧杜韋文化的石器。比起更晚階段的非洲發展的奧杜韋文化或歐洲的阿舍利文化，中國南部中更新世的石器，更類似早期階段的典型奧杜韋文化的石器。

將典型奧杜韋文化的石器與中國南部的石器相比較，兩者類似之處是：在所有石器中，砍砸器的比例占所有石器的百分之五十；另一個類似是兩者都有被稱為原手斧的手斧石器，這是一種非常古老的石器技術。

王幼平教授認為，不管是誕生於非洲的人類，或者是人類發明的技術，在更早之前就已經擴散到東亞南部，這樣的可能性是存在的。或者說，中國南部的舊石器群或古人類，與非洲早期的石器文化有密切的關係。那麼，兩者之後的變化，為什麼會有不同呢？

因八千公尺高山的出現而變得安定、孤立的中國南部

歐洲的石器文化有了令人眼花繚亂的變化，從礫石器的阿舍利文化，進展到以尖頭器等剝片尖頭器構成的舊石器時代中期的莫斯崎文化，再進化到後期舊石器文化以刀型石器為特徵的奧瑞納文化，以及以兩面加工尖頭器為特徵的梭魯特文化，和以骨角器為特徵的馬格德林文化。

相對於歐洲石器文化的變化，中國南部的中更新世與晚更新世的石器文化，卻被認為沒有太大的變化，只是順著時間的移動，緩慢變化而已。而造成這種幾乎沒有變化的原因，便是喜馬拉雅山的造山運動。第三紀上新世末期時，青藏高原的海拔高度不過是一千至二千公尺，但到了第四紀更新世，喜馬拉雅山與青藏高原突然隆起，達到了和現在幾乎相同的八千公尺海拔高度。這麼高的喜馬拉雅山與青藏高原，形成了歐亞大陸間往來的大屏障，讓歐亞東部——也就是是東南亞，形同脫

離歐亞大陸。

有亞洲屋脊之稱的喜馬拉雅山、青藏高原，阻斷了來自太平洋的潮溼空氣，給東亞帶來夏天潮溼和冬天寒冷乾燥的季風。其中的中國南部，因為地理上是孤立的，又處於潮溼的亞熱帶、熱帶等比較穩定性的環境中，所以那裡的人類在更新世的期間過著穩定的生活。外界推斷中國南部的石器技術沒有太大變化的原因便是在此。

在中更新世最溫暖的時期，亞熱帶的潮溼森林帶從黃河中、下游流域擴大到華北地帶，而礫石器分布的北限，則到達了黃河的中游一帶。換句話說，也就是從華南到長江中、下游，以致於到黃河中游，都可以說是礫石器文化的領域。而生長在熱帶或亞熱帶森林地區的豐富植物資源，提供了居住在這個地域的人類穩定的食物來源，所以礫石器文化得以在這個區域穩定持續地發展，沒有產生巨大的變化。

另一方面，從華北北部到西北地方的中國東北地區，則出現了不同於加工礫石的礫石器，也就是把礫石敲削成剝片做成小型剝片石器，這與華北南部到中國南部的石器，有很大的系統差別。根據古地磁測定法，關於河北省小長梁、東谷坨、岑家灣等華北北部中更新世的小型剝片石器遺址的年代，時間可以追溯到一百萬年前。

這些遺址中的石器原料來自玉髓、燧石、瑪瑙等小型石材。小型剝片石器形成的原因，和原料來自於小型石材也有關係。

不過，華北的石器向來分為大型石器的匼河——丁村系，和小型剝片石器的周口店第一地點——峙峪系等兩大系統。周口店第一地點就是發現著名的北京猿人的地方。大型石器的匼河——丁村系，可以視為是中國南部的礫石器系統；小型石器的周口店第一地點——峙峪系，則可以視為華北北部以北到東北部的石器系統。

華北南部與華北北部兩大文化系統的交界地帶，就是華北地區。中國南部的礫石器文化，來自利用石器工具，取得生長於亞熱帶氣候下豐富的根莖類食物或果實，然後加工成為食物。

華北北部以北屬於溫帶氣候，因為小型剝片是適合肢解動物或捕獲動物的石器，由此可見，和中國南部比起來，華北北部以北的人類對動物資源的依賴性相當高。

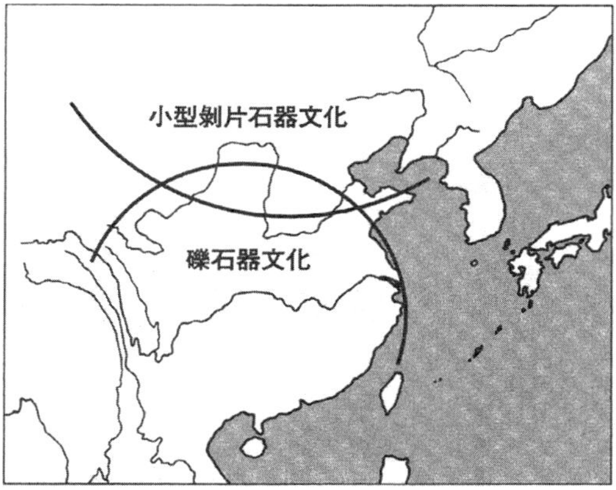

前、舊石器時代中期　華北是小型剝片石器文化與礫石器文化的交集地帶。

有意思的是：這些差異也反映在各地域的地理條件上。礫石器文化圈位於平原等開放性的地域上，而小型剝片石器，大多被發現在洞穴或岩石下方等山區的遺址中。正因為地理條件不同，所以食物的來源也大不相同。同樣是中國南部，廣西省或貴州省等中國西南地方的礫石器，其組合種類就和中國南部有所不同。而且，在中國西南部所發現的遺址地點和華北北部以北一樣，大多是位於山區地帶的洞窟遺址。西南部的石器以礫石或石核加工後的剝片石器為主，可以想見，這是因為山區地帶的食物來源主要是動物的關係。

猛獁象的祖先與非洲象是近親

在探討華北的石器時，還發現了一件令人深感興趣的事情，那就是華北的小型剝片石器群後來有相當快速的變化傾向。也就是說，和中國南部的石器比起來，華北以北的石器製作技法或石器組成，歷經了從斜軸尖頭器、刀形石器，再到細石器刃的變化。像這樣急速的石器變化，和舊石器時代後期的細石器變化一樣，與包括歐洲與西亞在內的舊大陸有著共同的發展趨向。

近年來，在河北省鄖縣曲遠河口，發現了兩件保存情況良好的人類頭骨化石，被命名為鄖縣人；與哺乳動物群的化石、石器，在同一地層中被發現。那裡的石器是礫石器群，是中國南方相當常見的石器群。另外，在同一地層發現的動物群，與發現藍田猿人的著名遺址地點——藍田公主嶺，發現的出土化石群極為類似。關於這個遺址已經出土的三層地質年代，測定為八十七萬年前～八十三萬年前。至於這個年代與人骨化石的年代是否一致，今後有再進一步討論的必要，不過，應該都是早更新世後半期的時代吧！還有，也有人認為這裡的人骨化石，是從猿人過渡到新人類階段的人類化石。

有學者認為，和現代人一樣的新人類，或者說現代人的直系祖先新人類，於二十二萬年前誕生於非洲，然後再向世界各地遷移。然而，鄖縣人的出現，讓上述的說法有了爭議性，鄖縣人也因此受到重視。鄖縣人的象徵意義是：各個區域的新人類是由各區域的猿人演化而來。鄖縣人與現代亞洲人的形質非常接近。

我們蒙古人種又是如何誕生的呢？這個問題還需要從人類學的角度進行討論，才能有所定論。

但是，只要人類多元說沒有被遺忘，蒙古人種的起源地在中國大陸的可能，就值得我們多加注意。

近年來，中國南部發現人骨化石的出土案例增加了，有意思的是，發現這些化石的地方，其共通性就是都在礫石器群的範圍裡。目前出土的人骨化石有藍田人、鄖縣人、和縣人、南京人等等，這些人骨化石的形質，和以剝片石器為主體的周口店第一地點發現的，約五十萬年前的北京猿人的形質特徵是不同的，這是很有意思的發現。

礫石器時代屬於舊石器時代的前、中期，出現在中國南部到華北北部的廣大河流階地平原上。間冰期的亞熱帶氣候北上到華北北部時，屬於大型石器的礫石器文化也有一段時間往北擴散，好像是在呼應北上的氣候般。在同一時期裡，小型剝片石器則出現在從中國南部到華北北部、東北部的石灰岩山地；近年來在這些地方發現的洞窟遺址，皆可以證實這一點。這樣的文化變化，出現於約三萬年前最終冰期的舊石器時代後期，也就是更新世末期，而這也是細石器文化出現的階段。

從石核上剝離出多個一定形狀的縱長形剝片的技術，出現於從歐亞大陸北部的阿爾泰山到貝加爾湖的這個區域。這個技術形成的背後，實際上此前就存在著巨大的變革要素。

阿爾泰山現在仍然是將歐亞陸地分隔成東西兩個部分的大山脈，東側是至今仍然鬱鬱蒼蒼連綿不絕的泰加森林地帶，西側則是不斷伸展到歐洲的平原地帶。莫斯特文化是歐洲舊石器時代中期的文化，擁有能夠剝離石片成細石器的特殊技術——勒瓦婁哇技法，這是從石核剝取石片製成剝片的技術。勒瓦婁哇技法不僅是把剝片母岩剝離成片的技法，而且還是能對石核表面進行剝離加工的技法。勒瓦婁哇技法被發展出來後，從石核上剝離剝片，並加工製成細石器，已經可以規格化、量化

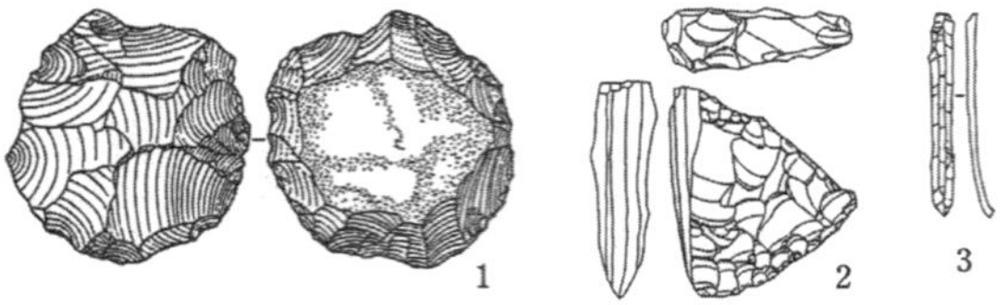

勒瓦婁哇技法與細石器技術　1.是在西亞到歐洲一帶發現的舊石器時代中期的勒瓦婁哇石核。2、3.是在西伯利亞、遠東、日本列島、華北等區域發現，被認為是舊石器時代後期的細石核和細石器。

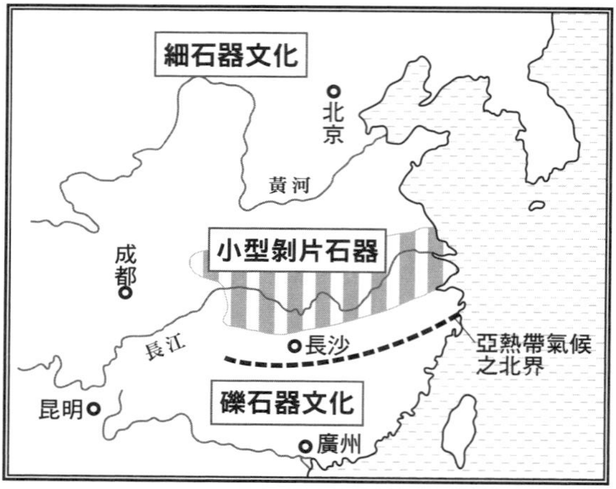

舊石器時代後期　在細石器文化與礫石器文化的中間地帶，出現了小型剝片石器。

了。也就是說，此時歐洲或西亞的莫斯特文化已經往東分布，越過烏拉山脈，到達阿爾泰山脈了。

還有一件令人深感興趣的事實，那就是在最終冰期時，從西伯利亞擴展到遠東、北海道的猛獁象祖先，與非洲象非常接近。從最新的研究顯示，在西伯利亞的永凍土層裡尋找到猛獁象，將其肉片DNA與亞洲象的DNA、非洲象的DNA做比較時，猛獁象的DNA更接近非洲象的DNA。由此可以猜想：從非洲北上到歐洲的非洲象，為了適應寒冷的環境而演化為猛獁象，牠們在歐亞的北方迂迴前進，擴散到許多地方。創造出莫斯特文化的人類，或許是為了追逐猛獁象，所以開始往東移動的。而人類的移動，使得西伯利亞也誕生了細石器技術，並讓這種技術有了往華北、遠東及日本列島等地擴展的契機。

在東西伯利亞舊石器時代後期的瑪麗塔遺址裡，發現了被稱為維納斯像的女性像。東歐捷克的下維斯特尼采（Dolni Vestonice）遺址也發現了同一時期的土製女性像。或許女性像也和細石器文化一起擴散到西伯利亞，成為日本列島繩文時代土偶的原形。

再說已經擴展到華北的細石器文化，細石器取代了小型剝片石器，成為盛行的器具，在這個影響下，中國南部礫石器文化的發展也產生了轉變，長江中游流域的華中，從礫石器轉變為小型剝片石器；但從南嶺山脈以南的華南一帶，則被認為仍然使用礫石器。之所以產生這種情形的原因，除了最終冰期天氣急遽寒冷讓生態產生變化外，相較於受到喜馬拉雅山脈、青藏高原包圍的礫石器文化圈，來自西伯利亞的新文化往南移動，其位置剛好就在華北南部和華中的細石器文化圈與原有的礫石器文化圈的接觸點上。而這個區域，正是在更新世終末期轉移到全新世——也就是最終冰期的最末時期，開始作物栽培，出現農耕的地區。

從舊石器時代到新石器時代

定居的形態確立後才開始農耕

在地質學上，最終冰期結束，天氣開始溫暖化的時代，可以視為是第四紀更新世進入全新世的時代。時間相當於一萬三千年前。那是氣候激烈變化的時代，也是地球逐漸形成我們現在居住的地形和氣候環境的時代。舊石器時代後期被區分為二的兩大石器技術系統圈，在這個時期產生了變化。中國南部的礫石器系統在最終冰期的冷溫化中，分布領域縮小到南嶺山脈以南的華南，華北地區則朝著細石器石器群、華中地區朝著小型剝片石器群發展。

屬於舊石器時代後期的華北山西省沁水縣遺址裡，和細石器一起出現的遺物裡還有石盤，由此可見舊石器時代的人類不只會狩獵取食，還會把橡實等堅果類的果實研磨成粉，做為食物。而這樣的石盤，在舊石器時代後期的遺址中，除了華北地區，日本列島的中部，在幾處發現刀形石器的遺址裡，也都能看到。

這樣的石器出現的時間，應該正是人類處於為了對付氣候變動，而尋求新食物的階段。換言之，雖然是在最終冰期的寒冷期裡，人類已經開始在還沒有被草原化的廣闊森林地帶，過著以採集的方式獲得食物的生活。

但是，中國南部是否也能看到這樣的變化呢？舉例來說：中國西南部貴州省貓貓洞遺址是舊石器時代後期的小型剝片石器遺址，但這裡卻發現了類似繩文時代用來敲碎堅果類殼的敲擊石器。發現的研究者認為那是用來擊碎石器的加工工具。還有，屬於華南的舊石器時代終末期的廣西壯族自治區柳州市白蓮洞遺址後期層裡，發現了類似食用堅果類粉食的器具。研究報告者認為那裡的器具相當於當做研磨器的石盤和當做穿孔石器的敲擊石。那樣的東西確實可能是舊石器時代後期的粉食用器具。由此必須思考的是：隨著氣候的寒冷化，從舊石器時代後期階段起，中國南部的人也有可能以堅果做為食物來源，取代根莖類或果實類食物。

然而，從舊石器時代轉換到新石器時代所對應的，正是是更新世進入全新世的時期，也就是生存於更新世的大型動物，如猛獁象、納瑪象、大角鹿等滅絕的時期。因為大型動物滅絕了，人類狩獵的對象動物群產生變化，從大型動物轉換成小型動物。

磨製石器的出現，曾經是定義新石器時代的第一要素。最早提出這個定義的人，是十九世紀的英國人約翰．盧伯克（Sir John Lubbock）。這是針對西亞或歐洲的先史學所下的定義，未必是放諸全世界皆準。以磨製的石斧為例：日本列島所發現的局部磨製石斧，卻被區分為舊石器時代的產物。

另外，也有研究者重視農耕的出現，把農耕的出現視為新石器時代的劃時代發展。英國的考古學者戈登．柴爾德（Vere Gordon Childe）便是持這種主張的研究者。有農耕活動，就有提供安定食物資源的可能性；而之前靠著追逐獵物維持生活，過著遷徙生活的人類，在農耕出現後，就有走上定居生活形態的可能性。

農耕是人類進化的一大里程碑，柴爾德還將農耕的出現，命名為「新石器革命」。我們也在聽到農耕時，就會覺得人類歷史又向前邁了一大步，並且很容易覺得：比起狩獵採集社會，農耕社會是更進化的社會。

定居的生活讓女性能在安穩的環境中度過育兒期；在生物學上，女性的妊娠間隔期也會比移動遷徙生活短。女性的妊娠間隔縮短之後，女性一生的生產次數就會增加了，隨之而來的就是人口快速增加，社會群體的規模也會產生變化。

但是，農耕和定居是一體的嗎？好像未必如此。例如早早就有定居的社會模式的日本列島繩文社會，雖然過著定居的生活，卻不被認為是農耕的社會。有了豐富的橡果、栗子等植物資源，即使沒有農耕的運作，也有可能過著定居型態的生活。就像先有雞還是先有蛋的爭論般，定居與農耕誰先誰後也有一些爭論，但今日的學者大多傾向於支持：定居的形態確立後，才誕生了農耕社會的看法。

以中國大陸的情況來說，在最終冰期氣候寒冷化的期間，人類為了適應新的生態，已把採集堅果類等植物性的食物，納入維持生命的資源之中。在接近舊石器時代後期結束階段的細石器文化階段，華北地區的人類除了靠狩獵取得食物外，堅果類確實也是他們的食物資源。

再者，隨著最終冰期的結束，氣候溫暖化的結果讓原本是人類狩獵對象的大型動物逐漸滅絕，小型動物成為人類狩獵的對象，這意味著人類狩獵的範圍也必然地縮小，活動範圍也一定會移轉到擁有廣大堅果類森林的低地地區。或者說，在植物資源成為人類的主要食物來源後，獲得食物的方式改變與活動範圍的縮小，讓人類慢慢走向定居型的社會。

日本列島也發現了舊石器時代晚期的人類住家廢墟，人們還在廢墟裡發現了陶器。

出現烹煮用的陶器

陶器本身並不是社會定居化的表示，但是，就像陶器的誕生有一假設性的說法，被認為是為了去除堅果類食物的澀味，而被開發出來的烹調器具。從更新世進入全新世的轉變期裡，東亞地區出現了陶器。也就是說，人類從以動物為主食的階段，邁入以植物或魚貝類為主要食物階段時，整個東亞出現了可以用於烹煮的陶器。

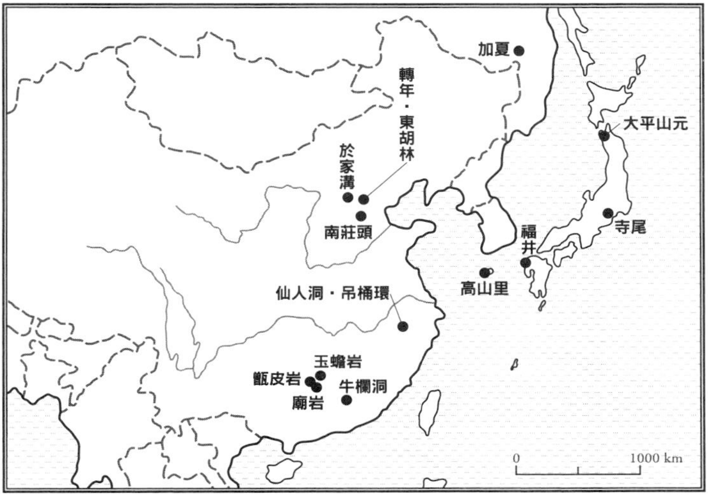

東亞陶器出現期的遺址　從更新世邁入全新世的期間裡，東亞各地出現了陶器的蹤跡。

在日本列島，陶器的出現象徵著繩文文化的開始，並曾因為是世界最古老的陶器而受到世人矚目。但是，就目前為止發現的事例看來，在這個變革期出現陶器的並不是只有日本列島。從東西伯利亞的沿海各地到華北、華中、華南等區域的遺址裡，都發現了可以上溯到一萬年以前的陶器。為人所知的有沿海的加夏遺址、華北的河北省徐水縣南莊頭遺址，華中的江西省仙人洞遺址或吊桶環遺址、湖南省道縣玉蟾岩遺址，華南的廣西壯族自治區桂木甑皮岩遺址等等。整個東亞從更新世進入全新世的轉換期裡，各地都可以見到陶器。

從陶器出現的這件事，應該可以認為人類的飲食生活，越來越依賴來自植物資源與海鮮！還有，陶器這麼早就出現在人類的生活中，是東亞地區的特色。

最早誕生農耕社會的西亞，是在農耕出現後的西元前六千年左右，才終於有陶器。在西亞地區最普遍看到的是雪花石膏製的容器，那樣的石製容器其實很早就有了，和編織的籃子一樣，被當做貯藏用的器具。當做烹煮器具的陶器當初並沒有受到重視。在說明人類的歷史是多樣性時，陶器的出現應該可以做為

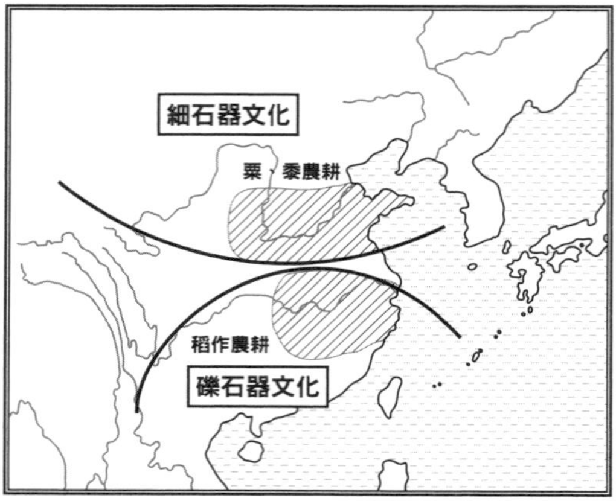

農耕出現地與細石器文化、礫石器文化　細石器文化與礫石器文化的接觸地帶為華北南部到華中北部（斜線部分是農耕出現地，各自為粟、黍農耕地和稻作農耕地）。

東亞與其他地區不同的證明吧！中國大陸就在這樣的背景下，開始了新的植物利用方式——「栽種」。

令人更感興趣的是：就像在舊石器時代，中國南部與華北的石器製作並不一樣，華北和華中的農耕社會開始後，栽種的食物也有所不同。華北的作物以粟、黍為主，華中以水稻為主。這樣的不同當然也與栽種穀物之前的生態環境有關。人為栽種的粟、黍出現前，華北應該存在著粟、黍的祖先，也就是野生種的粟、黍；而華中則存在著水稻的祖先——野生水稻。關於人類邁入定居社會與開始栽種食物的問題上，在此要把華北的粟、黍與華中的水稻分開來說明。

粟黍農耕的起源

至今尚未被了解的粟、黍栽培化過程

說到華北的初期農耕作物，大家知道的有粟、黍。但粟、黍是如何走上人為栽培化的？其過程尚未有明確的定論。粟的果實呈小顆粒狀，黍的果實比粟大。一般推測狗尾草是粟的野生種，但黍的野生種到底是什麼，卻至今還處

於不明的狀態。

還有，從出土的實例看來，以粟為農耕作物的區域，大多在黃河中游流域到黃河下游流域，黍的作物區在湄公河上游流域或遼寧省。從這一點可以反映出黍比粟更能適應比較乾燥、寒冷的黃土台地！不過，總歸來說，粟與黍都可以說是能夠適應華北的強鹼土壤及半乾燥氣候的栽培穀物。

栽培化的粟與黍化石，主要發現於屬於新石器時代前期的河北省磁山遺址、河南省裴李崗遺址、甘肅省秦安縣大地灣遺址。這些遺址的歷史最早可以上溯到西元前六千年左右，因為新石器時代早期的遺址發現得不多，所以不明白更早之前有沒有粟、黍的耕作。華北最早的陶器出土地點之一，是在西元前八千年左右的河北省徐水縣南莊頭遺址第六層，根據孢粉分析，復原了遺址周邊非常適合禾本科植物生長的環境，但遺址內部卻沒有發現到栽培的作物。同一層裡發現的磨盤、磨棒等製粉的器具，是屬於華北新石器時代前期的一般性石器，也是與粟、黍農耕文化相伴的石器。從農耕石器的存在證明農耕存在的可能性，這是中國考古學界的一般性推論，然而這樣的論述有其危險性。

另外，從同一土層中還發現了豬的骨頭。有豬的話，表示有家畜，這也提高了農耕出現的可能性。但那是家畜化後的豬骨頭？還是野生的豬骨頭？就有必要從骨頭的形態去分析、求證了。

同一個漢字「豬」，中國與日本的意思卻不相同。在中國，「豬」指的就是家豬，但在日本，「豬」是指野豬。用於干支上也是一樣，中國的「豬」就是家豬，日本的「豬」指的還是野豬。謹慎地說，中國人說的「豬」是指家豬，日本人說的「豬」是指野豬。

要知道上述問題中的骨頭是家豬的骨頭還是野豬的骨頭，就必須進行豬骨頭或牙齒的形態分析。因為家畜化後的動物體型會明顯變小，每個部位的骨頭形狀也會因此產生變化，其中牙齒變小的情況會特別明顯。因為在人類飼養下的動物，攝取的食物受到限制，不僅身體小型化了，更因為食物的變化，讓牙齒退化了。

這樣具體的事例會在第七章再詳加敘述。不過，南莊頭六層發現的豬骨是否是家畜，因為缺少實物的資料，所以現階段很難有結論。中國社會科學院考古研究所的袁靖先生是動物考古學者，他認為南莊頭的豬骨因為沒有明確的形質性根據，所以應該視為野生階段的豬。關於農耕的存在問題，目前還應採取謹慎的態度來處理。

發現能夠儲藏五萬噸粟穀的土坑群

磨盤與磨棒的發現，是深具意義的。前面已經說過，在舊石器後期階段的下川遺址裡，發現了石盤的存在。而在南莊頭第六層發現的磨盤與磨棒，是像石盤一樣用來調理食物的用具，但型態上比石盤更為進步。

磨棒是像棒子一樣的石製品，其特徵是只有一頭會因為研磨而有磨損。握著磨棒的兩端，使用背部的力量，在磨盤上來回研磨，藉著這樣的摩擦，就可以把穀類磨成粉。磨棒摩擦時，一定只用到一個面。

與其說在南莊頭六層發現的磨棒是研磨橡實等堅果類果實的製粉器具，還不如說那是可以將穀物研磨成食物粉末的器具。但是，被研磨成粉的穀類，未必是栽培種的穀物，也有可能是野生種的穀物。所以不能因為在遺址中發現磨盤、磨棒，就主張栽培農耕已經存在。總之，在南莊頭六層的階段時，遺址周圍有禾本科植物，並且某種穀物類成為當時人類食物的可能性很高。

前面已經說過，河北省武安縣磁山遺址發現了新石器時代的粟，還發現了可以貯存大量粟穀的窖穴。

窖穴的形狀是平面的圓角長方形豎穴土坑，並且從八八座的土坑裡發現有粟穀的貯藏痕跡。經中國歷史博物館（現在的中國國家博物館）佟偉華先生的修復調查，認為這些窖穴可以貯藏五萬噸以上的粟穀。由於這個遺址橫跨兩個時期，出土的窖穴是否屬於同一時期，這對遺址的復原處理也有相當大的影響。從這層意義來說，有人因此認為貯藏五萬噸的粟穀的說法，未免誇大了。不過，可以確定的是：新石器時代前期，磁山遺址這裡曾經貯藏著相當數量的粟穀。

貯藏粟穀不是農耕出現初期會有的現象，顯示這個時期人類已經進入相當成熟的農耕社會。由此可知新石器時代早期已經有粟、黍的耕作栽培，這是很明白的事。然而包含前面說的南莊頭六層，華北農耕的出現到底可以追溯到哪一個階段，目前仍然是一個謎。

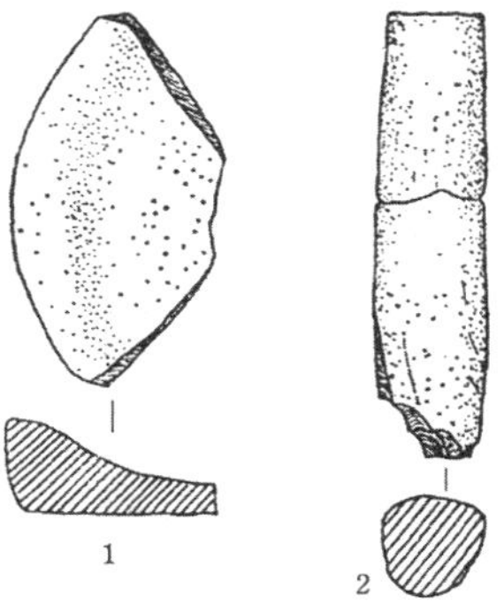

南莊頭遺址出土的磨盤、磨棒　1.磨盤　2.磨棒

前面已經說過，史前社會華北就有粟、黍的耕作，讀者們或許會想：那麼，那時也一樣有小麥等麥類的作物吧？提到現在華北人的主食，大家想到的不外乎是饅頭、水餃、麵，而小麥便是這些食物的原料。可是令人意外的是，在這個階段裡，華北地區

並沒有小麥出土。由此我們不得不認為：華北地區沒有小麥的原生種，小麥是由其他地域傳到華北的穀物。

不管是山東省兗州西吳寺遺址，或陝西省武功縣趙家來遺址，都沒有發現類似小麥種子的痕跡。不過，有學者認為龍山時代可能已經有小麥了。甘肅省民樂縣東灰山遺址出土了屬於四壩文化的小麥或大麥種子。四壩文化在中原與二里頭文化並行，在年代階段上晚於龍山文化。

最近，在進行屬於山東龍山文化的山東省茌平縣教場鋪遺址、山東省日照縣兩城鎮遺址的挖掘調查時，從浮選挖拙出來的土壤中，發現了炭化的小麥。這個發現證明了華北在龍山文化時代，已經有小麥的事實。不過，在這之前華北並不存在小麥的栽種，栽種的植物只限於粟、黍。

稻作農耕的起源

遭否定的瓦維諾夫學說與小麥的新起源地

「稻子的栽種是從什麼時候開始的？」討論這個問題的人，一直以來都以農學者和生物學者為主，但是，這二十來來，考古學者也加入了這個問題的討論，並且提出新的見解。

討論到栽培起源時，俄國科學家瓦維諾夫的理論最受矚目。瓦維諾夫收集了當今世界各地的栽培植物，進行調查後，提出「栽培食物種類最豐富的區域，就是該栽培植物的栽培起源地」的假設。這個假設被稱為「變異多樣性中心說」。

例如：瓦維諾夫發現埃塞俄比亞高原有多種古代小麥，而種類眾多的原因是基於人類長久以來的經驗與選擇的結果，所以認為埃塞俄比亞高原是小麥的起源地。栽培穀物的時間越長，越能開發出其可利用的方法，於是出現了更多的品種，所以擁有多品種穀物的地方，就是該穀物的栽培起源地。這就是瓦維諾夫的想法。

世界有七個栽培起源中心的說法，就是源自瓦維諾夫的這項假設，而東亞便是其中之一。說到東亞的栽培食物，首先聯想到的，就是水稻吧！水稻分為長粒米的秈稻和短粒米的粳稻，這是讀者們也很熟悉的稻穀兩大分類。

這種分類常被認為是以稻實的形狀做為基準來進行分類。不過，九州大學的加藤茂苞教授表示，當初分類的基準也包括了葉子或根等多樣屬性，稻實的形狀只是眾多屬性中的一種。這個問題後面會再述及，但就像今日我們已經了解稻實的形狀未必與遺傳形質的分類一致般，只依稻實的形狀分為秈稻與粳稻的分類，會讓之後的研究產生種種混亂。

然而，就像追隨瓦維諾夫的理論般，也有其他人認為擁有多樣水稻品種的地區，就是水稻的起源地。京都大學的渡部忠世教授等人發現，從東南亞到雲南、西藏一代的古代寺院的磚塊裡混有稻穀，從中了解到從雲南到印度東北部的阿薩姆地區的稻子品種非常多樣，於是認為這個區域就是水稻的起源地。

瓦維諾夫的理論算得上是有說服力的理論。西元一九六〇年代芝加哥大學的羅伯特・布里德伍德聯合地質學、孢粉學、植物學、動物生態學的專家，在西亞進行跨領域的挖掘調查，並從挖掘出來的出土物中，發現了能從形態上判別是栽培穀物的實物資料。專家們小心地用水清洗挖掘出來的土壤，觀察浮游物質，再進行科學性的分析後，發現了食物等的自然出土物。

最近，放射性碳定年法被採用，對於以前只能知道相對性年代的考古學研究來說，放射性碳定年法是能測出正確年代的測年法，已經成為考古學的最大武器了。在西亞所進行的跨領域精密挖掘調查，其最大成果就是證實了一萬三千年前，以色列的黎凡特地區在氣候溫暖溼潤化的情況下，生長出野生大麥、野生二粒種小麥、野生一粒種小麥。而在一萬三千年前到九千六百年前，被稱為先陶器新石器時代A期的這個階段裡，黎凡特地區已經出現了栽培穀物，這是可以確定的事。由於這個考古學的實證成果，讓瓦維諾夫的理論變成了過去式。

二十年前，東亞也發現同樣的現象。水稻的起源一直以來被認為是雲南、阿薩姆地區，但是，隨著在中國進行的挖掘調查，並沒有在古早階段的長江上游流域的雲南地區發現水稻存在的證據，反而在長江下游流域或中游流域地區發現年代久遠的水稻。位於長江下游流域的浙江省餘姚市阿姆渡遺址，因為發現了不少西元前五千年左右的稻穀，所以受到眾人矚目。之後，大約在同屬西元前五千年左右遺址的浙江省桐鄉市羅家界遺址裡，發現了碳化米，可以證明稻子栽培的證據變多了。

藉由植硅石分析而了解稻作的起源

之後，北京大學的嚴文明教授，便藉著這樣的挖掘調查所得到的稻作栽培年代，進一步去設定稻作的起源地。當他把在各地區所發現的稻作栽培的最早事例標記在地圖上時，便很清楚地看到了：最早的稻作栽培在長江下游、中游，然後再像漣漪般地往周圍地區擴散。

嚴文明教授從文獻上復原野生稻種的分布，提出這樣的假設：野生稻的北限在淮河以南，最早的稻作栽培，便是從野生稻生長地區開始的。因為野生稻的收穫量低，而且分布在地區的邊緣，住在區域內的人們為了取得食物生存，就必須確保稻作的產量，於是開始了稻作的栽培。這個假設說法是在一九八〇代初期被提出的。

就像是在補足這個假設說法似的，目前不斷傳出長江中游流域稻作栽培開始的年代，其實比已知的更久遠。其中之一就是；在代表湖南省澧縣彭頭山遺址的彭頭山文化陶器的胎土內，發現了碳化稻的消息。因為陶器燒成溫度較低，所以製作陶器時，混在陶土中的稻皮以碳化的形式被留下來了。根據十四年代的樹輪校正值的分析，那是西元前六九九〇年的稻皮（未校正值BP7795±90）數據，這正好說明西元前七千年之前，就有稻作栽培的農耕了。（BP7795±90表示從現在開始的7795±90年前。BP=before the present）

還有一件值得注意的事，就是中國與美國在中國東南方的江西省仙人洞遺址，與吊桶環遺址進行的共同挖掘調查。這兩處都屬於雲泥殊路窟遺址，也就是能夠在多層位上，調查人工出土物或自然出土物變化的遺址。而這個區域也以出土最古老的陶器為人所知。

這個挖掘調查進行了以層為單位的稻子植硅石分析。所謂的植硅石，就是稻子動機細胞的植物矽酸體。稻子的葉脈含有矽質，讀者們之中一定有人的手被葉脈割到的經驗吧！因為葉脈裡有矽質的關係，所以葉脈會割傷我們的手。矽質的植物矽酸體會因植物的種類而形態不同，可以做為區別種類的依據。利用植硅石的形態差別，確定了稻子的存在。

由於這個調查，栽培稻與野生稻的植硅石形態差異被區別出來了，那麼應該也可以藉此了解野生稻進展到栽培稻的過程。從植硅石來區別野生稻和栽培稻的說法，日本還有很多的研究者持保留的態度，但是這個調查仍然有其成果如下。

根據吊桶環遺址的層位區分，首先判斷出從G層到B層的存在年代逐漸更新。G層屬於全新世初始期（BP一萬二千到一萬一千）的層位，根據植硅石的分析，是野生稻存在的階段。但是F層（BP一萬一千年到一萬年）並沒有發現稻子的植硅石。E層（BP一萬年到九千年）是陶器出現的階段，並在植硅石分析下，確認了那也是出現稻作栽培的時候。D層（約BP八千年）也在植硅石的分析下，顯示出那是栽培稻多於野生稻的時代，可以想像原始農耕在這個時候已經開始了。C層（約BP七千年）的時期也在植硅石的分析下，顯示是栽培稻更多的階段；另外，從人骨的同位素分析，也能確認這個階段是人類以稻穀為食物來源的時代。

從以上的證據，可以解釋C層是初期稻作農耕社會開始的階段，此一階段相當於彭頭山文化的時期。

就以上的結果來說，關於各層位的實際年代，共同研究調查的中美學者對年代觀的解釋意見並不相同，本書採用支持新年代觀的中國社會科學考古研究所的趙志軍先生的想法來做說明。不管是實際年代的問題，還是區別野生稻與栽培稻的植硅石問題，今後應該還會有很多爭論。但是這裡得到了一個結果，那就是一萬年前人類的糧食，已經從野生稻進入栽培稻了。

吊桶遺址發現後，湖南省的玉蟾岩遺址又發現了新的古稻種實例。玉蟾岩遺址也屬於洞窟遺址，是可以區分為多層位的遺址，中國大陸最古老的陶器就是在這裡被發現的。經碳十四年代測定，這裡的圓底深缽形陶器被測定為一萬三千年前的物品。再採取同一層位出土的碳化米進行檢測，專家們認為已經碳化的米，在形態上具有野生稻過渡到栽培稻的特質。

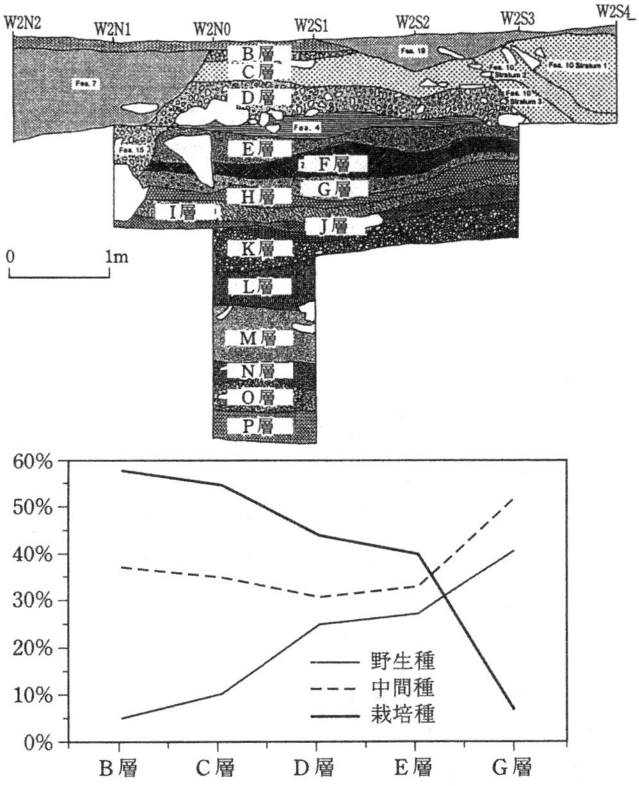

吊桶環遺址的層位與野生稻、栽培稻的比例　上圖是層位斷面圖，下圖為對應層位的野生稻種與栽培稻種的植硅石比例。

同樣的，在江西省鄱陽湖進行鑽探調查，以土壤為標本的採集結果，從ＢＰ一萬二千八百三十年前的堆積層中，採集到了稻子的植硅石。不過，那是野生稻的植硅石還是栽培稻的植硅石，目前還沒有被區分出來。

如前面所說，雖然還無法確認那是野生稻還是栽培稻，但可以確定的是在長江中游流域，從更新世末期到全新世的初始，稻穀就已經和陶器共同存在了。

暫時性的氣候惡化時期帶來稻作的起源

那麼，就來思考一下栽培稻種，是如何從野生稻種衍生而來的吧！與這一點有關，近年來備受矚目的，就是約一萬一千年前全新世初的新仙女木期，那是一段短暫的寒冷、乾燥期。

如前面所述，更新世結束，全新世來臨的一萬三千年前左右開始，冰河期的冷溫期時，因為地球氣溫逐漸上升，冰河開始溶化，緊接而來的就是海水水面上升。冰河期時海面高度比現在的海面高度低了一百公尺以上，但後來隨著氣溫上升，海面也上升了，高度達到了約六千五百年前，日本稱為「繩文海進」的高峰期。這段期間的氣溫並不是從冰河期就開始穩定上升的，而是像一萬一千年前左右的新仙女木期那樣，氣溫在短暫的期間急速下降的寒冷期。

以色列的黎巴嫩地區被認為是西亞栽培小麥的出現地，這裡的氣候變動，被認為可能是野生小麥種轉為栽培小麥種的原因。人類的社會化當然是植物走向栽培化的原因，但是若無外在環境變化配合，野生種也難轉化為栽培種。

總之，在新仙女木期之後，西亞出現了穀物栽培化的現象。同樣的情況也出現在東亞，這是近年來令人注意到事情。前面說過的吊桶環遺址的F層，雖然無法確認有稻子的植硅石，但F層下層的G層確認有野生稻種的植硅石，上層E層則確認有野生稻種與栽培稻種的植硅石。

分析植硅石的趙志軍先生注意到沒有發現植硅石的F層。F層的層位時期與新仙女木期相當，而這個時期也被設定是野生稻種走向栽培稻種的時期。野生稻在短暫的寒冷化中因為生態環境惡化，在人類的栽培下轉成栽培稻品種，這種關係性應該是存在的吧！

目前，中國大陸藉著孢粉分析還原古環境，已經確定全新世初期確實存在著短暫氣候惡化的新仙女木期，而其年代則在一萬一千四百年前到一萬年前。

中國大陸的新仙女木期的特徵，與其說是全新世的氣候在原本的溫暖化中突然變成寒冷化，還不如說是冬天冷溫化而夏天溫暖化的季節變化，也就是說季風變弱了。具體地說，這時的季節變化，就是夏天的季風變弱而不熱了，冬天的季風變強，導致天氣急劇變冷。新仙女木期一旦結束，季風再度活躍，氣候變成夏天高溫潮溼，冬天寒冷乾燥。

新仙女木期的短暫氣候惡化，影響了果實類及橡實等堅果類植物的生長，人類因此提高了對野生稻的注意，原本只是以採集的方式獲得的野生稻，漸漸成為人類重視的糧食來源。

況且，新仙女木期以後，發達的夏季季風，帶來了適合稻作生長的環境，也造成人類採收稻穀的方式受到了限制。這樣的環境變化，應可以視為稻穀栽培化的轉機。

我們都知道栽培稻以稻實的形狀，區分為短粒米的粳稻和長粒米的秈稻。從新石器時代的遺址裡發現的碳化米，也同樣以稻實的形狀區別為Japonica、indica，用中國話說的話，就是粳稻與秈稻。也就是說，我們都認為在新石器時代的遺址裡發現的米，有不同種類的粳稻與秈稻之別。但是，近年來盛行的ＤＮＡ研究卻明顯地指出，新石器時代長江中、下游的栽培稻品種，全部都是粳稻。

不僅ＤＮＡ的研究報告指出新石器時代的栽培稻品種是粳稻，植硅石的分析也出現相同的結論。還有，稻子在被栽培化之前的野生稻階段，就已經有粳稻與秈稻之分，栽培種也是各自變種而來的。也就是說栽培粳稻來自野生粳，栽培秈稻來來自野生秈。

綜合地球環境學研究所的佐藤洋一教授主張，粳稻有熱帶型粳稻與溫帶型粳稻之分。而中國大陸的初期栽培稻屬於熱帶型粳稻，這是ＤＮＡ分析的結果。

熊本大學的甲元真之教授則認為：稻作栽培的優點，就是讓多年生的野生稻變成了一年生的草本植物，而且胚乳也變大了。新仙女木期的短暫氣候冷涼化，促成多年生草本稻轉變成一年生草本稻，而夏天季節風減弱，限制了稻子成長的期間，則是胚乳變大的原因。

天氣變冷妨礙了野生稻的成長，產量自然地減少，但正因為產量變少了，個體的胚乳就變大了。這是物種自我保護的一種自然演變。

另外，金澤大學的中村慎一副教授則對近年來，在中國發現的栽培稻的出現時期，表示了謹慎的看法。稻作並不是開始於新仙女木期的短暫寒冷期，而是之後天氣急速變暖的時候。溫暖的天氣給野生稻提供了絕佳的生長條件。代表彭頭山文化的河南省澧縣彭頭山遺址或八十壋遺址發現的碳化米，還不能斷定也是栽培稻；已經可以確定是栽培稻的，是在河南省賈湖遺址、浙江省河姆渡遺址、江蘇省高郵縣龍虬莊遺址等地發現的碳化稻。

不過，可以追溯到西元前七千年的賈湖遺址的發現若確實是栽培稻的話，那麼在此之前的階段裡，野生稻是如何進展到栽培稻的呢？想到這個問題時，就必須稱讚一下前面說過的，也是近年來被提出的植硅石分析結果了。以現狀來說，稻作的栽培化是在新仙女木期之後而完成的觀點應該是適當的。

整理一下以上所說的過程。最終冰期結束，全新世的溫暖化來臨後不久，距今一萬一千年前短時期氣候惡化的新仙女木期，很快就接踵而來了。這個時期的氣候冷涼化，促成野生稻的一年生草本化，阻礙了華中地區果實類、堅果類的生長。這就是野生稻吸引人類關心的原因吧。還有，這樣的氣候變動，造成夏季季風弱化，夏天變短；冬季季風強化，冬天變得更加嚴寒。

野生稻的一年生草本化與胚乳增大化，是在這樣的氣候變動下形成。野生稻的這種演化過程，是原本以採集的方式收穫稻實的人類，不得不重視野生稻的原因吧！

還有，當新仙女木期結束，氣候開始溫暖化後，東亞的地形加上季風發達，產生了高溫溼熱的夏天，這對稻子而言是良好的生長環境。由於生態環境的變化，人類逐漸從採集稻實的方式，走向稻作栽培化。

人類就這樣邁向作物栽培化之路。

東亞定居社會的三種形態

華北的河北省徐水縣南莊頭遺址、北京市懷柔縣轉年遺址、北京市東胡林遺址、華中的河南省道縣玉蟾岩遺址、江西省仙人洞遺址與吊桶遺址、華南的廣西壯族自治區桂林甑皮岩遺址和廟岩遺址等地方，出土了可以追溯到一萬年前的陶器。

華北是粟黍農作，華中是稻穀農作，遠東、華南是採集和狩獵

於家溝遺址的陶器片利用熱釋法檢測，測出的年代是距今一一八七〇年前±一七二〇年；東胡林遺址經木碳的AMS年代測定是距今一〇三五〇～九九六〇年前。另外，在玉蟾岩遺址發現的陶片，藉由AMS的放射性碳定年法測定的年代是距今一二三二〇年±一二〇年前，或距今一四八一〇年±二三〇年前。又，廟岩遺址的陶片也以同樣的方法，測定為距今一五五六〇年±二〇六年前，和距今一五五六〇年±五〇〇年前的古老年代物品。不只日本列島在繩文草創期就有陶器，加夏遺址等遠東沿海地區，也出土了距今一萬年以上的陶器。

誕生了美索不達米亞文明的西亞地區，也出土了距今約八千年前的陶器，所以說，若以整個世界為範圍，那麼東亞地區應是世界最早發現陶器的區域。從更新世邁入全新世的時期，東亞各地出現陶器了。

中國大陸的華北地區，也在這個時期進入粟、黍的栽培，而華中地區也有了稻作的栽培。在東亞各地出現陶器的階段時，人類也從原本為了捕獲獵物而跟著獵物遷徙的游動社會，轉變為以採收植物資源為基礎的定居型社會。

已經開始穀物栽培的華北、華中地區，更新世時的遺址大多分布在高原或丘陵地，但全新世時的遺址分布，則移轉到平原地帶。這樣的轉變，其實就是人類為了適應生態變化，越來越依賴植物資源的過程。

禾本科植物的穀物也就在這樣的變化中，成為華北、華中地區人類的重要食物資源。

另一方面，從日本列島到遠東地區，是常綠闊葉林到落葉闊葉林生長繁茂的森林地帶，這裡蘊藏豐富的堅果類食物。以堅果類為中心的植物資源，成為生活在這一帶的居民的主食。

其他地方如華南，屬於亞熱帶到熱帶的地區，擁有的是豐富的果實與根菜類等食物資源。種類豐富的植物性食物，是人類穩定性的食物來源。在採收豐實的植物性食物資源，並同時進行狩獵或捕撈的生活形態下，東亞各地開始了定居社會。

在這樣的演變過程中，本來就以禾本植物為食物來源主體的華北、華中地區，因為新仙女木期的暫時性氣候惡化，在食物來源上越發依賴禾本植物，加深了人類與植物性食物的關連。至此，在這樣的生物學理由下，加上人類社會群體的組織化，人類開始了栽培式的初期農耕。

就意義來說，初期農耕的目標並不是為了創造豐饒的社會，而是為了因應生態的改變，不得不進行的一項選擇。因此，在這個階段裡，從食物的採集和生產量的角度來看時，東亞各地並無太大的差異，甚至可以說，只依賴採集方式取得食物來源的社會，是更安定的社會。

食物栽培化在全新世開始的時期進入人類社會，這件事從社會性的內容與意義來說，各區域都站在同一條線上，然後各自展開新的社會群體結構。在此希望讀者們注意的是：站在同一條起跑線上的東亞各地域的定居社會，為何後來會在社會進化速度上產生差異？這個問題就待下一章討論！

第四章　區域文化的發展

從地理看區域

劃分為八個自然區域的中國風土與氣候

約從一萬三千年前開始，在更新世進入全新世的古環境大變動中，粟、黍、稻開始成為華北與華中地區的栽培作物。但在那些開始形成初期農耕社會的區域周圍，還依然存在著許多依靠狩獵、採集為生的群體。這包括了遠東、日本列島與華南地區。另外，缺少這一時期考古學資料的，甘肅省以西的西北地區、四川省或雲南省的中國西南地方，也還持續著狩獵採集的社會型態。儘管，這些地區還是屬於狩獵採集社會，但其中仍可能存在小規模的定居群體，或存在著接近於定居，只在小範圍內進行季節性遷徙的群體。

前面那一章說過了，初期的農耕社會與同一時期的狩獵採集社會，在食物的獲得量上，並沒有很大的差異，甚至可以說初期農耕社會的食物，在獲得量方面還比較不穩定。而已經這樣劃分的地區，還能因地區內的地理因素，再做進一步的劃分。

最終冰期結束，邁入全新世的時候，地球的天氣急遽暖化、海面上升，環境出現劇烈變化。雖然地區不同，其變化的過程也會不一樣，但在地球的中緯度地帶，兩萬年前最寒冷時期的平均氣溫，比現在低五～六度，當時的海面也比現在低了一百公尺以上。

地球氣溫上升的情形，雖然在一萬一千年前的新仙女木期受到阻礙，天氣再度變冷，不過整體的大環境的穩定溫暖化，仍然讓海面的高度持續上升。約在六千五百年前，是地球海面上升的高峰期，當時的海面高度，被認為比現在平均高兩公尺左右。在日本，這個時期被稱為繩文海進期。這個時期以後，海面的高度反覆地數度時高時低，但地形上大致上是安定的。

但是，最終冰期結束，從海面開始上升的一萬三千年前，到海面上升的高峰期——六千五百年前為止，其間的六千五百年間，如果海面上升了一百公尺，用最單純的計算方式計算的話，就是每年海面上升將近一．五公分，海岸附近的地形環境變化不可謂不大，對人類來說，那是個巨大的變化。東中國海的陸棚陸地化的地形，完全被海面淹沒了。這樣的變化不僅淹沒了原本是人類活動的陸地，還完全封印了人類活動的痕跡。

從六千五百年前到現在，地球上的地理環境幾乎沒有什麼變動。接下來要討論的新石器時代的種種事情，大半都是這個時期以後的事。首先，從現在的地理地形看地域劃分，會發現這樣的劃分也可以放在新石器時代，不會有什麼不適合之處。在此，就簡單地整理一下現在的地理吧！

現代的中國地理可以劃分為八個自然區域，分別是東北區、華北區、華中區、華南區、西南區、內蒙古區、西北區和青藏區。

華北與華中的分界線，是位於黃河與長江中間的淮河與聳立在西安南側的秦嶺山脈。而華中與華南的分界線，就是南嶺山脈。華北的北端是以萬里長城聞名的黃土高原。沿著明代長城的區域，被稱為長城地帶的地方，則相當於內蒙古區或西北區吧！

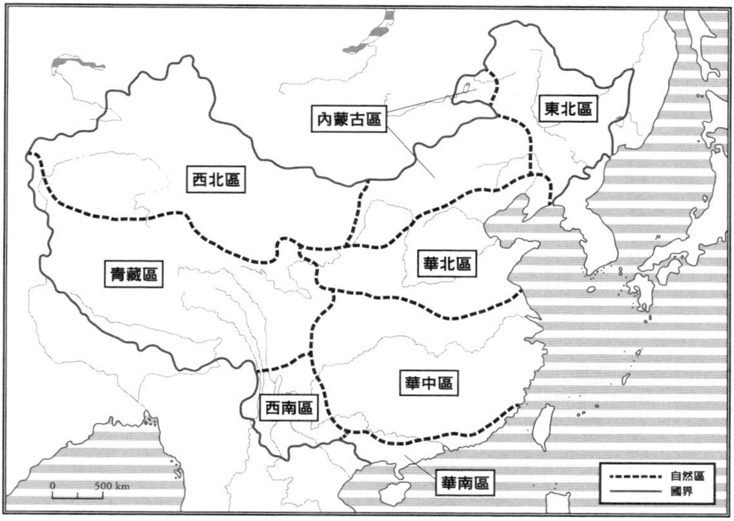

現代中國的自然區分（任美鍔，1986年）。

黃河在黃土高原上大轉彎，改變流向的地帶是內蒙古中南部。沿著黃河上溯，黃河的上游流域是甘青地區，也就是從甘肅省到青海省。從西邊的河西走廊到新疆的西北區，現在有一大半是沙漠地帶。

位於西北區南側，高高聳起的是有亞洲屋脊之稱的青藏高原。從這裡往西南，是與華南、華中相連的雲貴高原。這裡是中國的西南區，是湄公河、紅河等從中國西南區流向東南亞的河流的源頭，與東南亞的關係密切。

視線再往北移！往東越過大興安嶺，就是廣闊的東北平原，是中國的東北區。東北區有中央分水嶺，分水嶺之南的西拉木倫河、遼河，是注入渤海灣的河流。

分水嶺以南又分為遼東與遼西，遼西相當於長城地帶的東端。分水嶺的北側有往北流的嫩江、松花江、第二松花江，與黑龍江匯合後從鄂霍次克海入海。這個區域包含沿海地帶，就是遠東地區。

在說明中國大陸的新石器時代時，主要論及的對象，是以自然區域做為劃分的華北、華中、內蒙古中南部、甘青、遼西、遼東。其他地區因缺少新石器時代的資料或狀況不明，所以不包含在說明的範圍內。

另外，在新石器時代，包括西伯利亞在內的遠東地區是持續過著狩獵採集社會的區域；同樣的，華南地區也是長久持續狩獵採集社會的區域。這兩個區域是有必要與上面的區域做對比。

遠東地區與華南地區，將會另外再做討論。上述的那些地區，才是我們要敘述新石器時代的中國史時，所討論的對象。

從陶器文化看區域

前面已經說過了，從更新世邁入全新世的環境大變動期裡，東亞各地出現了陶器的蹤跡。前面也說過，中國大陸舊石器時代，在石器技術的傳統上，南北並不相同。相對於以礫石器為傳統主體的中國南部，中國北部可以看到小型剝片石器或細石器技術，看到剝片石器或細石器時，就會想起北方歐亞大陸石器技術的變遷。這兩種石器技術差異的原因與古環境有關，尤其是與生

中國南部是圓底深缽形的陶器，北部是平底深缽形的陶器

長在當地的植物，更是關係重大。礫石器的傳統技術曾經一度短暫地往北擴展到華北地區，但到了

舊石器時代，情況出現了逆轉，小型剝片石器擴展到了華中，細石器技術也南下到了華北地方。而華南仍然持續著保守的礫石器文化。

在這兩種不同技術性的舊石器相互對峙的區域，穀物栽培出現了。也就是說，穀物的栽培出現在這兩種技術體系的周邊，或者說出現在生態環境產生變化的周邊。

人類在這樣的地域裡，在新環境中一邊試行錯誤，一邊獲得新技術，同時也是人類適應新環境之地。

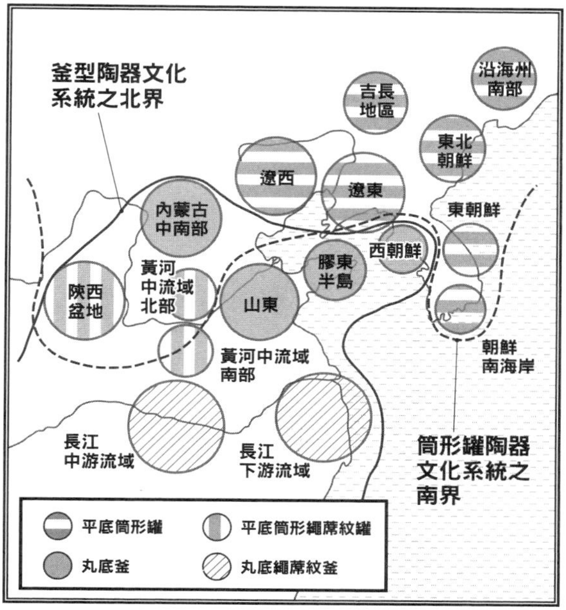

陶器的系統性　從遠東到中國東北的平底罐與華中、華南的圓底釜在華北呈現交錯的馬賽克狀。

陶器文化的技術系統性，也能放在舊石器時代以來的兩種技術基礎系統中來理解。單純地說，陶器文化在中國也有兩種不同技術基盤，中國南部地區是圓底深缽形的陶器，北部是平底深缽形的陶器。

在東亞各地，基本上初現期的陶器，一般都是煮食用的深缽形陶器。中國稱圓底深缽形的陶器為釜，平底深缽形陶器為筒形罐。釜通常以藤籃等編織物為原型，用黏土等擠壓成型製成陶器或者用拍打的方式做成圓底的形狀，這種做法多以繩蓆紋為特徵。

而筒形罐是以平的黏土板做底，再用黏土繩一圈圈地往上繞高，完成罐子的形狀。兩種陶器因為製作的技術不一樣，完成後的形狀當然也不相同。從這一點來說，釜誕生在礫石器或小型剝片石器文化圈，筒形罐則是細石器文化圈的產物。或許還可以更單純化地說：釜是野生稻分布區的產物。

舊石器時代終了期，兩大文化圈的陶器製作，也是從保有兩個系統關係開始的。

在華中到華南看到的初現期陶器，是表面覆有繩蓆紋的圓底釜，而從中國東北到遠東地區，則是平底的筒形罐。這個傳統延伸到朝鮮半島的東海岸一帶。

華北地區位於這兩種傳統陶器技術圈的交錯地帶，受到了兩種傳統技術、文化的影響，所以這個地區的陶器文化地域系統是複雜不易了解的。況且，這個地區也還存在著，尚未發現最早期陶器的地方。不過，儘管現有的資料有不足之處，我還是想把我預測的內容，大膽地加入以下的說明中。

位於南部的陶器製作技術系統圈的長江下游流域，出現了繩蓆紋的釜，但是緊鄰這裡的山東，卻沒有繩蓆紋釜的蹤跡。形態上的類似，可以說是系統性的表示。釜的分布從山東太行山脈的東側北上。另外，山東的地形往山東半島的東端延伸，顯示釜系統形態的櫛目紋陶器，也隨之擴展到朝鮮半島的西海岸。還有，就像屬於繩蓆紋釜分布圈的長江流域上溯到漢水般，繩蓆紋釜的系統也往外擴展，並在渭河流域發生變化，被加上了三隻短足，變成更穩固的器具，也平底化了。另外，北方系統的筒形罐順著太行山脈西側往南，擴展到太行山脈西側與黃河中游流域。因此，從渭河流域到黃河中游流域一帶的太行山脈西側的陶器製作，不僅吸收了南部的繩蓆紋的技術傳統，也以北方的平底筒形罐的技術為基礎。其中引人注目的是：山東地區出現了三隻支腳的無紋釜。三隻支腳的無紋釜直立時更具穩定性，還能在三隻腳的中間點火，烹煮食物。當釜與支腳組合在一起後，三隻腳的鼎便出現了。

鼎的發源地是淮河上游流域的河南省南部或山東地區，很早就從太行山脈東側北上，到達山東半島的東端，卻沒有繼續往東擴散到朝鮮半島的西海岸。那是因為黃海在這個地方，形成了很大的阻隔。

鼎又繼續擴散到黃河中游流域、長江下游流域，及渭河流域、長江中游流域，最後還擴散到華南地區及越南北部。鼎以釜的周邊器具出現在人類的歷史中，在之後的階段，仍被保守地使用著。

不過，若只以鼎的擴散情形，來判斷文化的傳播情況，那是操之過急的想法。鼎只是陶器中的一個樣式，隨著時代的更新而增加的一種器具，讓陶器有更多的形態而已。由於陶器的器種多樣而且複雜，因此，陶器器種的擴散雖然也可以拿來解釋文化傳播的情形，但若只是其中的一個器種擴散，還是不足做為文化傳播的代表。鼎的擴散只能顯示機能性生活型態的一部分，不能顯示人類群體的擴散或遷移。希望讀者能夠了解這一點。

如同以上的說明，關於陶器樣式即考古學所認識的文化類型。必須從中國大陸南部與北部的兩種陶器製作技術系統，與南北兩個區域的中間地帶產生的陶器製作技術系統中來理解。這種文化的類型，就是中國社會科學院考古研究所的蘇秉琦先生，於一九八〇年代初期提出的區系類型理論。現在的中國考古學界基本上接受了這樣的想法。

試著整理那樣的想法，就可以把中國大陸新石器時代考古學上的文化類型，歸納為以下的六個區：黃河中游流域與渭河流域區、山東地區、長江中游流域區、長江下游流域區、鄱陽湖到珠江三角洲區、長城地帶區。其中的長城地帶區又分成遼西、內蒙古中南部、甘青地區等三個部分。但是遼西和遼西以西的陶器樣式系統，原本就與其他地方不同，其系統更接近遠東地區。

透過地域間交流，新石器時代後期文化變得活潑，本書想以「系統」這個用語來表現，新石器時代初、中期的地域文化。先把遼西的興隆窪—紅山文化系統獨立開來，黃河中游流域、渭河流域也應區分為兩大系統看待。也就是說，分為渭河流域的老官台—仰韶文化系統，和黃河中游流域的裴李崗、磁山—後崗文化系統。至於其他，山東地區是後李—北辛—大汶口文化系統，長江下游流域區是河姆渡和馬家濱—崧澤—良渚文化系統，長江中游流域區是彭頭山與皂市下層—大溪—屈家嶺文化系統，珠江三角洲區是大坌坑文化系統。

至於黃河上游流域或四川盆地區，在新石器時代後期或新石器時代中末期，似乎也終於有了屬於自己的地域文化，但不包含在新石器時代前、中期的地域文化系統中。

若用前面提到的兩大陶器製作系統，來整理這裡提到的文化系統，那麼長江中、下游流域到珠江三角洲可歸納為南部系統，而遠東到遼西則歸納為北部系統。引領南部系統，率先出現鼎的山東地區，更進一步成為南北的接觸地帶，並以太行山脈為界分成東西，是裴李崗、磁山—後崗文化系統與老官台—仰韶文化系統對峙的地方。就這樣，在華北形成的複雜文化地域間關係，可以說類似於華北的舊石器時代的地域間關係。從中國史可以看出，華北是中國南北地域文化匯集的地方。

新石器時代的時期劃分

新石器時代前期形成的三種陶器

從舊石器時代起，中國大陸就存在著南北兩種技術系統，在那樣的系統影響下，陶器製作的技術系統，也有南北兩種系統。位於這兩種系統交錯地帶的華北，從舊石器時代起，就有其地域性的特色。

以南北兩種技術為基礎的農耕，雖然出現在這個交錯地帶，但這個地方卻依然維持著狩獵採集生活的社會。因為農耕初現之期，農耕方式地域的糧食獲得量，與狩獵採集社會的糧食獲得量差別不大，但有農耕的地方，糧食反而比較受限。

不過，在社會進化方面，出現農耕的地方之後有驚人的發展。在社會組織化與農耕相互牽引的情況下，社會進化了。把新石器時代與農耕關連在一起進行評價的原因，就在於此。

本書主要討論的區域，就是這樣的地區，要劃分新石器時代的各時期時，便以在這些個地方所發生的階段性變化，做為劃分的依據。因此這樣的劃分方式，未必符合遠東或華南等狩獵採集社會區域。

本書將先在第五章敘述農耕地帶的新石器時代，並在第六章敘述非農耕地帶的遠東地區與華南地區，讓讀者們能夠理解東亞史前時代的特性，對比性地了解農耕社會與非農耕社會的差別。

前面已經說過，東亞出現陶器的時候，也幾乎是新石器時代到來的時候。當陶器的紋樣、形態發生變化，陶器的器種也隨之增加時，陶器的變遷便開始了。左頁的圖表表示的是陶器出現以後的時期劃分。

新石器時代早期，是華北、華中、華南，甚至於遠東出現陶器的階段，也是資料過於片斷，無法靠片斷的資料詳細敘述陶器變化的階段。還有，除了遠東和華南，在華北與華中地區，人類親自選擇穀物，讓穀物產生變化，從野生穀物走向栽培穀物，是初期農耕開始的階段。

以華北的裴李崗、磁石文化為例，在新石器時代前期，陶器已經有三大器種，分別是烹煮用的陶器─罐或釜、貯藏食物用的陶器─壺，盛放食物用的陶器─缽。這是三大器種在各地安定成長的階段，也是農耕占據食物來源的比重提高的階段。從出土的資料看來，這也是穩定栽培穀物的時代。

新石器時代中期是以華北的仰韶文化為指示的階段，其特徵為出現了仰韶文化半坡類型的尖底瓶，這是一個各地器種增加、地域性的器種形成特殊化的階段。這個階段還可以看出農耕安定發展、地域間交流活潑、農耕地擴大等等新動態。

新石器時代後期是龍山文化並行期。在此一時期，各地域開始出現階層化與陶器製作的專業化，西北地區或華北則是開始出現青銅器。北京大學大學的嚴文明教授以「銅石並用期」來稱呼此一時期。

接下來就是往政治性的統合邁進的二里頭文化、二里崗文化的初期國家階段。這也是新石器社

時期區分（年代西元前）／地域	早期	前期	中期	後期
	10000　7000	6000　5000	4000　3000	2000
遼東		新樂		長城地帶的形成
遼西		興隆窪	趙寶溝　紅山—小河沿	
內蒙古中南部			石虎山　王墓山　海生不浪	老虎山　園子溝
黃河上流域				
渭河流域			石嶺下　馬家窯——	——齊家
黃河中流域（淮河上流域）	於家溝　南莊頭	裴李崗（磁山）	仰韶——（半坡、史家、廟底溝、半坡二）後崗　大河村——	廟底溝二、客省莊二　廟底溝二、王灣三
黃河下流域（山東）		後李——北辛	——大汶口——	——山東龍山
長江下流域			馬家濱　崧澤　良渚——	——（王油坊）
長江中流域（漢水中流域）	玉蟾岩	彭頭山　皂市下層（城背溪）	大溪——屈家嶺	石家河
四川盆地				寶墩
華南	廟岩	陳橋	西樵山	石峽（縣石山）

新石器時代的時代區分與編年　本書將以此圖表為本，討論各地域的文化編年與時代區分。

會往前邁一大步的階段。本書討論的內容也包含了這個初期　國家的階段。

古環境的變動

海平面達到最大最高的全新世最暖期

就像前面已經說過的，在最後的冰河期結束，全新世開始之際，新石器時代登場了。新石器時代開始之後的特徵，就是海面上升，地形環境快速地變化了。到了六千五百年前，也就是西元前四千五百年，海面上升的速度穩定了，但海面也來到最大最高的巔峰期，比現在的海面高約二～三公尺。

基本上，當地球的海面達到最大最高時，因大變動而改變的地形環境，也穩定下來了。其中已經安定化的沿海一帶在河流的沖積下，成為人類繁衍生存的好場所。安定化下的沿海地形環境，讓沿海地帶的遺址有可能存留到現在。所以，就理論上來說，東海一帶應該還存在著從舊石器時代到海面來到最大最高時期的遺址。但是，那些遺址現在在嗎？或者已經被埋沒在海底的深處呢？因為缺乏這方面情報，所以實際上我們處於不明的狀態中。

海面達到最大最高期之後，古地形基本上是安定的，但是，就像海面後來發生變動般，古環境也產生了微妙的變動。新石器時代時，西元前六千年～西元前三千年，是整個世界都溫暖潮溼的全新世氣候最暖期，上升的氣溫讓海面達到最大最高。植被的狀況在這個時期裡自行產生變化，溫帶林或亞熱帶林的北限往北移動了。在後面章節會敘述到的，這個時期裡，例如後崗文化的系統進入了北京的鎮江營遺址，或內蒙古中南部的石虎山遺址、華北的陶器樣式有從南往北擴展的現象等等，應該都可以認為與暖溫帶林的植被擴大有相當的關連。

不過，西元前三千年起，氣候又逐漸變得寒冷乾燥了。古環境的變動，大大影響已經適應環境的人類活動。從中緯度地帶到高緯度地帶，都受到了這個氣候變動的影響。

華北內陸地方，尤其是長城地帶的內蒙古中南部到甘青地區，受到氣候寒冷乾燥化的影響，牧畜業的比重逐漸增加，居住形態也開始出現變化。關於這樣的社會經濟或生活型態的變動，會在第

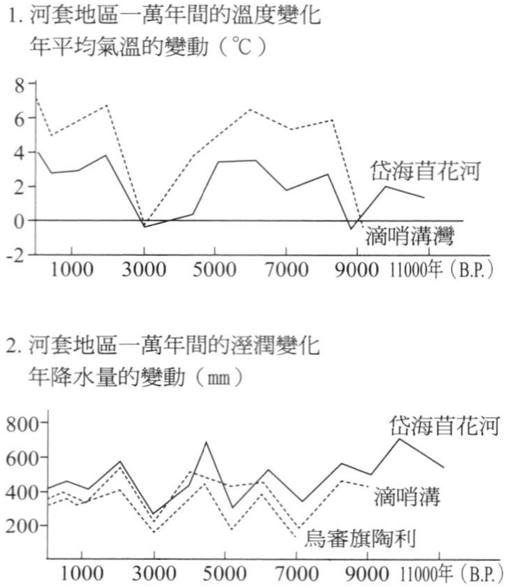

古環境的變動　根據內蒙古中南部土壤鑽探資料的孢粉分析等結果復原得出的氣候變動圖。以上兩幅圖中，上圖為年平均氣溫的變動，下圖為年均降水量的變動。

七章再做詳細的敘述。陶器的變化也以此為契機，開始出現文化樣式或陶器樣式的改變。這個時期還可以看到顯示文化或人類群體關係性的信息區的改變。

在這個時期之後，蘇秉琦先生所提的，包括甘青地區、內蒙古中南部、遼西地區在內的長城地帶形成了，長城地帶內各區域的陶器樣式交流、相互影響，及其他文化要素的交流，也都已經開始了。從這一點看來，陶器樣式圈的範圍少有變化的安定地域，在華北地區並不多見。屬於安定地域圈的地方，是在長江中游流域或長江下游流域，還有山東地區。

區域的文化系統

新石器文化開始以後，中國大陸存在著幾個以地域為單位的固有新石器文化。這些新石器文化都有獨自的變化，顯示出地域固有文化系統的存在。蘇秉琦先生對這些文化系統做了整理，他指出這樣的地域文化並非固定不會改變，是會在文化領域裡進行變化的。或者說，這樣的地域文化是會在地域之間的方向性上進行變化。

以西元前三千年為界，區域文化產生了巨大變化

從冰河期結束到全新世開始的新石器時代，到溫暖潮溼期的全新世氣候最暖期與之後的寒冷乾燥期，地域間的關係有很大的不同。也就是說，以西元前三千年為界，地域間的關係有很大的變化。

以地域的文化系統來說，在這個變化前後，就有不同文化系統的區域了。在進行說明文化系統時，我想以西元前三千年做為時期劃分的基準，西元前三千年前是新石器時代中期，之後是新石器時代後期。

北京大學的嚴文明教授曾經因為這個時期出現了青銅器或純銅（紅銅）等金屬器具，而稱新石器時代後期為銅石並用期。關於金屬器的出現，第七章將會進一步敘述其意義。但是，比起有沒有青銅器的出現，在古環境的變動下，地域文化系統的變化，對這個時期的意義更重大。

包含生計產業的變化在內，社會經濟的變化是文化系統發生變化的導因。因為每個地域的社會經濟不盡相同，所以地域文化也會走向各個不同的系統。也就是說：因為東西方向文化系統的連續性，使得華北內部從以前南北方向文化系統擴大的階段，漸漸轉變成南北分離的階段。

前面所說的新石器時代前、中期的地域文化，即使以這個變動期為界，一定程度的地域文化，仍然繼存於華中到華南地區。就像先前已經說明過的那樣，華中以南是不太受到氣候變動影響的地域，因此生計產業形態基本上沒有太大的變化。長江下游流域的馬家濱—崧澤文化系統出現了良渚文化，長江中游流域的彭頭山、皂市下層—大溪文化系統出現了屈家嶺、石家河文化，這些文化展現了安定地域社會的發展。另外，在長江上游流域所發現的寶墩文化，也被確認是這個階段的新石器文化。

四川地區的新石器文化，目前只能判斷到變動期以後的年代。長江上游流域新石器文化的出現，應該可從與長江中游流域的新石器文化的關連，去做了解吧！出現在華南地域的曇石山文化或石峽文化，顯示出該地區也是安定的地域。同樣的，山東地域也一樣，從後李—北辛—大汶口文化系統，孕育出了山東龍山文化。

而華北的地域文化在展現出地域性發展的同時，也逐漸地擺脫地域間的關係。渭河流域出現了老官台—仰韶—客省莊二期文化，同時展現出穩定的地域性陶器變遷。渭河上游流域的新石器時代中期，仰韶文化廟底溝類型在發展的過程中，衍生出石嶺下類型；到了新石器時代後期，則依次出現了表現固有地域性的馬家窯文化、齊家文化。出現於甘青地域的馬家窯—齊家文化系統，源自仰韶文化—客省莊二期文化系統，但在陶器樣式的製作上，逐漸走向不同的風格。

若從陶器的樣式來看，內蒙古中南部是一個顯示出複雜地域關係的地域。新石器時代前期，這個地域被包含在裴李崗、磁山—後崗文化系統的範圍內，但到了新石器時代中期，這個地域又屬於老官台—仰韶文化系統，直接接受了華北內部南北方向系統性的影響。到了環境變動期之後的新石器時代後期，則又漸漸往地域性色彩濃厚的海生不浪文化與老虎山文化發展。

在發展的過程中，原本位於華北南北系統關係北端的內蒙古中南部，在形成主體地域性的同時，也和遼西的小河沿文化或甘青地區的齊家文化，維持著一定的關係，並確立了溝通長城地帶的信息帶。到了新石器時代後期，接連長城地帶的渭河流域客省莊二期文化或晉中地域——或者說是晉南地域、冀北地域，一邊和長城地帶維持一定的關係性，一邊衍生出複雜的地域性。

在此過程中，曾經出現廟底溝二期文化、大汶口文化、屈家嶺文化等三個地域性系統關係的黃河中游流域，形成了王灣三期文化。

王灣三期文化是二里頭文化之母，而二里頭文化被等同於夏王朝。

第五章　社會的組織化與階級化

仰韶、龍山文化

從聚落與墓葬的型態，來比較、檢討社會構造的發達度

舊石器時代的兩種文化系統在華北、華中相遇，各自開始了粟、黍與稻穀的栽培，這是約一萬年前開始的。舊石器時代晚期，在森林地帶周圍，出現了大本科植物的廣大草原地帶，成為人類獲得食物的標的場所，這是農耕開始的一大因素。此外，前面說過的自然環境的變化，也是促成人類社會農耕化的重大因素。若以新石器時代的分期而言，這個農耕的搖籃期屬於新石器時代的早期。

接下來要述及的，是新石器時代前期之後，農耕社會的進展。新石器時代前期的磁山遺址的貯藏窟裡，貯藏著為數不少的粟，八十壋遺址也發現了多達一萬五千顆的稻殼或稻桿，可見當時的穀物已有相當的收成數量，已經進入成熟的初期農耕階段。從這個階段開始的社會進化非常顯著，與第六章會述及的狩獵採集社會的社會進化相比，其速度上有所不同。不過，那種社會進化，或許也可以說是群體的組織化。我想在這樣的狀況下，去觀察中國大陸農耕社會的各個地域文化。

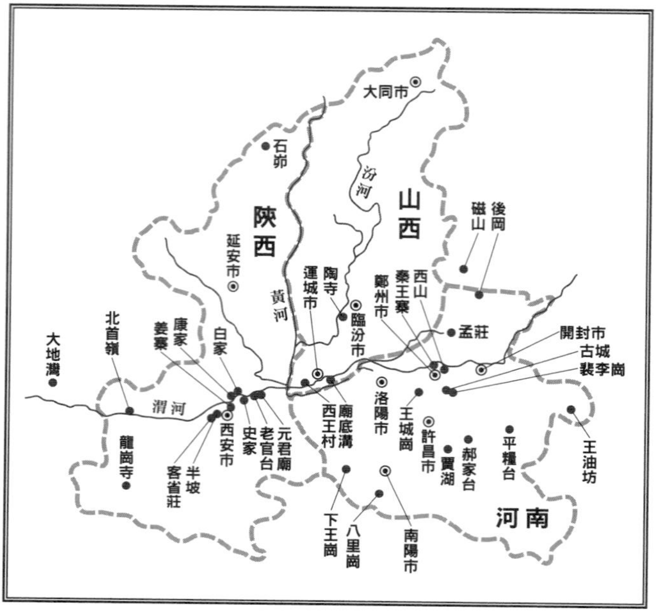

黃河中游流域的新石器時代主要遺址

要了解社會的構造，最容易、最快的方法，就是對過著群體生活的聚落和群體成員死後的墓葬情形，進行比較和檢討。因為聚落或墓地，最能反映出群體的規模或群體的基礎單位。況且墳墓的構造或陪葬物品就像鏡子一樣，能完全表現出被葬者生前的社會地位或經濟能力。以下所敘述的，是針對各地域文化的聚落與墓地做檢討、比較。

從新石器時代前期或後期可以見到的兩大文化系統是：渭河流域的老官台文化—仰韶文化—客省莊二期文化，和黃河中游流域的裴李崗、磁山文化—後崗文化—大河村文化—廟底溝二期文化—王灣文化，這兩大文化有著互相影響的關係。而把這兩大文化統合起來的文化系統，稱為仰韶、龍山文化系統。我們且從聚落與墓葬的角度，了解這個地域的社會狀況。

雖然已經發現了不少屬於新石器時代老官台文化或裴李崗文化的墓地，但有關聚落的部分，幾乎完全不清楚。不過，在前述的河北省武安縣磁山遺址裡，發現了遺址中的貯藏窟裡，有貯藏粟殼的痕跡。貯藏窟是位於長橢圓平面上的豎立窟穴土坑，共發現了八十八座。

被挖掘出土的貯藏窟可以確認分為兩個時期，以數座或十數座的單位，分布在遺址之中，被認為可以貯藏五萬噸以上的粟穀，但現在很難正確地復原出以年為單位的貯藏實態。不過，因為有那麼多的貯藏窟，所以可以想像能夠大量地貯藏，這也顯示當時的社會已經進入安定的農耕社會。另外，因為貯藏窟的周圍沒有住屋等人類居住的痕跡，可見貯藏窟的地點不在聚落之中，顯見栽培出來的穀物是被集中管理的。

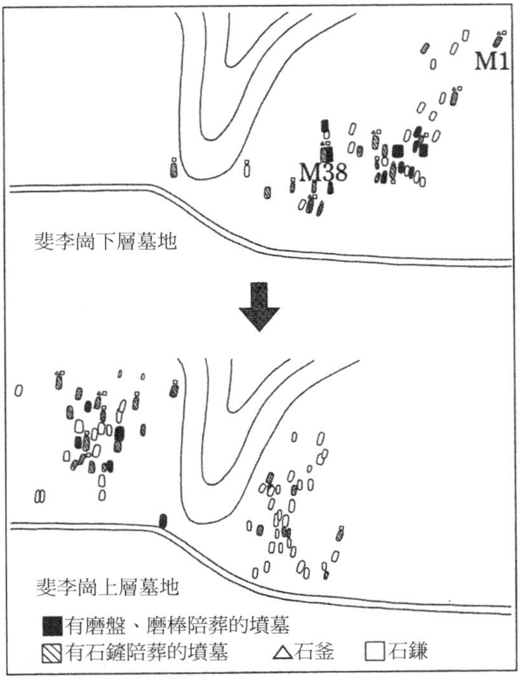

裴李崗墓地的變遷　墓地從舊階段到新階段逐漸擴大。由此可以認為是單位聚落擴大後，便分化為二了。

性別的勞動分擔

該時期墓地在裴李崗文化遺址中有好幾個，其中之一就是河南省新鄭市郊外的裴李崗墓地。在此就以裴李崗墓地為例，說明那些墓地的共同特徵。

從陶器的型式學研究角度來看，可以認為裴李崗墓地經歷過兩個時期的變遷。較舊階段的墓地群位於低丘陵的東側斜面上，而新階段墓地不僅占有一部分的東側斜面，還延伸擴展到西側斜面上，這樣的擴展可以視為是聚落群體擴大後分化為二。也就是說：新群體是以分家的方式，從舊群體裡增殖出來的。

在討論群體的社會進化水準時，可以從墳墓的陪葬品或墓主的性別中，得到線索。磨盤與磨棒是粟、黍的製粉器具；進行農務時必須翻土，此時需要的是開墾或土木作業用的鋤。這個時期被拿來當做鋤頭的工具，是被稱為石鏟的石鋤。我稱這些石鏟和磨盤、磨棒為華北型農耕石器。新石器時代前期時，這些華北型農耕石器就固定化了。

有意思的是：做為陪葬品時，石鏟和磨盤、磨棒從未在同一個墳墓中一起出現，石鏟出現在男性的墓中，磨盤、磨棒則是女性墳墓中的陪葬品。這是因為負責開墾、翻土或土木作業是男性，女性則負責製粉工作，可見當時已經有依照不同性別，進行分工的勞動模式。現今的世界民族中，仍然存在著這種以性別來分擔勞動內容的分工模式。墳墓內的陪葬品，讓人對這種以性別勞動分工為基本，有組織地從事生產活動的群體有所掌握。

男性墓內的陪葬品，除了石鏟外，還會有石斧或石鎌等加工器具、收成用工具和陶器；女性墓內除了有磨盤、磨棒，也有陶器的陪葬品。男性墓和女性墓裡都會有陪葬品，每個墓裡的陪葬品數目多寡不一，這一點應與墓主生前的社會地位有關。不過，男女性別似乎和社會地位沒有關係，因為若只看陪葬品的多寡，會發現女性墓的陪葬品，往往比男性墓更豐厚。

以被葬者生前的性別、分擔的勞動為基礎，判斷被葬者在群體中的社會性地位，是有其可能性的。這種地位不是世襲的，也不是以血緣群體為單位的，是看被葬者生前的勞動與是否得到社會尊敬，或者成為群體中的權威者而定。這顯示那是一個平等的社會，擁有社會性工作能力的人，就如同一個領導者。性別差異作為一種象徵性的二元論，在群體社會生活中具有重大意義。

這樣的群體過著不僅靠農耕，也同時靠狩獵採集等多方面的謀生方式為業的生活，群體的人口逐漸增加，但群體變大了就會走上分化之路。出現在裴李崗墓地的變遷，代表著墓地的擴大與墓地的二分化。當時一個群體在一個時期的人口規模，應該是以數十個人為一單位。

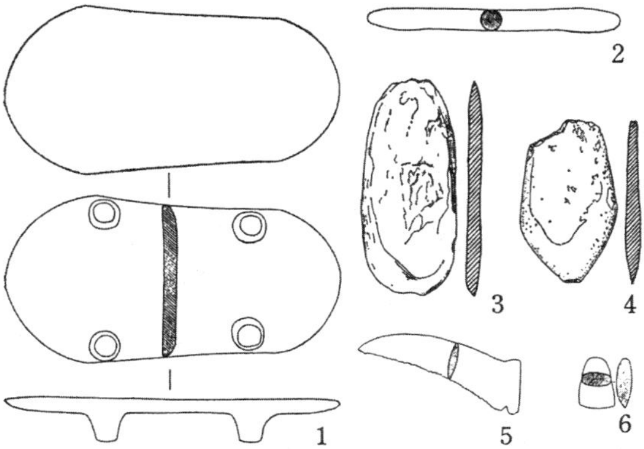

裴李崗墓地的陪葬石器　1磨盤　2磨棒　3、4石鏟　5石鎌　6石釜

從在姜寨遺址發現的環壕聚落，得知兩個群體

屬於新石器時代中期的仰韶文化，在渭河流域從仰韶半坡類型轉化到史家類型，再進化到以有花瓣紋的彩陶盆為特徵的廟底溝類型。仰韶半坡類型的主要出土地點在半坡遺址及陝西省臨潼縣姜寨遺址的環壕聚落。環壕聚落出現在這個地域的時間，是在新石器時代中期的西元前四千五百年左右。這個時間正好是最大最高海面期，是全新世最為高溫潮溼的時期，可以說是環境上最適合發展農耕的階段。

但是，環壕在聚落形成的一開始就已經是存在的嗎？並非如此。姜寨遺址的環壕聚落的挖掘調查幾乎已全面完成，是一

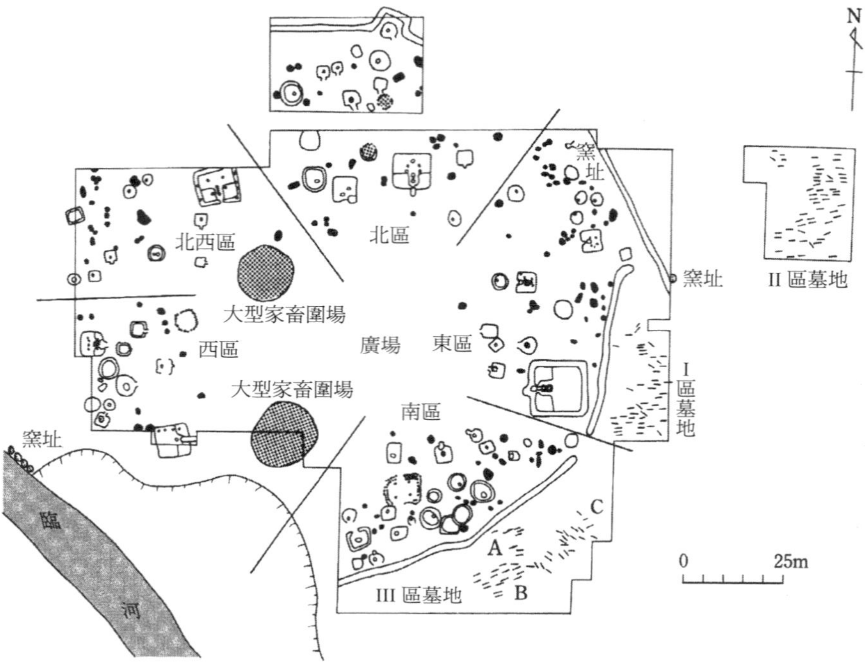

姜寨遺址中仰韶文化半坡類型的環壕聚落　若挖掘出來的住屋都屬於同一時期，那麼可以認為這個聚落是由五個住屋群構成的。

個包括聚落周圍的墓地也能夠供進一步探討的重要遺址。姜寨遺址的中央是一個廣場，聚落的住屋像圍著這個廣場般，出入口面向聚落的中心地座落在廣場的周圍。另外，這裡的住屋區分為五區，每個區內各自以一座大型的建築為中心，而環壕像包圍著這些住屋區般，將整個大住屋區圍繞在內。

不過，根據挖掘所見，從住屋層堆疊的關係看來，聚落至少可以劃分為三個時期。之前的聚落復原案沒有細分時期，把所有時期的出土遺址視為同一時期，這樣的解釋我是不同意的。

在此，我按時期把姜寨遺址分為三個階段，分別是前期、中期、後期，並以住屋的堆疊關係為依據，藉此來表示聚落的變遷過程。

如左圖所示，姜寨遺址前期並沒有環壕，是由住屋入口相對的兩組住屋群組成的。我的設定是：姜寨遺址的前期是由兩個單位群體構成的。這是在之前的裴李崗文化階段時，某個單位群體擴大了之後，產生二分化現象，變成了兩個群體。這就是人類學中所謂的半族分割，也就是說一個社會因為某種機能，而被劃分成兩個群體的狀態。就像同一群體禁止結婚的外婚規制般，藉由兩個群體的婚姻關係，維持社會的穩定。還有，看看排成一列的住屋配置，可以看到每一列又能分為兩部分，而且兩部分中間有空隙。在住屋的配置上，也可以看到一個群體的半族分割，由一變成二的過程。

到了姜寨聚落中期，已經分成兩個群體的個別群體又產生半族分割，於是原本的一個群體，變成了四個群體。以大型住屋為核心，住屋的配置呈同心圓狀，朝向中心。從民族學上的例子來看，

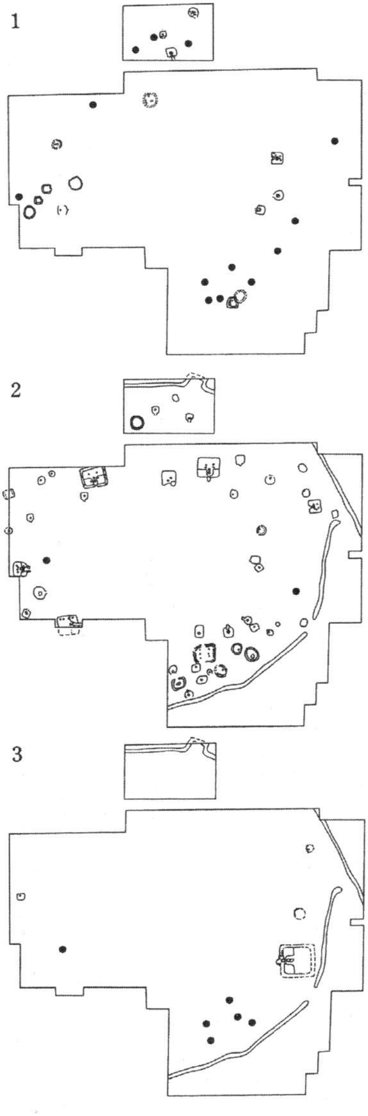

●是住屋的推斷位置

姜寨遺址的聚落變遷　1.姜寨聚落前期
2.姜寨聚落中期　3.姜寨聚落後期

四個群體藉著外婚規制下的安定雙分制而存在，以四個群體為單位，構成平等的部族社會。於是在這個中期階段，開始挖掘環壕，把聚落圍繞起來。

環壕不僅可以阻擋來自聚落外面的野獸等的威脅，保護聚落的安全，還能讓聚落裡的成員產生群體意識。就像以前的一些復原案所顯示的，群體以大型住屋為核，中、小型的住屋配置在其四周。中、小型住屋依單位家族成員的多寡而定，大型住屋則是一個半族的成員的集會場所。

至於位於中、小型住屋周圍的許多土坑，被認為是貯藏食物等物品的貯藏窟。新石器時代前期磁山遺址的貯藏窟，是由群體共同管理的，但這裡的貯藏窟明顯地位於住屋的周圍，所以可以認為是單位家族——也就是說由住屋單位自行管理自己的貯藏窟。

靠近廣場有兩個像飼養家畜的圍欄小屋，是大型家畜圍場。可以想像用柵欄圍成圓形小屋，是用來飼養豬、牛等家畜的場所。假設這些住屋、圍場都是同一時期並存的建築，那麼就可以認為姜寨遺址前期的家畜管理方式，基本上是以聚落單位——也就是以半族單位進行管理。到了聚落分化成四個群體的姜寨遺址中期，家畜管理的方式仍然和以前一樣有兩個單位，也就是說以聚落初期的雙分性半族為基礎單位。就意義上來說，燒陶器的窯也會分為兩個地方，但假使是同時期並存的東西，那麼陶器的製作也會存在著雙分性的生產形態或生產組織。

姜寨環壕聚落的周圍，目前已發現了三個墓地群。如果用這些墓地群來對照群體單位的話，就應該還存在著另一個墓地群。但是，由於聚落的西南部是沿河地區，很有可能因為靠近河流的關係，在河水的沖刷下遭受破壞而消失了吧。

三個被發現的墓地群中，最被注目的是Ⅲ區墓地。Ⅲ區墓地的墳墓分布大致區分為A、B、C三群。A、B群與C群的被葬者的埋葬頭位方向不同，顯見A、B群與C群有群體上的區別。

令人深感興趣的是；相對於A、B群的墓地裡有嬰兒或幼童的甕棺墓，C群卻沒有小孩用的甕棺墓。關於這一點，山口縣縣立美術館的今村佳子女士，提出了以下的解釋。今村女士認為A、B群的墳墓來自母胎的原始群體，而C群的墳墓來自其他群體的外婚者。

照今村佳子女士的解釋，那麼A群體與B群體應是原始群體中半族關係的群體單位。這樣想的話，顯示Ⅲ區墓地是由A和B兩個雙分制家系的母群體，和藉由外婚而來的、其他群體C群的墓地。那麼，Ⅰ區墓地和Ⅱ區墓地就能解釋為是別的雙分關係的兩個群體！唯有這樣的解釋，才能夠做為前面所說的：從墓地的方向去思考外婚規制下的雙分制是存在的根據。

群體擴大後開始分村的姜寨遺址後期

然而，姜寨遺址後期的狀況和中期卻有很大的不同。假使環壕部分在後期的階段被埋沒了，那麼，像一號住屋那樣的大型住屋與其周圍的中、小型住屋的組合，只會被認為這是一個單位的聚落，是一個縮小了的群體。其實不然，這個群體事實上是加速地擴大了。從集會用的大型住屋比姜寨遺址中期的更大這一點來看，可以理解後期群體的人口應該是比中期更多了。

想像分化為四個群體的聚落，其中只有一個群體留在原地，其他的三個群體往周邊擴散，形成新的據點性聚落的情形。在這樣的想像下，群體的擴大，其實就是一種分村現象。遺憾的是目前還

仰韶文化史家類型的合葬墓　史家遺址25號合葬墓是二次葬的墓壙，埋葬著二十六具骸骨。

沒有發現可以證明這個想像的資料。

姜寨遺址後期結束，聚落荒廢化後的仰韶文化史家類型階段，姜寨遺址變成多數群體的群體合葬墓地。群體合葬墓是人死後經過暫時的埋葬，化為白骨後與複數的屍體合起來，埋在同一個墳墓內，也稱為墓壙。這可以說是一種再埋葬的行為。這個時期裡，這樣的群體合葬墓在渭河流域是個普遍化的習俗，陝西省渭南縣史家遺址或陝西省華縣元君廟遺址等遺址中，都可以見到這樣的合葬墓。

又，史家遺址的合葬墓內的人頭骨經過計測後，在統計學的判別分析下發現，墓壙內的頭骨計測質的類似度很高，顯見這些合葬在一起的人骨不是婚姻家族的群體墓，而是以血緣為單位的家族墓壙。

從仰韶文化半坡類型階段開始，姜寨聚落的群體因為雙分性的分化由一變成二，聚落的人口大增而分村化，聚落也往外擴張了。於是原本的原始群體的舊址，變成了以血緣為單位的群體合葬墓地，這樣做的目的之一，是為了凝聚同族的意識。結合祭祀祖先的儀式，再一次埋葬先人的骸骨，藉此強化血緣紐帶的存在，這就是合葬墓存在的意義。

換句話說，群體的擴大以血緣群體為基本單位，當單位複雜地發展後，群體的規模變大，人口也增加了，並且為了尋求可耕地而往外擴張，形成新的村落。但是因為有同族意識存在的關係，所以就算分村了，仍能感覺到群體的整體性。

舉史家遺址的合葬墓為例，比較遺址中各個墓壙裡的再葬骸骨的男女數目，發現有男性多於女性的傾向。然而，這個傾向只出現在已婚的成年人男女統計上，並沒有出現在未婚的男女青年統計中。從這個傾向顯示的是：因為外婚而歸屬到另一個群體的人，大多是女性。簡單地說，這個傾向表達的是：女性會因為婚姻而嫁到另一個群體，而男性則留在原始的群體中，迎娶來自另一個群體的女性。

這一點與更早階段的姜寨遺址Ⅲ區墓地中，被認為是其他群體的外婚者墓地的C群墓地不同，C群墓地的沒有男女的偏差值。這種現象可以理解為：女性嫁到另外群體的仰韶文化史家類型階段時，社會逐漸演變成以男系的血緣群體為基礎單位。我們分析在合葬墓出現以前，仰韶文化半坡類型期的姜寨聚落的墓葬陪葬品，也可以看出這個階段已經不見新石器時代前期那樣，以雙分原理區別性別的特徵。

男系的血緣群體變成社會基礎單位，被認為是新石器時代中期的後半期的事。以淮河上游流域為中心的地域裡，發現了成人甕棺墓。發現的位置稍微有點偏南，但根據河南省文物考古研究所的袁廣闊先生的見解，那是渭河流域的群體移住到淮河上游流域的關係。姑且不管這個見解是否正確，這個發現可以看出以文化系統來說，兩個地域的系統是有連續性的。在這樣的地域裡，新石器時代中期後半的仰韶文化廟底溝期，演變成仰韶文化秦王寨期，出現了成人甕棺墓。相對於新石器時代中期前半的姜寨墓地所見到的成人土壙墓，甕棺墓普遍被認為是小孩子用的兒童棺木。

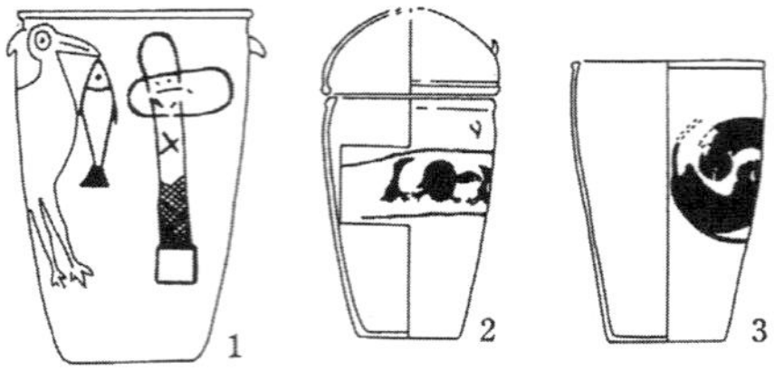

仰韶文化廟底溝期的成人甕棺墓　1.閻村遺址
2、3.洪山遺址

關於成人甕棺墓的形成，今村佳子女士的解釋是：用來埋葬兒童的甕棺墓是支撐父系群體組織的基本，於是形成兒童和成人都用甕棺墓埋葬的合葬墓地。這顯示了男系血緣群體是社會基礎單位的事例。還有，從墓地的分析，可以看出在那些基礎單位之間，有逐漸形成的差距。男系血緣群體單位，也就是氏族單位間的差距，會表現在陪葬品的內容上。這表示社會當中，以氏族單位為基礎的差距逐漸生成了。

另一方面，這個階段的群體是由家族擴大形成的，這一點可以由長屋式住屋等聚落構造看出來。長屋式住屋是把有爐子的房間連結一起，形成長排狀的長形住屋。河南省鄧州市八里崗遺址就出土了新石器時代中期中葉，仰韶文化廟底溝期的長屋式住屋。到了新石器時代中期後葉，長屋式住屋普遍存在於河南省淅川縣下王崗遺址，或河南省鄭州市大河村遺址中了。

下王崗遺址中有典型的長屋式住屋，不過，這是新石器時代中期的姜寨遺址聚落構造的發展型。姜寨遺址中期，以四個集會場所的大型住屋為中心，中、小型住屋圍繞著大型住屋，形成四個群體單位。從這個群體單位的發展情形，可以想像姜寨遺址後期之後的聚落擴大模樣。

連結婚姻家族單位的住屋，讓家族團結在一起的，就是這種長屋式住屋。而從遺物的組合，可以推定的是：每一間單位住屋，以一組男女組成的婚姻家族為中心，形成一個家庭。這樣的家庭成員還會因為婚姻關係而獨立，並且為了成立新的家庭而增加住屋，這就是長屋式住屋的增建過程。

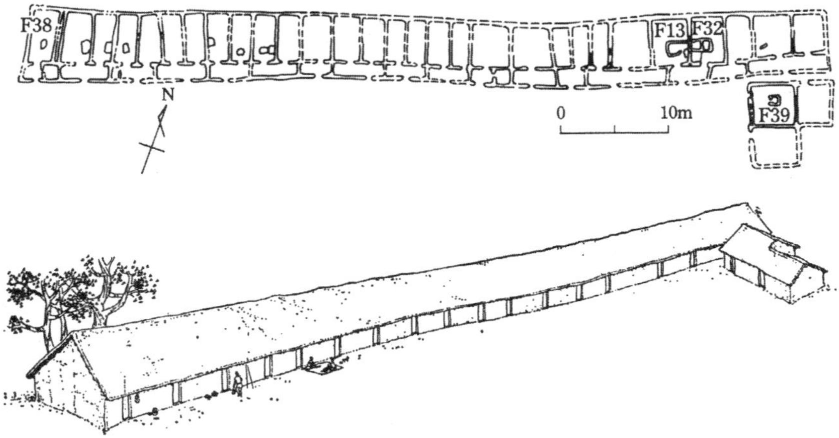

仰韶文化後半期的長屋式住屋　下王崗遺址的長屋式住屋的構造與其復原圖。

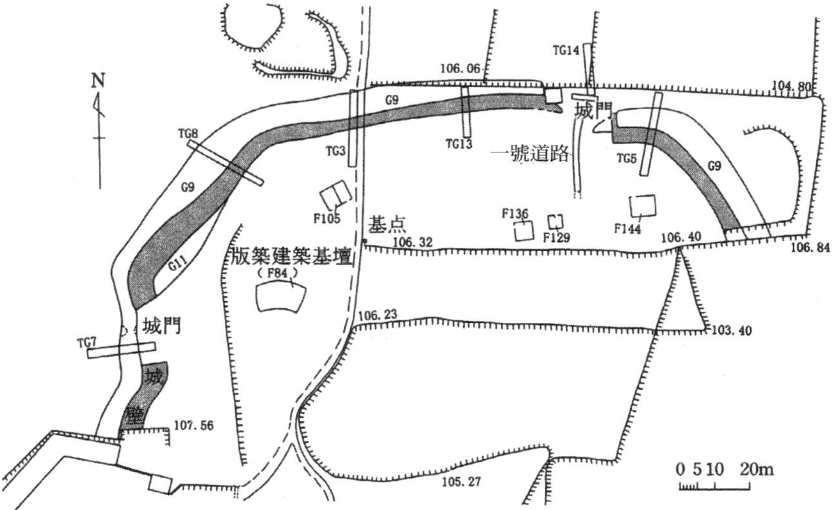

西山遺址的城址遺址。

以父系血緣為單位，一戶家族逐漸擴大的結果，形成了長屋式住屋。這種新住屋結構的出現，與從墓葬分析得到以父系血緣群體為單位的群體構成，明顯地有深刻的關連。

圍繞著聚落的城牆遺址

到了新石器時代中期的末期，聚落有了重大的發展。河南省鄭州市的西山遺址，被認為是城址遺址。所謂的城址遺址，指的是用土塊築成牆，把聚落圍繞起來的聚落遺址；這樣的聚落也被稱為城寨聚落或圍壁聚落、城郭聚落。這裡且將這些稱呼統一化，都稱做城址遺址。

新石器時代後期，各地普遍都有城址遺址。黃河流域在新石器時代後期，也有城址遺址，為人所知的有：山西省襄汾縣陶寺遺址、河南省新密市古城寨遺址、輝縣孟莊遺址、淮陽縣平糧台遺址、登封縣王城崗遺址、郾城縣郝家台遺址等等。這個時期包含城址遺址在內的聚落大小，已有層級的差別了。例如古城寨遺址就被長約四六〇公尺×三七〇公尺，高約一五公尺、寬為四〇公尺的巨大城牆圍繞著。

最近發現的山西省陶寺遺址的城牆也很巨大，陶寺遺址前期的小城南北就有一千公尺長，東西寬有五百六十公尺，中期的大城更巨大，南北就有一千五百公尺長，東西寬有一千八百公尺。以這麼巨大並兼具防禦功能的城址遺址為中心，周圍環繞著小規模的聚落，而這些小聚落應與大型聚落之間，有著緊密性的連結關係。

城址遺址是新石器時代中期的環壕聚落的發展型，但相對於環壕是為了保護人類免於野生動物的侵襲，並不具有凝聚群體團結的作用，夯土圍成的城址遺址則不同。在這個階段，人類已經會使用石鏃之類的武器，由此判斷，城牆應該是含有防禦性機能的建築。因機能性聚集在一起的聚落群是擴大的群體的象徵，城牆的存在顯示了當時聚落群間有戰鬥、摩擦的情況，而且是相當頻繁。關於這一點，將在第八章再做詳細說明。

如果把目光轉向城址遺址內部的話，遺址內部的住屋像平糧台遺址的那樣，除了一般的半地穴式住屋或全地面式住屋，還有有基壇的地面住屋。這樣的住屋構造是二里頭文化之後的商周時代宮殿或宗廟建築的前身，也可以看出聚落內部的階層差距。王城崗城址遺址還發現了建築物下面有以人為犧牲的奠基坑，由此可見當時的社會是階級社會。

新石器時代後期不僅出現了用城牆把聚落圍起來的城址遺址，還在陶寺遺址的墓地，看到了階級差距的發展。那裡有約七百座墳墓，而墳墓規模的大小，與陪葬品的多寡幾乎成正比。墳墓的規模可以分成大型墓、中型墓和小型墓。其中大型墓只占所有墳墓數量的百分之一，中型墓約占百分之十一，大部分都是小型墓，這樣的比例可以說是金字塔型的結構。大型墓有木棺，並擁有一百至二百件陪葬品。

墓內陪葬品除了陶器外，還有玉器或有彩繪的木器。此外，陪葬品還分有無鼉鼓與石磬的甲種與乙種。有這兩種陪葬品的大型甲種墓的被葬者的階層，比沒有這兩種陪葬品的大型乙種墓的被葬者來得高。鼉鼓是用棲息於長江以南的鱷魚皮做的鼓；石磬是用石板做成，懸掛起來的敲打樂器。商周時代，因為音階的不同而變化成複數組合的樂器。

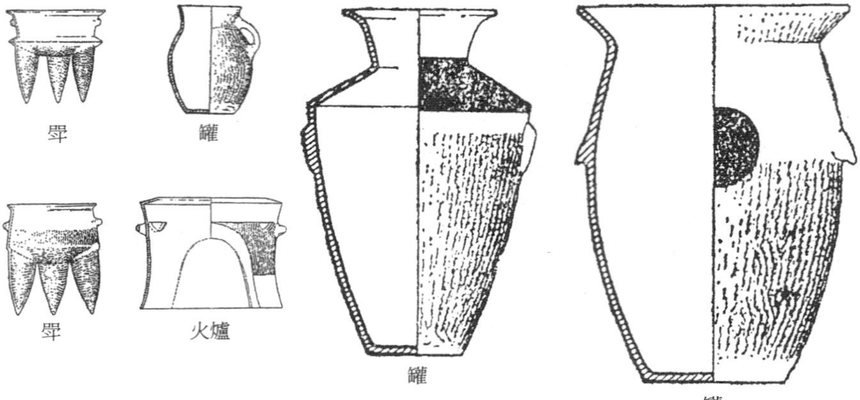

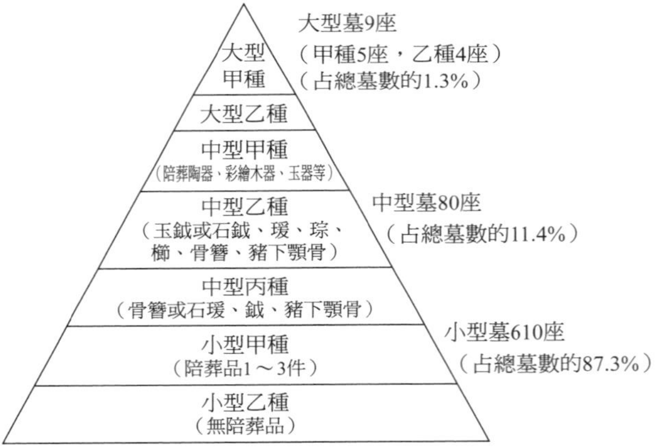

陶寺遺址墓葬的階層構造與陪葬陶器 這些陶器是大型甲種墓，3015號墓的陪葬陶器。

鼉鼓與石磬都是樂器，是商周時代的鐘或磬的前身，用於祭祀禮儀時，被視為是祭祀的象徵。

大型甲種墓的陪葬品還有玉鉞等象徵軍事權的物品，被葬者應是握有祭祀權與軍事權的群體首長。軍事權與祭祀權是商周時代王權的基本，這兩種權力在新石器時代後期，就已經萌芽發展出來了。還有已經確定的就是，大型甲種墓的被葬者全是男性，可見這時的社會，已經進展到以男系的血緣關係為核心的階層構造。另外，大型甲種墓與大型乙種墓的被葬者，在各自墓地內的埋葬位置不一樣，並且各有各的配置。從墓地內顯示的階層差和固定且有規則性的配置看來，這個時期的階層關係是穩定的。

世襲性男系血緣群體成為階層關係的單位，完全的首長制社會已經這個階段形成了。

大汶口、山東龍山文化

後李文化與北辛文化以雜穀農耕為基礎

山東半島一直有系統性地與新石器時代前期以來的地域文化相連，不過，觀察它與周圍地域的關係，可以發現它與黃河中游流域或河北省東南部的陶器文化，也保有一定的關係；到了大汶口文化中期，山東半島與周圍地域的關係甚至擴展到河南省的西部。還有，山東半島也與長江下游流域有一定的關係，文化性的邊界遠到淮河之南。往東的話，其文化影響可以擴展到被稱膠東半島的山東半島東端，甚至達到隔著大海的遼東半島頂端。從膠東半島到遼東半島，是山東地域與遼東地域的接觸地帶。

前面已經說過，山東半島擁有一貫系統的地域文化，這個系統包括了該地域最古老的後李文化、以形成鼎為特徵的北辛文化、出現彩陶或白陶黑陶的大汶口文化、以黑陶為主體的山東龍山文化、以褐色陶為主體的岳石山文化。

二次世界大戰前，傅斯年先生曾經提出夷夏東西說，夏是黃河中游流域的仰韶文化，夷是山東龍山文化，主張這兩種文化是不同地域的文化，來自不同的地域群體。這個見解是從彩陶與黑陶有

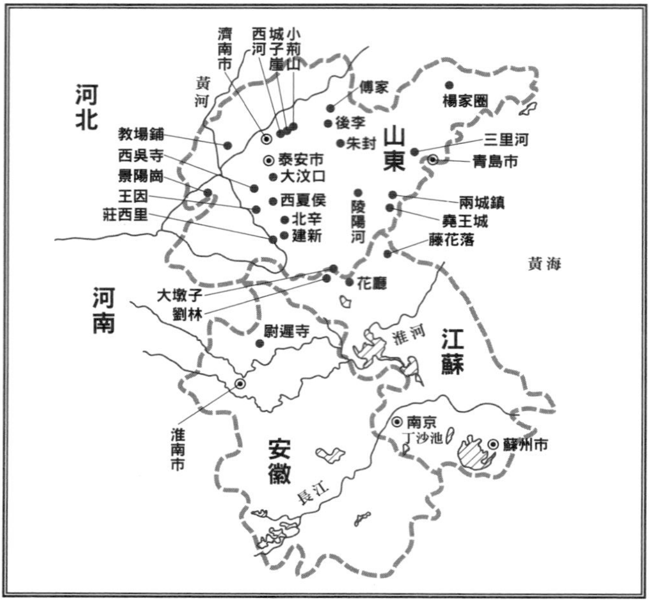

黃河下游流域（山東地域）的新石器時代主要遺址。

地域差的觀點而來。戰後，根據一九五九年河南省陝縣廟底溝遺址的調查，發現仰韶文化與龍山文化的差別，主要來自於層位上的時期差。

戰前的日本也發生過類似這樣的爭議。日本的繩文文化與彌生文化原本被認為是不同種的、同一時期史前文化，是並存的文化。但經過京都大學濱田耕作教授在鹿兒島縣指宿遺址的挖掘調查後發現，繩文文化與彌生文化並不在相同的層位，所以應是有時期差，不是並存的兩種文化。

仰韶文化與龍山文化也是有時期差的兩種文化。不過，正如傅斯年先生所說的，黃河中游流域與山東地區，一直以來都存在著不同系統的新石器時代文化，和不同的地域群體。

新石器時代前期的後李文化中的山東省臨淄縣後李遺址，或山東省章丘市西河遺址小荊山遺址，最廣為人知的，就是平面的圓角方形半地穴住屋。但是，這些遺址的聚落構造，卻還有很多讓人匪夷所思之處。這個時期很明顯的有聚落墓，小荊山遺址的出土墳墓也被認為有墓葬配置，很多人想詳細地分析這樣的墓地結構，但在資料不公開，無法進行分析的情況下，確實會有讓人不明白的地方。不過，從陪葬品等的情形看來，雖然不能明確地說，但這個階段是看不太出有階層差別的同質性社會，所以可以理解為：這個階段的社會，包含聚落在內，是由具有同質性共同體的群體所構成。

這個後李文化與北辛文化的前期、中期的生業基盤，是以粟為主的雜穀農耕，使用的器具與黃河中游流域、渭河流域一樣，以磨盤、磨棒、石鐮等華北型農耕的石器為主體。因為聚落或墓葬資料的不足，所以要復原後李文化、北辛文化的社會狀態並不容易，不過，從後李文化的事例看來，當時的社會應該是由有同質性與有共同體性的社會群體構成的。

從陶器的構成來看，這兩種文化與長江中、下游流域相同，都是用釜做為烹煮器具。不過，北辛文化的陶器，也給位於山東地區西北部的河北省一帶，和被稱為仰韶文化的後崗文化相當的影響。這是包含陶器的器種、陶器的製作技術在內的複合性文化影響。

大汶口遺址出土的彩陶　這個彩陶壺是大汶口文化後期的東西，壺上有在地化的彩陶紋樣。

到了新石器時代中期的大汶口文化期，則是受到黃河中游流域的仰韶文化廟底溝類型的強烈影響。廟底溝類型的一般性特徵，就是擁有花卉紋樣的彩陶盆或缽。廟底溝類型的彩陶，在這個時期不僅擴展到東邊的山東，還遠到了北方的內蒙古中南部，西邊則擴散到從渭河上游流域到黃河上游流域的西北地區。不過，並不是廟底溝類型的所有陶器都對外擴散，僅只有彩陶陶器而已。雖然是文化信息的擴散，但也不是所有信息都被擴散了，而是只有表層的信息被擴散。具體地說，這是黃河中游流域的人，以特殊的彩陶盆或缽為媒介，與周邊地區的群體不斷交流的痕跡。

所謂的交流，其實就是以特殊、且讓人覺得貴重的彩陶為媒介做交易，藉著提供彩陶的行為，與其他群體進行連結、交誼。人與人之間的交流，不就是不惜互贈貴重的物品，藉此打開彼此心胸的嗎？關於這一點，我想在第八章再做進一步的探討。總之，從現象上看來，黃河中游流域的仰韶文化廟底溝類型的彩陶，傳入了大汶口文化社會，而當地也把製作彩陶的技術吸收消化，並開始製作具有自身特色的彩陶。

創造墓制身分標識與墓葬基本構造的大汶口文化

西元前四千二百年到西元前二千六百年的大汶口文化期，是以安定的農耕生產為背景，擴大階層分化的階段。從墳墓內的陪葬品多寡與種類，可以看出階層差距在逐漸擴大之中。另外，此時的墳墓構造也和以前直接把遺體放入土坑中的土壙墓不一樣，出現了將遺體安置在木棺中，再進行掩埋的木棺墓。而比木棺墓更隆重的，還有木槨墓；木棺不是直接埋在地下的土坑中，而是安置在地下的木質房室之中，這就是所謂的木槨墓。大汶口文化後期的大汶口遺址25號墓，就是木槨墓。所謂的木棺與木槨結合的二層台墳墓構造，在大汶口文化前期的後半就已經存在，大汶口遺址二〇〇五號墓，就是這樣的墳墓。

到了山東龍山文化階段，被厚葬者的墳墓更為隆重。例如山東省臨朐縣朱封一號墓，這個墳墓內有雙層槨室，棺木就放在雙層槨室之中。這是二槨一棺的墳墓構造。

日本的木棺墓或木槨墓，是在彌生時代才從大陸傳入的。不過，在此之前的數千年前，大陸就已經出現這些墓制了。而墳墓的構造在階層差距的意識下，有所分別。簡單地說按照階層的高低，可以使用的墳墓依序是木槨墓、木棺墓、土壙墓。後來的商周社會，也延用了這種由身分決定墳墓的墓制及基本構造。值得注意的是；這種基本構造在大汶口文化時期，就已經存在了。

另外，從江蘇省邳縣劉林遺址，或同樣邳縣的大墩子遺址等大汶口文化前期的墓地分析看來，階層差距化才正要開始，跡象並不那麼明確，反倒是看得出年齡階梯性的要素，所以這個時期更接近同質性社會的狀況。不過，屬於大汶口文化前期後半，前面提到過的大汶口遺址二〇〇五號墓等，有特殊墓葬構造的二層台墳墓中有豐富的陪葬品，看得出階層差距正開始明確化。

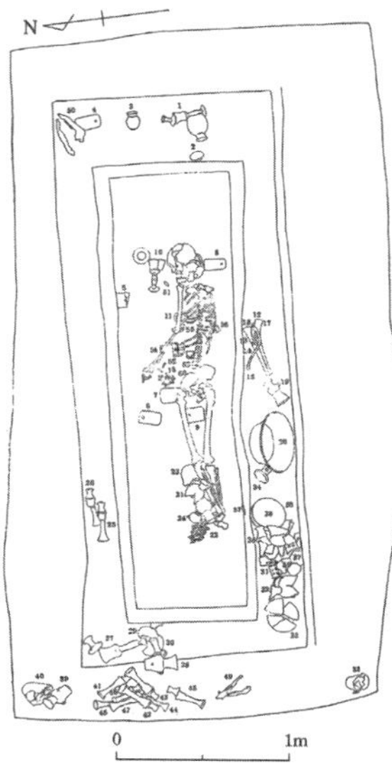

大汶口遺址25號墓。

大汶口文化中期時，階層的差距明顯化，逐漸確定了階層的結構。大汶口墓地就是顯現出這種結構的實例。大汶口文化中期前半的墳墓規模，幾乎沒有什麼差別，但是到了中期後半，就開始出現墓壙有大有小的區別。到了大汶口文化後期時，就像墓壙規模有大墓群和小墓群一樣，墳墓的分布上也出現差異。這種現象顯示：在家系單位上，階層差距逐漸擴大了。還有，墓壙規模的差別與墓中陪

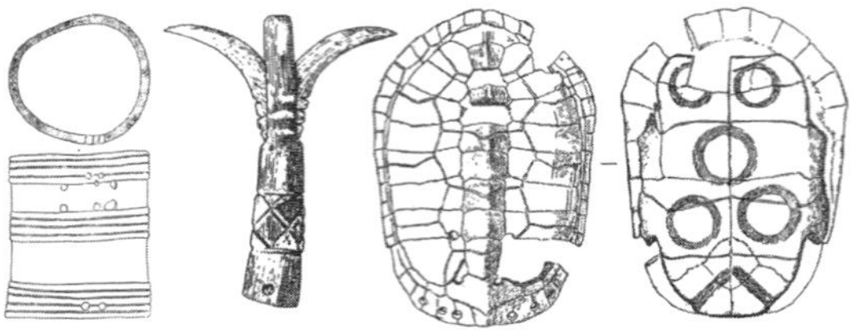

大汶口文化的特殊陪葬品　1.骨牙彫筒器（大汶口遺址）2.獐牙勾形器（劉林遺址）3.龜甲器（大墩子遺址）

葬品的陶器數量成正比，讓人一看就明白被葬者的身分差別。

墓壙的規模與陪葬品的數量，並不能完全表現出被葬者的身分階層。舉例來說：骨牙彫筒器、龜甲器、獐牙勾形器等特殊遺物，大都是伴隨男性被葬者的物品。而大型動物的四肢骨頭，或把象牙加工成筒狀，再施以精緻彫刻的骨牙彫筒器，是用來與神溝通時的巫術器具，被認為是祭祀時使用的物品。另外，龜甲器中的骨錐、骨針、小石子，這些東西被認為可能是醫療用的器具。山東省廣饒傅家遺址三九二號墓的被葬者，頭蓋骨上有孔洞，那是被漂亮地治療後的傷口（見本書一三九頁圖）。

在世界其他地方的史前時代中，也有類似這樣的例子。我就看過北歐的史前人骨的頭骨上，有類似的、已經痊癒的傷口洞。那應該是清除腦部挫傷引起內出血的手術治療痕跡。年代比較接近現在的南美印加文明中，被發現有很多這樣的傷痕，那些傷痕被認為是戰爭引起的。如果針灸醫術的起源可以上溯到這個階段的話，這就是一個令人興致盎然的論題了。

獐牙勾形器是把棲息在水邊被稱為牙獐的小型鹿的牙，鑲嵌在骨製筒上的物體，由被葬者握在手中。因為被葬者將獐牙勾形器握在手中，所以被認為是有避邪作用，可以守護被葬者的瑞符。

總之，不管是與神溝通，還是治病的醫術、護身的瑞符等等，都是特殊能力的表現，且不管是否真的具有那樣的能力，男性獨占了社會上認為能發揮那樣能力的器具。而可以主持祭祀禮儀的人，也是男性首長。從上述的這些，可以推測男系氏族社會此時已經形成，而讓這個推測更具說服力的，就是男女合葬墓的發現。

合葬墓是男女同時被埋葬的墳墓，一般認為女性是陪同男性殉葬。不過，大汶口遺址十三號墓中，女性被葬者的埋葬位置比男性被葬者略高，從這一點看來，這個合葬墓的男女埋葬時間可能有時間差，也就是說女性埋葬的時間晚於男性。

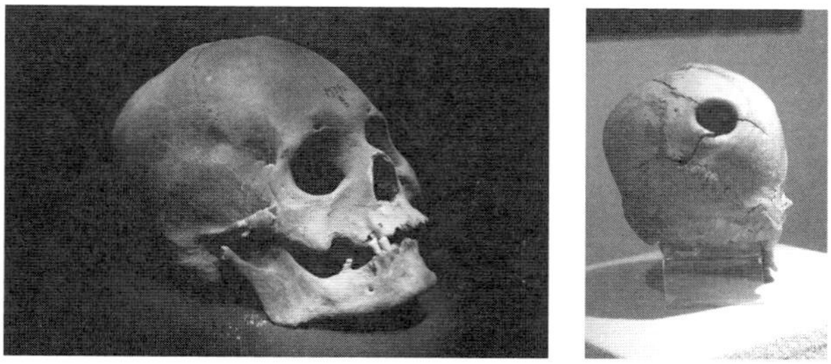
傳家遺址392號墓的人骨上，可以看到外科手術的痕跡（後頭部）傷口已經痊癒。

到底是同時埋葬，還是有時間差，關係到殉葬這個解釋是否合理的問題，也是進行挖掘調查時應該謹慎討論的問題。不過，合葬墓的話，原則上被葬者一定是男左女右的配置。還有，墳墓的構造、陪葬品的數量與種類，男性基本上都優於女性。

關於合葬墓，從性別上來看的話，基本上是男女合葬的，而合葬者之間的關係與其說是兄弟親人，更可能的是有婚姻關係的男女。這種男性在婚姻家族中處於優位的現象，可以解釋為這個階段已經有男尊女卑的社會差距了。以父系血緣組織為單位的社會差距已經開始了。

又，大汶口文化中期的江蘇省新沂市花廳遺址有十座大型墓，其中八座內的被葬者除了墓主外，還有殉葬者。例如花廳遺址二〇號墓裡，男性被葬者的腳的下方，還有一隻狗和兩個少年作為殉葬，與墓主同時被埋葬。這個情形明顯地表現出，階層化社會已經到來了。

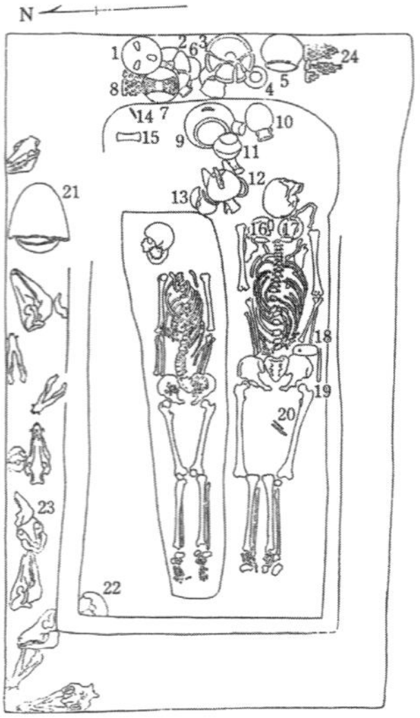

大汶口文化的男女合葬墓　大汶口遺址13號墓。

現在再來說出現在大汶口文化中的彩陶。除了傳統的烹煮器具、鼎以外，還有壺、豆（高杯）等一般性的器種。不過，除了上述之外，鬹、杯或背壺等酒器也很令人矚目。鬹是溫酒的器具，杯是盛酒與飲酒的器具。所謂的背壺是，壺身的一側是平坦的，扁壺身的一側是鼓起成壺狀，兩者都是盛酒的器具，因為有一側是平面的，可以直接接觸身體，便於攜帶。

還有釀酒用的大口尊。大口尊是器壁厚實的甕。大口尊上面會有形狀如火焰或斧的記號，這個記號很可能是各個氏族的標識，用來證明自己與祖先神之間的關聯。

大口尊由男系首長直接管理，以酒為媒介，利用醬、杯、壺等器具來進行儀式。男性首長也是掌握巫術或醫術的人，他所掌握的醫術或巫術可以介入儀禮的行事之中，藉此提高男系首長的權威，促成群體的團結。大口尊上的文字記號是與神溝通的信號，在男系首長的管理之下，男系首長可以藉著祭祀祖先神的儀式鞏固群體的團結，並可能藉此達到強化生產的目的。

不過，若從統計的角度來看大汶口中期、後期的代表性陪葬品，應該就會發現陶器的陪葬品中，以酒器居多！尤其是大汶口文化後期，那時以高嶺土窯燒而成的白陶十分普及。使用白陶的酒器大多是鬹或盉，是有高級感的陶器。在這個階段裡，白陶成為首位的陶器。

以酒器為中心來舉行祭祀儀式的大汶口文化中期與後期，大汶口文化的分布範圍往西擴展，影

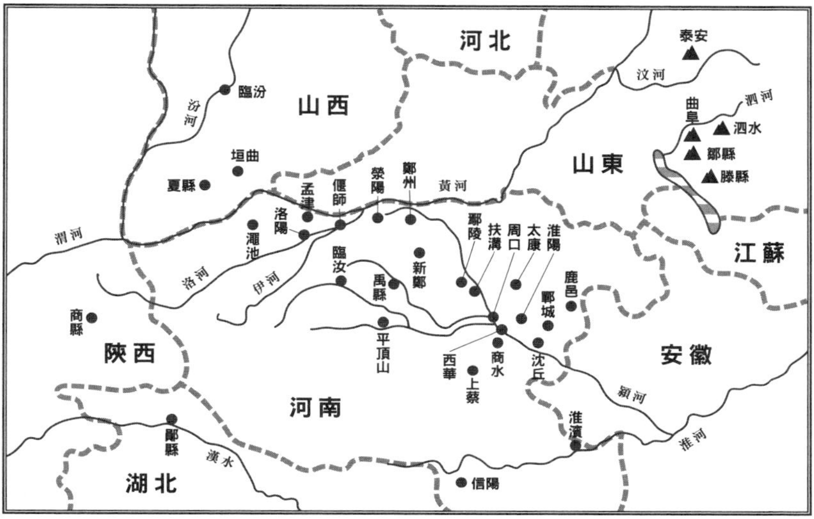

往大汶口文化的西邊擴展（杜金鵬1992年繪製） 大汶口文化後期時，大汶口文化的分布圈已經擴大到淮河上游流域等河南省西部了。（▲是典型的大汶口文化遺址。■是受到大汶口文化影響的遺址）

響所及到了黃河中游流域。位於河南省鄭州的大河村遺址，也可以看到這個文化領域的痕跡。大河村遺址是仰韶文化王灣二期（大河村四期）的文化系統，但是也吸收了扁壺等具有大汶口文化特徵陶器。另外，大河村遺址也有因為外婚而來的大汶口人的墳墓，但與仰韶文化王灣二期人的墓地是區隔開來的，可見當時的情況是一邊固守著氏族或部族的血統，另一邊也會與外族的人通婚、混血。

大汶口文化後期，聚落規模已分為三個等級

新石器時代後期的大汶口文化後期時，社會就像上述的那樣，以男系氏族為中心，社會的階層差距逐漸擴大了。從墳墓的構造與陪葬品的組合，就可以了解到這一點。從新石器時代後期的大汶口文化後期到山東龍山文化期，血緣家族單位的階層

差距，也就是說以氏族為單位的階層差距更加擴大了，這是以氏族為單位的地域群體決定優劣的階段。

從平面圖看大汶口文化後期的安徽省蒙城縣尉遲寺遺址，可以看出這是一個橢圓形的環壕聚落，環壕的內部有地面式的住屋，住屋一間間排列連結在一起，是所謂長屋式住屋。這個環壕內共有十二組長屋。這種長屋式的住屋，常見於以淮河流域為中心的區域。在敘述黃河中游流域時就已經說過了，這種長屋式的住屋與家族的擴大有關，也反映出聚落是以相同血緣關係的群體為單位的事實，證明血緣關係是這個階段的社會基礎的證據。

山東大學的欒豐實教授認為在大汶口文化後期的階段時，聚落規模已經形成了三個等級的階層構造。到了新石器時代後期的山東龍山文化時，用城牆保護聚落的城址遺址，也在山東地區出現了。從城址遺址的規模來看，所謂的三個聚落等級是：有規模大的、處於中心位置的城址遺址，和宛如衛星城般圍繞在大規模城址遺址旁邊較小的城址遺址，以及沒有城牆的一般聚落。這三個等級的聚落其各自數量，應該就像金字塔型的階層構造。

區域群體以包括祭祀祖先在內的信仰為核心，把統合區域間的群體為目標，開始統合包含有政治性同盟關係的群體。在這個時候的祭祀活動裡，大汶口文化之後的鬹、杯等酒器負擔了重要的任務。還有，區域群體間的摩擦，促成了防禦用的城牆的發達，被稱為鏃的戰鬥用的箭，也成了大型的武器。

在大汶口文化階段之前，首長的墳墓也和一般人一樣，同樣葬在群體墓地區。不過，此時的區

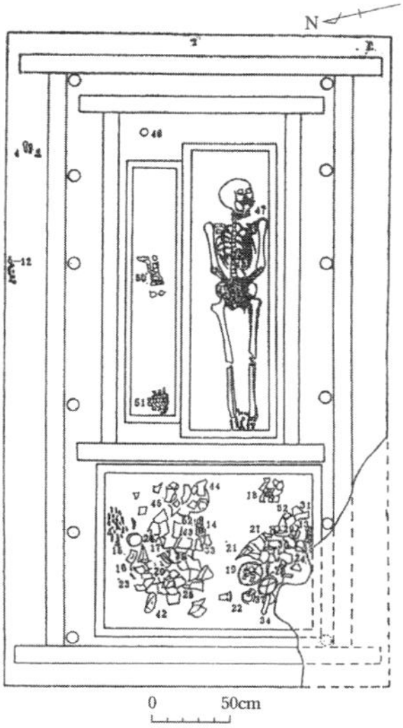

朱鳳1號木槨墓。

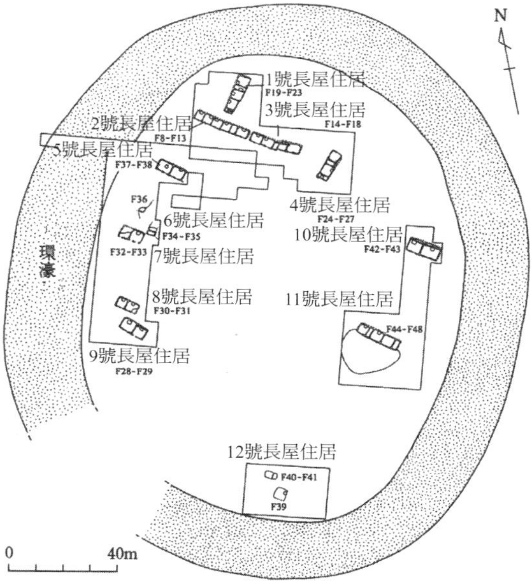

安徽省尉遲寺遺址的聚落。

域群體首長的墓就像山東省臨朐縣朱封遺址般，獨立於群體墓地區之外。也就是說，在階層差距化的進展中，首長的墓不再安置在之前以氏族為單位的群體墓中，首長的墓與一般成員的群體墓分離，形成新的墓區，而墳墓構造、墓中陪葬品，也與其他的墳墓大不相同。從朱封一號墓、二〇〇二號墓、二〇〇三號墓等首長墓群的形成，就可以看到這一點。

王油坊類型一直被認為是河南龍山文化之一的區域類型，被發現於河南省東南部的淮河流域。就像王油坊類型也被稱為造律台類型一樣，在認定其特性時，很容易產生混亂的情形。山東大學的欒豐實教授指出：王油坊類型的分布區域在大汶口文化後期的大汶口文化分布區內，其陶器樣式等文化型態，以大汶口文化為基礎，誕生了王油坊類型。但近年來王油坊類型的陶器樣式，也被納入山東龍山文化的

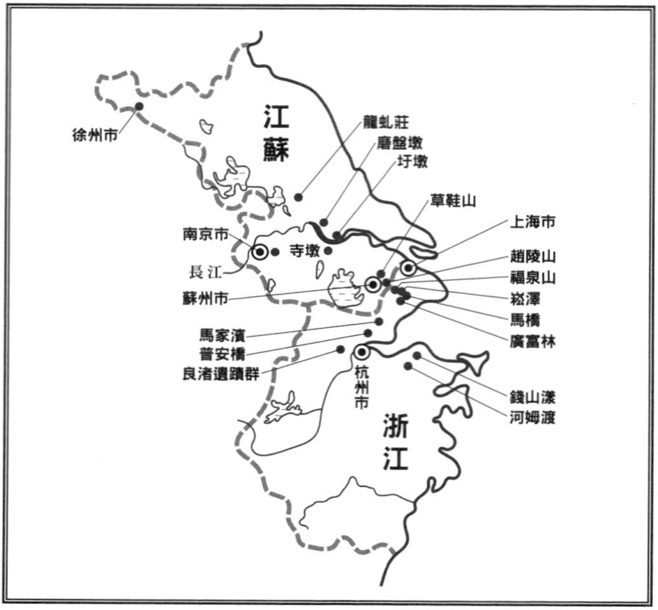

長江下游流域的新石器時代主要遺址。

系統。

還有，王油坊類型的分布領域，也擴展到良渚文化曾極其繁榮的長江下游流域。上海市的廣富林遺址的良渚文化包含層的上方，就有屬於王油坊類型的文化層。這個跡象顯示：當長江下游流域的良渚文化急速衰退後，王油坊類型便從淮河往南擴展了。

就這一點來看，關於山東龍山文化的領域擴展，東邊已經從到山東半島頂端擴展遼東半島頂端，西邊也從河南省西南部的淮河上游流域，分布到長江下游流域。這樣的新石器時代晚期的文化型態，在後來誕生於商周社會的二里頭文化時期裡，對二里頭文化的文化要素有很重大的意義。這件事我們會在後面的章節再加以敘述，請讀者們暫且記住這一點吧！

馬家濱、崧澤、良渚文化

長江下游流域的新石器時代早期遺址很難確認。原因是這個地區瀕臨海邊，從冰河期的更新世到全新世時，由於氣候暖化，海面上升，這個區域的地形環境在海面達到最大最高期的前後，有著很大的變化。

例如位於上海西邊的西湖。這個地方在更新世的時候是谷地，但全新世來臨時，海面上升，海水湧入，在這個地方形成海灣。西元前四千五百年，最大最高海面期結束，海水消退，海灣變成沙洲，再經過沖積作用而陸地化，海灣被封閉起來，形成湖泊，直到現在。這個湖泊就是太湖。太湖周圍的遺址中，例如草鞋山遺址，被認為遺址的最下層，應該始於西元前四千年之後，這是地形環境安定化以後的遺址。在這之前的遺址就算曾經存在，也消失不見了。

發現稻作栽培的河姆渡遺址與發現水田的草鞋山

曾經出土大量稻穀的浙江省餘姚市河姆渡遺址也有同樣的情形。河姆渡遺址是長江下游流域最古老的遺址之一，這個遺址的文化層下面，存在著青灰色黏土狀的海成層，從有孔蟲或珪藻化石的分析，可以知道這個地方在西元前六千年曾經是海灘或河口地帶，在這個階段之前，海水曾經來到遺址附近，海水消退後，地形環境安定化了，人類開始利用這個地區，形成日後的河姆渡遺址。

河姆渡遺址是新石器時代的遺址，也是西元前五千年到西元前三千三百年的遺址。河姆渡遺址開始於最下層的第四層，遺址周圍湖沼眾多的原因，就是前面說過的地形環境因素，這樣的地形環境正好適合稻作栽培。那個年代是新石器時代中期開始的，約西元前五千年到西元前四千五百年。

河姆渡第四層出土的大量稻穀大部分是栽培稻種，不過也存在著一部分的野生稻種。這顯示隨著稻作栽培的集體化過程中，在多湖沼的環境中，也存在著野生稻的自然區塊，而且也有可能被人類採收。這個階段裡水田還沒有出現，人們應該只是利用自然地形與季風氣候，及可以稱之為天水田的谷地地形來栽種稻子。

由於湖沼眾多，採收菱角當作食物也很普遍，捕捉棲息在湖沼周圍的小動物，或湖沼中的漁獲，也是生活中的重要活動。另外，因為生活環境屬於溼地性，所以居住的住屋構造比較特殊，是高床式的住屋。這樣的生活形態與華北地區大異其趣，這一點是讀者能夠實際感受到的吧！

水田的開始應該是以稻作農耕集體化為指標吧！這個區域至今發現的古老水田，就是江蘇省吳縣草鞋山遺址。因為我也曾參加這個地方的挖掘調查，所以對我來說，這裡是我特別有感覺的遺址。這裡的水田分為兩大區，依自然地形的傾斜，長約二到三公尺的圓角方形淺土坑並排成列，這些土坑的旁邊是灌溉用的水路，水路的途中設有蓄水的井。水路與土坑連結，土坑與土坑之間又藉著水口連結。大量植矽體與碳化米就從那些個水坑裡出土了。從這樣的狀況看來，擁有這種灌溉設備的遺址，應該就是初期的水田了。

這次挖掘調查的主辦人之一是宮崎大學的藤原宏志榮譽教授，從栽培在遺址附近，和稻子一樣同屬禾本科的茭白田，想像了遺址當時的水田風景，覺得兩者的風景應該很相似。沿著小河排列延伸的茭白田所展現的，就是草鞋山遺址的水田風景吧！

這個時期的墳墓以江蘇省常州市圩墩遺址較為人知，從男性的陪葬品是鹿角靴形器，女性的陪葬品是紡錘車看來，這是一個重視性別差異的時代。鹿角靴形器物如其名，是用鹿角做的，像靴子一樣的器物，但目前還不知道這個器物的用途是什麼。因為是在男性被葬者的腳下發現的，被認為可能是裝飾品。

此外，從遺址中出土的人骨資料來判斷，可以知道當時在舉行成人禮時有拔牙的習俗。這個拔牙的習俗有一定的規則，只限拔上顎的中間與側前齒。不過，就拔牙的形態來說男女有別，女性拔的是上顎右側的兩顆前齒，男性拔上顎左側的兩顆前齒。還有，埋葬的位置上也有所規定，雖然不是完全不變的規定，但大致上會依性別分東西方向排列。

新石器時代中期的馬家濱文化階段，社會上以男女的性別差異為基礎單位，不同性別的社會性分工情況十分普遍。

這個階段的稻作農耕還處於以採集活動為主的延長線，所以稻作農耕的主要勞動對象是女性。這時的稻作農耕，恐怕只是包括狩獵採集在內的多角經濟活動項目中的一項，還沒有明確成為經濟主體。這個階段應該還是以男性勞動為主，偏重於狩獵或漁撈等經濟活動的時期吧！

出現結合女性勞動力與男性勞動力的集體化農耕

到了新石器時代中期後半的崧澤文化期，社會形態從以男女性別差為基礎單位的狀態，轉移到以血緣家族集團為基礎單位，是強調血緣家族的階段。從上海市青浦縣崧澤墓地在不同時期的變遷，就能夠看出這一點。崧澤第二期墓地由三個墓群組成，這些墓群間的陪葬品組合或數量有等級差，這是與圩

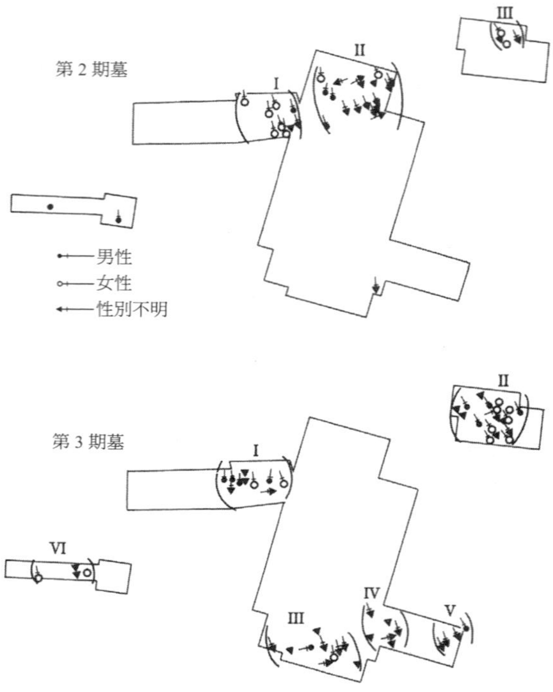

崧澤墓地的變遷　從第二期墓到第三期墓的變遷，可以看出墓群單位的階層差距。

墩墓地不一樣之處。三個墓群中，一號墓群的陪葬品相對地比較豐富，而且被葬者多是女性，可見男女性別差在這個階段，仍然是被重視的要素。不過，到了崧澤第三期墓地時期，已不見墓群有性別上的偏差情形，倒是整個墓群的陪葬品組成與數量上的差異，變得明顯了。從其他區域的社會組織變遷看來，這個墓群是以血緣關係做連結的群體單位，這樣的想法應該是合理的。

在這個時期之前，用於土木作業或田裡作業的農具，大抵是用動物的骨頭或角，或木製的鏟子形狀農具。但從崧澤文化期開始，新的耕耘器具——石犁出現了。犁是播種前翻土的工具，最初拉犁翻土的，應該是人力吧！那麼，能夠拉犁翻土的勞動力量，一般認為來自男性。原本以女性為主體的稻作農耕，在組合男性的勞動力後，形成了有組織性的集體化農耕。

這個有組織的群體，就是前面說過的，以血緣關係做為連結的單位群體。當群體單位變成勞動單位後，群體單位便產生變化，單位間出現了等級差距，促成了社會的進化。這關係著稻作農耕的經營單位問題。對結合女性勞動力與男性勞動力的集體性農耕而言，支持著這個集體性農耕的經營單位很重要。而以婚姻家族為基礎單位的血緣群體——也就是氏族單位，大概就是稻作農耕的經營單位。由於每個經營單位的收穫量不同，氏族間因此也產生貧富差異。血緣群體單位間的貧富差異，會反映在墳墓的內容裡。

還有，集體性的稻作農耕的進展，會顯示在稻子的形態變化上。

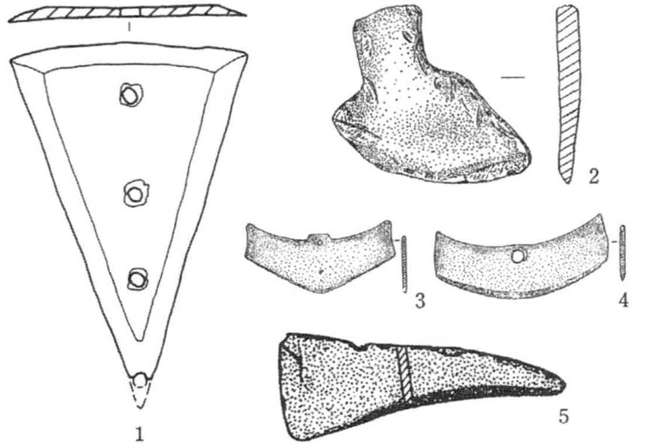

良渚文化期的農耕石器　1.石犁（煙墩山遺址）2.破土器（孫家山遺址）3、4.耘田器（孫家山遺址）　5.石鐮（綽墩遺址）

根據江蘇省高郵縣龍虬莊遺址的層位資料，明確地表現出新石器時代中期的稻子階段性形態變化。也就是說稻穀逐漸變大了，尤其是第四層的崧澤文化期時，稻穀的顆粒大幅度地大型化，其大小已經接近現代的栽培品種。稻穀的大小變化也可以說是與集體稻作農耕的出現一樣，是一種人工的現象。

從新石器時代中期到後期的良渚文化，是集體稻作農耕更進一步發展的階段。從遺址出土的動物骸骨分析，也可以見證農耕的進展。良渚文化時期之前，從遺址出土的動物骸骨，大部分是包括鹿等動物在內的野生動物，但到了良渚文化時期，出土的動物骸骨中，豬等家畜的骸骨比例，大幅地增加了；從這一點也可以看出農耕的進展。伴隨著農耕的石器，例如收成用的石鐮普及了，但是用來切割穗根部的石刀卻沒有普及，所以有學者認為：石鐮應該就是用來切下稻穗根部的鐮刀吧？良渚文化前期的浙江省湖州市錢山漾遺址第四層，出土了被稱為「千篰」的道具，那是用於攪和田裡的水與泥的工具。金澤大學的中村慎一副教授認為：由於「千篰」與前面提到過的、用來割下稻穗根部的石鐮一起出現，所以可以想像當時已經出現有田埂圍起來的平坦水田了。相對於草鞋山遺址的水田接近天水田的形態，集體農耕應該始於真正的灌溉水田出現的時候。

此外，良渚文化期也出現了被稱為破土器或耘田器的定型化石器。這些石器雖然是別的區域沒有的器具，但是它們是一般性農具的可能性非常高；石犁是翻土的器具，「千篰」是在引了水之後的水田裡攪和水與土的器具，石鐮是收穫用的器具，還有至今還是不太清楚用途的破土器或耘田器，都是農具。從這些農具的存在，我們可以想像當時的勞動程序，並且這種已經分化的勞動程序，支撐著水田農耕的全年勞動形態。

集體式水稻農耕出現後，由於食糧的生產量提高了，於是人口也隨之快速地成長。這是不難想像的情形。而實際上的情形也確實如此，因為良渚文化階段的遺址數量，的確比以前增加了不少。還有，因為勞動的基礎單位就是血緣群體的可能性很高，所以血緣群體在勞動組織化的推動下，進入了社會組織化的階段。如前面所說的，當每個稻作農耕的經營單位的生產量有差距時，做為經營單位的血緣群體——也就是氏族間也會出現差距，社會階層化就是由此產生的。

階級高者的墳墓，多有大量隨葬玉器

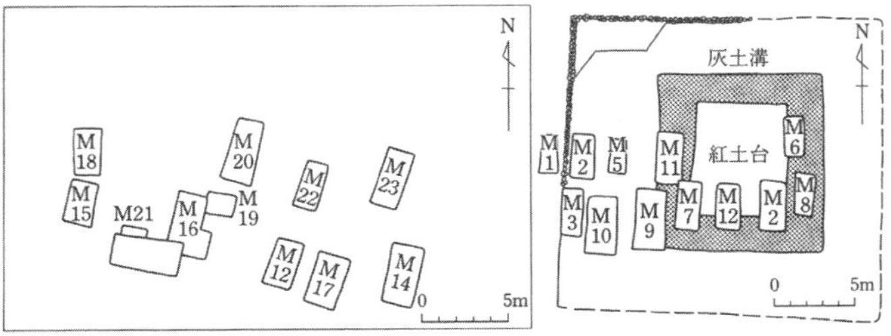

祭壇土墩墓　右邊是反山土墩墓，左邊是瑤山土墩墓。

從墳墓的構造可以了解社會的階層化。土墩墓也是在良渚文化階段形成的。這個土墩墓並不是為特定的個人而建的墓，從墩內有多個墓葬的這個特徵看來，土墩墓應是特定的群體墓。就像在新石器時代中期後半的崧澤墓地也能看到的一樣，土墩內可以看到單位群體間的差距。也就是說，存在於家系單位中的身分差距，以更明確的形式展現在土墩墓中。在調查浙江省桐鄉市普安橋遺址時，可以很清楚地看到，土墩由一個個像土饅頭般的墓葬築成，最後形成大圓丘般的土墩墓。像崧澤墓地那樣的、由一個單位群體在特定的場所築墳，這個場所最後就會變成這個特定群體的群體墳墓，形成土墩墓。由於土墩墓是由原來的墳墓聚集而成的，所以也稱為原有土墩墓。

此外，除了上述的原因而形成的土墩墓外，還有原本是祭壇圓丘，後來變成特定群體墓的土墩墓。圓丘內發現了商周時代被稱為燎祭時用的燃燒土壇，土壇周圍有著方形溝。良渚遺址群中的浙江省杭州市餘杭區反山遺址、瑤山遺址、滙觀山遺址的土墩墓都是後者，這類土墩墓也被稱為祭壇土墩墓。

而上海市的福泉山遺址、江蘇省昆山市趙陵山遺址、江蘇省常州市寺墩遺址等，很有可能是像普安橋遺址那樣，屬於原有土墩墓與祭壇土墩墓的混合型土墩墓。不過，祭壇土墩墓內的墳墓陪葬品的內容與數量，遠比普安橋型的原有土墩墓的陪葬品更豐富，可見兩者之間有階層差距。又，祭壇土墩墓是良渚文化中期之後出現的土墩墓，是社會進入階層化以後的上層階級者的墓。

在上層階級者的墓內陪葬品中，最令人矚目的就是玉器的數量相當多。可以見到的玉器有：上面彫有獸紋的玉琮、可以做為武器的玉鉞、避邪用的玉璧等等。玉琮是外側方柱狀，內側刨成圓柱的筒形玉製品。因為玉琮是中空的，所以被認為是用來與天神和地神進行溝通祭祀的器具。

玉璧是中間有圓孔的圓盤形玉器，做工精緻，形狀特殊，象徵著當時的宇宙觀，和玉琮一樣是祭祀器具。又，玉琮的外側刻有髮雕般非常精細的神人獸面紋。而且，這樣的紋樣有時也會分成數段，雕刻在長方柱形的玉琮上。京都大學榮譽教授林巳奈夫先生認為：良渚文化的獸面紋，就是商周社會的青銅器上饕餮的原形。至於玉鉞，就是照著武器的鉞的形狀，做成的玉器，應該是代表軍事權的一種信物。

王權社會尚未成形，尚處於首領制社會的良渚文化

瑤山或反山土墩墓的墳墓分布，是排列配置的，而每一列的陪葬玉器內容並不相同。例如：瑤山土墩墓有南北兩列墓群，北列與南列的陪葬品是有區別的。南列的陪葬器物有玉琮、玉鉞、三叉形冠飾，北列的陪葬器物是玉璜或紡錘車。遺憾的是由於被葬者的人骨已經腐朽，沒有辦法進行體質人類學上的鑑定。不過，從南列有特殊的玉琮做為陪葬品而北列沒有的這點看來，南北是排他性的墓列關係。這種不同空間的配置，原因可能就在於男女的性別差。因為玉璜或紡錘車等陪葬品，在崧澤文

化階段時，是女性墓的陪葬品，可見直到這個階段，男女的性別差是墓葬時出現差異的重要因素。

擁有玉琮、玉鉞、三叉形冠飾等陪葬品的，是南列的男性墓，可知男性就是執行祭祀權、軍事權與首長權力者。不過另一方面，因為有男性與女性被有規則性地埋在同一土墩墓，顯示這些群體存在著血緣關係等的一定群體關係。若真是如此，那麼良渚文化的階層構造應該也和其他區域一樣，是以男系為中心的血緣關係為單位，進而發展到階層社會的。這樣就可以解釋男系掌管祭祀與軍事，並握有首長權的情形了。

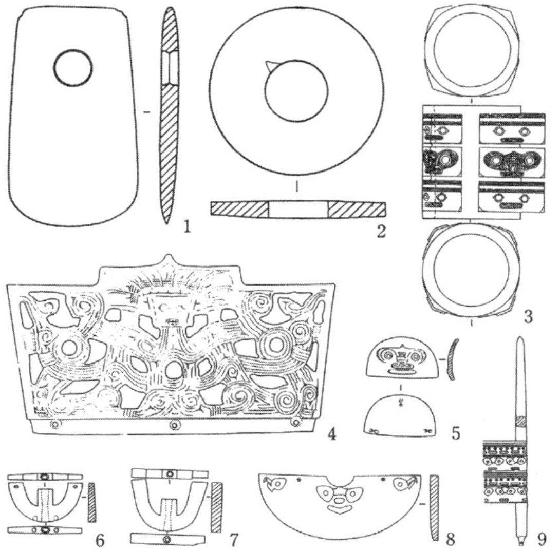

反山土墩墓出土的良渚文化玉器 1.鉞 2.壁 3.琮 4.冠狀飾 5.半圖形冠狀飾 6、7.三叉形冠飾 8.璜 9.錐形飾

在良渚遺址群裡，位於遺址群的中心位置處，有一個東西七百六十公尺，南北四百五十公尺，高十公尺的超大人工土台，這裡就是莫角山遺址。莫角山遺址人工土台的上面還有大莫角山、小莫角山、烏龜山土台，這三個土台的中間有大型版築的建築基壇和最大直徑達六十公分的柱穴建築遺址。不清楚遺址上的建物具體架構如何，但是，這個地方很可能是祭祀空間或是集合族人誓言團結的場所。而以這個祭祀空間為中心的，是圍繞在周圍的土墩墓。

這樣的遺址是否全部是在良渚文化時期裡完

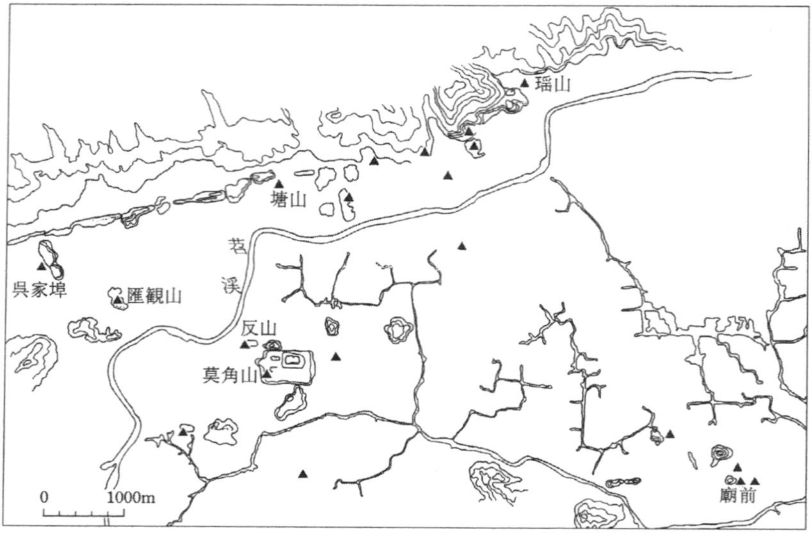

良渚遺址群的遺址分布　▲表示遺址。以莫角山祭祀遺址為中心，其餘遺址分布在周圍。

成的呢？目前還是一個問題。不過根據金澤大學的中村慎一郎教授的復原工作，雖然現在資料並不齊全，但這裡存在著土墩墓的可能性很高，可以認為良渚遺址群是在良渚文化全時期裡非常繁榮的遺址群。和後來的商代殷墟一樣的，圍繞在相當於祭祀空間或宗廟的莫角山遺址與其周圍的土墩墓，是上層階級者家族墓的土墩墓，而離莫角山越遠的土墩墓，則是社會階層較低者的家族土墩墓。或許殷墟也有著相同的階層構造。

還有，太湖周圍各個區域都發現了良渚文化期的土墩墓，表示各區域單位存在著首長階層。而用以證明首長墓存在的，是土墩墓與陪葬在墓中的玉琮、玉璧或玉鉞。前面提到過的反山土墩墓二〇號墓中，總計有五百四十七件的大量玉器，可以想像這個墓是反山土墩墓中，地位最高的首長的墳墓。玉琮等玉器是代表威信的物品，擁有數量的多寡，代表被葬首長的權威強弱。

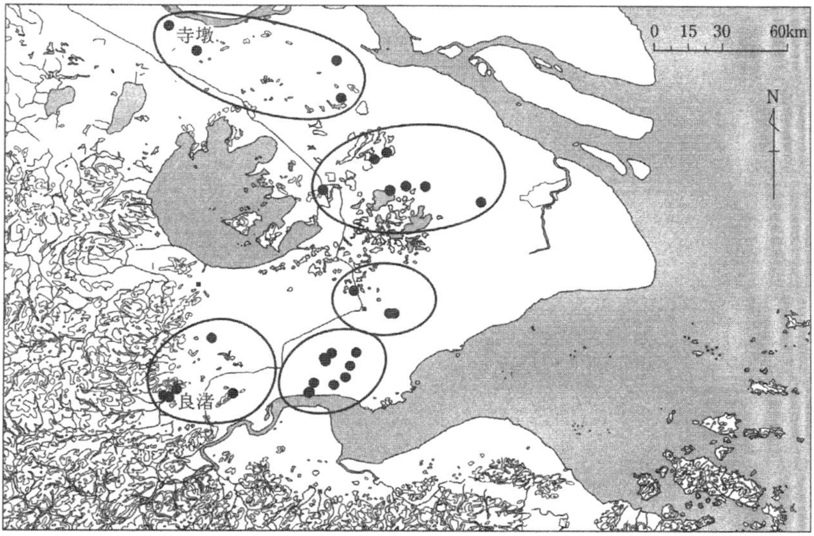

環繞著太湖的良渚文化遺址　從有土墩墓的遺址分布看來，大湖周圍至少存在著五個集團。

不過，拿象徵威信的玉器擁有數量，進行區域首長間的比較時，還要考慮到在時間的推進過程中，首長層的霸權在區域間移動的可能性。例如良渚文化中期時，太湖南岸的良渚遺址群是最占優勢的，但到了良渚文化後期，霸權就移到了有寺墩遺址的常州地區太湖北岸。這是奈良國立文化財研究所的今井晃樹先生的看法，他認為良渚文化期的區域間關係，絕對不是處在穩定的狀態。

關於良渚文化遺址群，目前被發現的良渚文化後期遺址相當少見，但應當原本是存在的。中村慎一先生認為良渚文化遺址群跨越了良渚文化全時期，代表的就是良渚文化的整體。還有，有些玉琮有被分割的痕跡，有學者認為這是區域首長在進行結盟時，切割了象徵咸信的玉琮，讓結盟的首長各執其一的關係。

問題是：這些玉器是被統一生產、管理，然

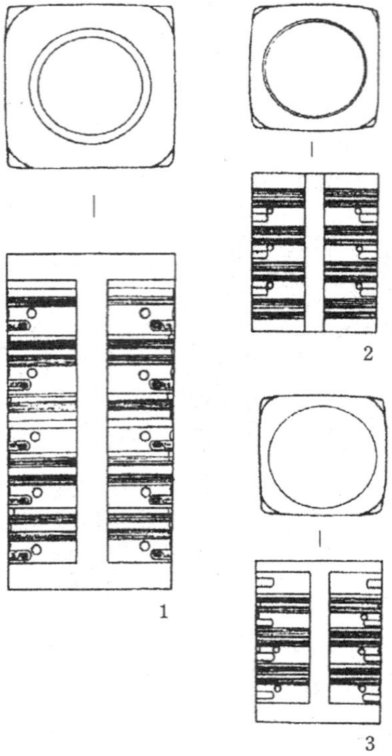

被分割的玉琮　在浙江省餘杭市橫山遺址二號墓出土的玉琮之中，1是完整的玉琮，2的玉琮最下面的獸面紋沒有眼與口，3的玉琮最上面的獸面紋沒有眼。後二者是切割後的玉琮。

後統一分配給區域首長的嗎？已經被發現的玉器製作場所有良渚遺址群中的塘山遺址、江蘇省句容市丁沙地遺址。另外，在常州地區的磨盤墩遺址附近，發現了從玉琮內側挖下來的廢材部分——也就是所謂的玉芯，因此，在這個遺址裡有玉器製作所的可能性很高。由此看來，玉器未必是統一生產、管理的東西。

這一點與後面會提到的二里頭文化，或二里崗文化期時的青銅禮器生產情況不同。

在良渚文化期，太湖周圍出現了以男系血緣單位為中心的階層構造，階層高的區域首長擁有玉琮等玉器，可以把玉器贈予階層較低的區域首長，並以祭祀和政治系統建構出彼此的同盟關係。獲贈得到玉器的區域首長，大概也會在自己區域內進行玉器的贈予，將玉琮分割給區域內的成員吧！太湖南岸的良渚遺址群是良渚文化早期的主導者，但到了良渚文化後期，玉材枯竭，贈予玉器的活動難以持續，霸權變得難以掌握，政治勢力也變得不安定起來。太湖北岸的常州地區的寺墩遺址，其勢力此時相對地強大起來了。

不過，像這樣的區域單位首長雖然形成，區域間的首長勢力也出現了強弱之別，但強弱的現象時有輪動，還不能達到形成王權的階段，所以說良渚文化期的社會，還是首長制的社會。

良渚遺址群至少在良渚文化中期時，是良渚文化的主體，從莫角山遺址等建築遺跡，可以看出此時已有藉著祭祀活動促成社會群體團結的痕跡，可見宗教祭祀國家的原形，已在此時形成了。如果說商周社會青銅彝器上的饕餮紋的原形，就是玉琮上的獸面紋的話，包含二里頭和二里崗文化的祭祀活動的祭祀政治權力原形，或許就在良渚文化之中。

儘管良渚文化促成了發達的首長制社會，但是，隨著這個文化的突然消褪，文化精緻度較低的馬橋文化取代了良渚文化。至於良渚文化為何會突然結束，最有力的說法是大規模的水災等自然災害造成的。西元前三千年的中期階段，氣候突然變冷，這個氣候變化很可能帶來大規模的洪水災害。已有數個遺址調查案例顯示：良渚文化遺址的包含層上，覆蓋著一層厚厚的沖積層。

然而更重要的是：自然災害讓稻作農耕的收成急速減少，接踵而來的就是社會發生變化時，以玉器為代表的祭祀政治權力無法維持社會秩序，這才是良渚文化衰退的重大因素吧！以祭祀政治或軍事權力為基礎的良渚文化首長制體系崩壞了，所以良渚文化走向了結束之途。

在逐漸衰退的良渚文化的周邊區域，例如上海市的廣富林遺址，可以看到從淮河流域擴展來的河南龍山文化王油坊類型的痕跡。良渚文化之後的馬橋文化時期，使用打印的技法，展現陶器紋樣特徵的印紋陶已經普及了，所以不少學者把這一現象解釋為：馬橋文化繼承了包括印紋陶文化在內的，從華南等地的南方往北傳遞的異質文化系統。一般的說法就是：趁著良渚文化衰退之際，南方來的新文化北進了。

馬橋文化中的某一部分與良渚文化是有接續性的，例如馬橋文化中的石刀等農具，與其說石刀等農具是從南方來的文化產物，我倒認為是繼承了北側的王油坊類型系統的文化產物。馬橋文化受到注意的不只印紋陶的發達，還有使用高嶺土高溫燒製的原始瓷器。第十章將會詳細敘述在二里頭遺址發現的原始瓷器。我認為江南與中原的關係，與二里頭文化之前的河南龍山文化王油坊類型擴散到長江流域息息相關。

希望讀者們能把我以上的推測暫時先留在記憶的角落。另外，我也認為王油坊類型中，製作陶器的格子打印技法，是讓印紋陶發達的基本技術。因此，可以想見王油坊類型在往南擴展時，同時也接受並延續了良渚文化的系統，形成了馬橋文化。這是我個人的看法。

彭頭山、大溪、屈家嶺、石家河文化

以特殊人物像或動物像作為特徵的石家河文化的玉器

長江中游流域極有可能是稻作農耕開始的核心地區。新石器時代前期的彭頭山文化就是湖南省的澧水流域文化，在湖北省則稱之為皂市下層文化。兩地的文化都是由有繩蓆紋的釜、壺、缽等陶器組成的文化；不過，皂市下層文化的時間稍微晚了一點。彭山文化的八十壋遺址出土了大量的稻穀，中國的農學者認為那些稻穀是栽培稻，但因為稻穀的穀粒相當小，所以中村慎一先生懷疑那是野生稻。不過，不管是栽培稻還是野生稻，都被大量收成，然後貯藏起來，這點應是無須懷疑的事實。

這個八十壋遺址的聚落周圍有壕溝圍繞，所以是一個環壕聚落，是中國大陸至今為止發現的最古老環壕聚落之一。因為興建環壕是大規模的土木工程，這意味著在此一階段，群體內的組織程度已經相當高了。另外，環壕聚落的環壕，或許有保護採集來的稻穀免受野獸侵擾，安全地保存食物的機能；同時也可能具有防護聚落的機能。

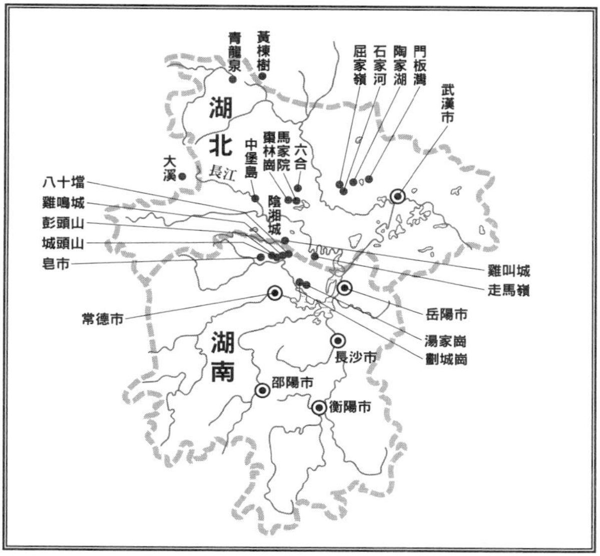

長江中游流域的主要新石器時代遺址。

新石器時代中期的湯家崗文化期（大溪文化並行期）城頭山遺址，也是環壕聚落。城頭山遺址被發現有灌溉溝渠的水田，但這裡的水田，與前面說過的長江下游流域的草鞋山遺址的水田構造不同。這裡的水田有田堤為界，區隔出階梯式的水田區域，是天水田結合水路來進行排水調整的水田。由此看來，灌溉溝渠的存在，是為了順應各地區的地形來栽種水稻所下的功夫。

那麼，初期農耕社會的實際形態究竟如何呢？首先就來看看大溪文化階段的墓地遺址——四川省巫山大溪遺址。大溪墓地有前、後期之分，但都有女性墓的比例高過男性的傾向。在長江下游流域，直到崧澤文化期都是女性墓的比例比較高，但同一時期的黃河中游流域、渭河流域的墓地，卻相反地男性墓比較多。這或許顯示了長江中、下游流域的稻作農耕地帶，是母系社會的可能性。

說到母系社會，雲南的納西族，便是有名的母系社會，是以母系家族做為社會基礎單位的族

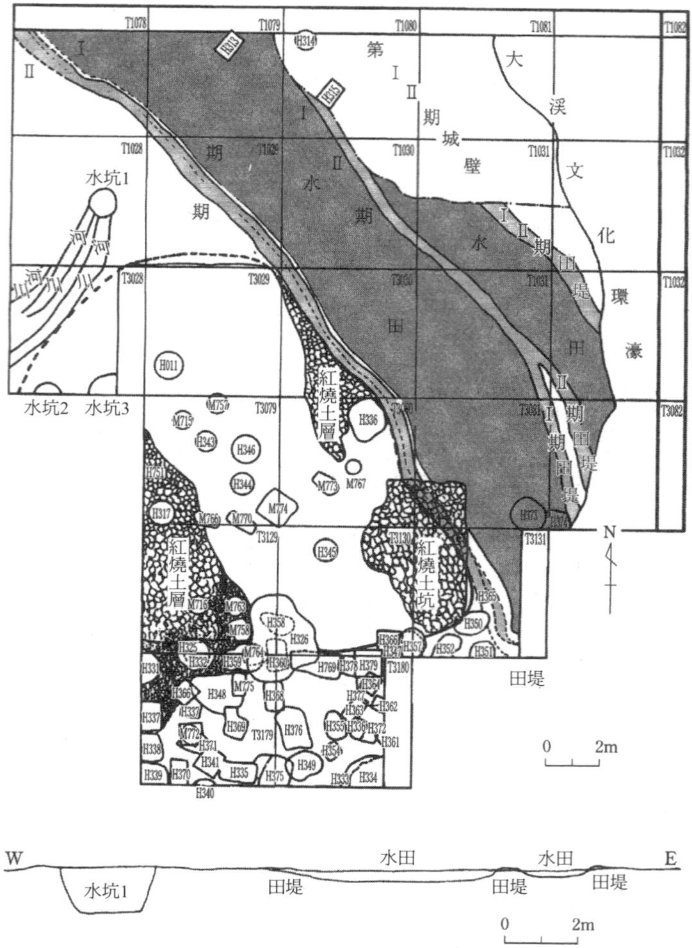

城頭山遺址的水田　假設這是沿著等高線，用田堤區隔而成的階梯式水田。

群。

另外，大溪墓地中的陪葬品以陶器為主，但不像黃河中游流域那樣，在陪葬品的區別上強調性別的差異。在大溪墓地前期，各墓中的陪葬品數目差異並不明顯，但到了後期，就出現了陪葬品數量會有多寡的傾向，顯見群體內對不同的被葬者有不同的待遇。這一點所表示的就是：儘管這個群體內是比較平等的社會，但社會階層還是慢慢的出現。不過，被葬者的差別待遇問題並不是出現在性別不同的點上，所以這個差別待遇可能來自群體內的血緣關係，以血緣關係做為階層分化的基礎。

這種階層分化的更進一步階段，可以在從大溪文化末期開始的，屈家嶺文化階段的湖南省安鄉縣劃城崗墓地看到。這個墓地的埋葬點可分為南區與北區，而且，從吳汝祚先生或後來的北京大學趙輝教授的調查證明，可知墳墓是以縱列的方式排列組合的。趙輝先生認為：這個墓群的基礎單位是一夫一妻的單婚家庭，而淮河流域所見的擴大家族長屋式住屋，相當於該墳墓配置中的縱列的列單位。聚集了這些墓列的墓區，可看作是擴大家族的上部結構，也就是氏族。

但是，還沒有證據可以證明單

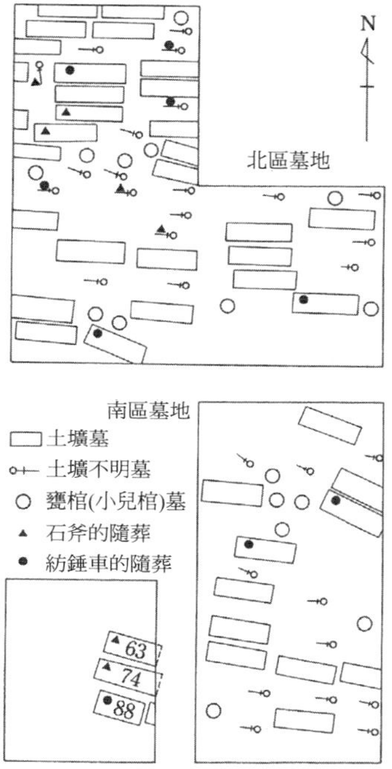

劃城崗墓地的配置　北區墓地與南區墓地中間約隔四十公尺。兩區相較，南區墓地的陪葬品較豐富。

婚家庭就是墓群的基礎單位。因為每個配列單位也是血緣單位，所以從陪葬品的多寡這一點上，就可以了解到那些單位的階層分化較發達。還有，由於分成兩區的墓群，其陪葬品的內容有差距，這表示氏族間的差距也在開始出現。還有，在有血緣關係的單位集團中，存在著可以持有鉞等玉器的族長層級者，可以理解為這是一種多層化的階層進化。此外，同時期的河北省公安縣王家崗遺址或河北省鍾祥縣六合遺址的墓地也一樣，都是同一個墓地裡有兩個墓區。這個階段裡，群體由一分為二的、由兩個半族組合而成的雙分制社會單位，可能已經存在了。

從雙分制群體單位的平等社會開始，稻作農耕的經營單位，也就是以血緣家族為單位的社會，出現了社會差距。在特定血緣關係中產生族長的過程，這也代表了社會的階層逐漸分化，終於形成了階層社會。

能夠從墳墓明確地認定是上位階層者的墓，是新石器時代後期的屈家嶺文化前期階段的事。石家河遺址內的鄧家灣三十二號墓，或肖家屋脊七號墓，都是擁有二層臺特殊構造的墳墓，而且墓內也有大量的陪葬陶器。其中鄧家灣三十二號墓的被埋葬者是一位十歲左右的少年，他墓中的陪葬品除了單刃石斧外，還有四十件以上的陶器，這些陪葬品分別放置在二層臺上和棺內。肖家屋脊七號墓的墓主是男性，墓內有一百零六件陪葬品。

這些相當於首長墓的墳墓，並不位於群體墓地，而是單獨存在於群體墓地以外的地點，藉此說明首長的特殊地位。而且，從這些墓主都是男系首長這點看來，這裡也和長江下游流域一樣，進入父系的階層社會。不過，這裡並沒有長江下游流域那樣的土墩墓。做為區域的特殊動向，石家河文化後期時，以前只用在埋葬孩童時的甕棺，此時出現了大型甕棺做為成人棺，出現在成人墓裡。這些就像肖家屋脊遺址一樣，在敲開石家河遺址聚落的特定地點裡，存在著可以埋葬特定個人的場所。從這個階段起，開始有石家河文化特有的玉器做為陪葬物，讀者們應能從這一點，了解到這些成人被葬者是社會內的特定階層吧！

不過，石家河文化玉器的形態上不同於長江下游流域良渚文化的玉器。石家河文化玉器，多是特殊的人物像或動物像。

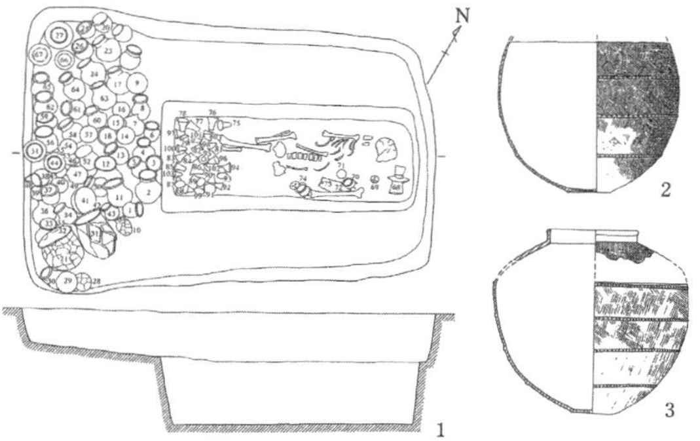

長江中游流域新石器時代後期的首長墓　1是肖家屋脊7號墓　2、3是肖家屋脊6號甕棺墓

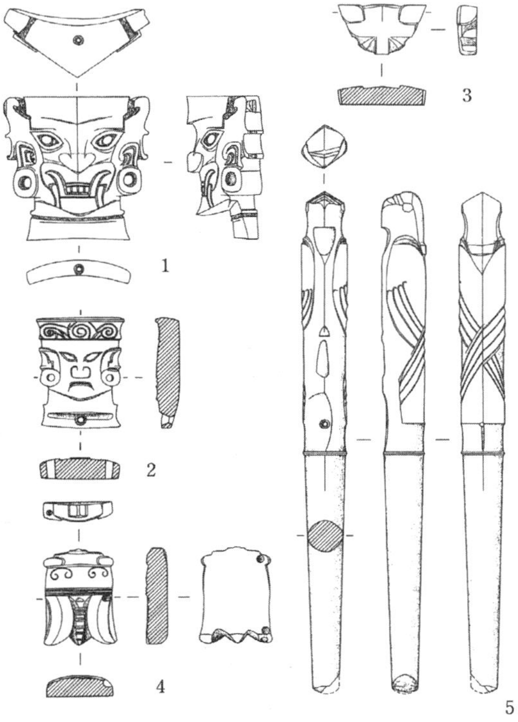

石家河文化的玉器　1、2.人物像　3.虎　4.蟬　5.鷹

用整塊玉做的立體雕刻人物像，佩帶圓形的大耳環、圓鼻子、眼尾向上、牙齒外露的特色，而且頭戴頭飾。動物像的特徵為多類似蟬或鷹的模樣。一個區域以這樣的玉器作為該區域的威信物，大型甕棺就出現在擁有這樣威信物的特定階層成人墓中。

說到成人甕棺墓，有些讀者或許會想到彌生時代日本列島的九州北部，也有成人甕棺墓！相對於普遍存在於世界各地的孩童甕棺墓，某些個區域出現變異性的成人甕棺墓，而且出現的地點還與孩童甕棺墓並無相互關係，這是令人深感趣味的現象。不過，石家河文化的甕棺墓是將成人的遺骸安置到甕棺中，再一次埋葬的二次葬墳墓。這樣的成人甕棺墓也見於其他地方，例如湖北省荊州市棗林崗遺址，或湖北省鍾祥縣六合遺址，並且有特殊的玉器做為陪葬。

以棗林崗遺址來說，離此遺址往東兩公里左右的城址遺址，就是陰湘城遺址，此一聚落的特定階層們，以成人甕棺的形式，與其他群體分開埋葬。從特殊墓葬構造的甕棺、玉器等威信物的厚葬之風，並且和一般階層者分開、占地獨立埋葬的墓葬變化，都可以解讀出一個區域進入階層社會的狀態。

前面說過了，大溪文化階段時，擁有水路的水田已經存在了，不過當時石製的農耕工具，還不是很發達。在這個階段裡，加工貝殼的側緣做成貝製鐮的收穫工具已經存在，但做為農耕器具的石器並不發達。不過，就某種意義來說，此時可能也存在著不容易遺存的木製或骨角器的農耕具。不過，對照長江下游流域的崧澤文化或良渚文化出現新的石製農耕具，長江中游流域在屈家嶺文化之後的石刀普及程度，並不被認為新的石製農耕具已經被開發出來了。另外，做為收穫工具往北分布的石刀，就像是呼應屈家嶺文化上溯到漢水流域一樣，這是和黃河中游流域的新石器文化接觸後而被引入的石器。總之，像長江下游流域一樣能夠顯示集體性農耕化的石器生產，現階段還在長江中游流域找不到。

長江下游流域因男女合作勞動而誕生集體式農耕，此事前面已經說過，不過，長江中游流域還沒有出現足以描述社會發展的證據。即使從墓葬分析來看，從大溪文化到屈家嶺文化，都被認為是等質性的平等社會。

長江中游發現擁有兼具防洪功能的巨大城牆遺址群

彭頭山文化期時，長江中游流域的房屋構造被發現是半地穴式的，但是，自從大溪文化以後，一般的房屋都是立壁的地面建築。立壁式的房子是指在房子的牆壁基部先挖出溝狀的基槽，在基槽上打下柱子，做為牆壁的芯，然後垂直交叉細木或竹子，編織成格子狀的骨架，再塗上泥土成牆。築好的牆與房子地面都必須用火燒烤變硬，提高防溼的效果，成為堅固的房子牆壁。

我在參與陰湘城遺址的挖掘調查時，曾經挖出過屈家嶺時期的地面式住屋，經過燒烤後的土牆與地面硬得像燒陶器的窯壁，用挖掘用的鍬敲打時，完全不見裂痕。我還很清楚地記得自己當時的驚訝，並且深刻地覺得：能夠把土牆和地面燒得那麼堅硬，一定是用了相當大的火力。

屈家嶺文化時期，像這樣的地面式房子裡，已經出現複室的構造。河南省淅川縣黃楝樹遺址或湖北省鄖縣青龍泉遺址等，都可以看到用隔牆隔成兩室的房子，而且每室各有各的出入口和爐灶，

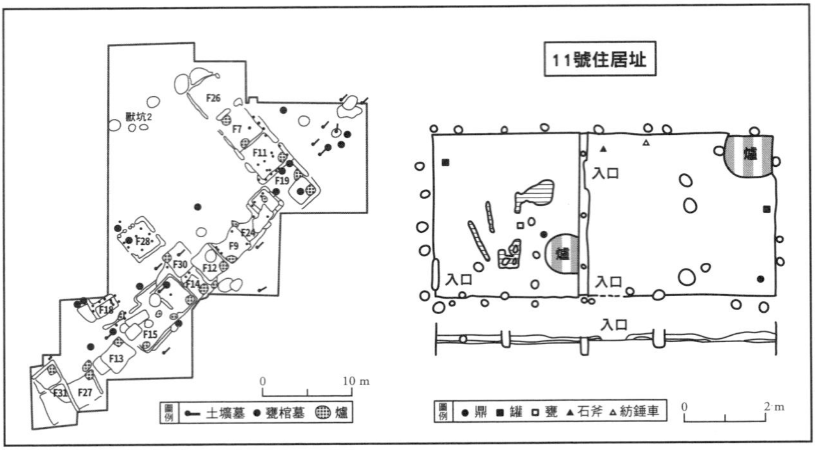

黃楝樹遺址的聚落　左圖是擴大家族形成的「コ」字型的聚落，右圖是其中之一的11號住屋址（F11），是兩室相連的住屋，被認為是兩代人家的住屋。

顯見這是兩代的住所。所謂的一代，例如黃楝樹11號房址裡，出土了象徵男性性別分工的斧，和象徵女性性別分工的紡錘車，是由男女合組而成的一個單位。將住在一屋兩室的成員視為婚姻家族，是很自然而然的想法。婚姻家族以隔牆為界，由兩代人家組合而成。在這婚姻家族裡的兩代人家的關係為何呢？一般都會認為他們之間存在著血緣關係。也就是說，一個婚姻家族裡的第二代也要成立新的婚姻家族，或許這就是擴大家族的辦法。

黃楝樹遺址就是由複室住屋連結成線狀排列，呈現出「コ」字型的聚落。是以血緣為背景，擴大家族成為一個氏族單位的共同體。這種狀況也符合前面說的等質性的墓葬構造，藉由這樣的氏族單位進行集體性的稻作農耕，來維持生活的社會，是可以想像得到的。所謂稻作農耕的經營單位，就是這個氏族共同體。

不過，若說到聚落構造，前面說過了，新石器時代前期的彭頭山文化已經有環壕聚落，屬於新石器時代中期大溪文化的湖北省荊沙市陰湘城遺址，或湖南省城頭山遺址，也看得到環壕的痕跡。

陰湘城遺址和城頭山遺址，都是大溪文化時期的環壕，但是到了新石器時代後期的屈家嶺文化時期，原有的環壕被掩埋了，在其上築起土壘，土壘的外側再繞以濠溝的城址遺址出現了。這樣的城址遺址有更強大的防禦機能，但在修建時也須要更多的勞動力。

另外，從大溪文化時期的城頭山遺址環壕部分，發現了船槳等木製物品。這意味著，這裡的環壕跟黃河中游流域姜寨遺址的環壕聚落有所不同，這裡的環壕作用，不單純只是阻擋野獸入侵，保護聚落的食物。又，長江流域的聚落很多都是歷經數個時期，仍然定住在同一個地點，結果就會形成像西亞的丘狀遺址般的土墩丘。基本上這是為了保護聚落不受洪水侵襲而誕生的智慧。因為城頭山遺址的環壕與河川相連，並且能行船的可能性極高，所以，這裡的環壕就像日本的「輪中」（譯注：輪中是指位於日本木曾三川下游地區，人們聯手保護堤防、管理水的地方）一樣，是具有交通通道功能，且能從洪水之害中保護聚落的治水設施。

實際上，正因為大溪文化後期河川頻頻氾濫，所以在挖掘調查湖北省宜昌縣中堡島遺址或四川省巫山大溪遺址時，發現了水成堆積層。所以，如果將環壕進一步發展成有土壘的城址遺址的原因，想成是為了防水，似乎並無不妥。還有，湖北省荊門市馬家院遺址的土壘外側的濠溝與河川相通，於是形成河水從河川流入濠溝，再進入到城內的構造，和城頭山遺址有相同的機能。

不過，以城址遺址來說，例如湖北省天門市石家河遺址，土壘——也就是所謂的城牆的邊長有一一〇〇×一二〇〇公尺，底部寬約五〇公尺，高六～八公尺，從土量上來看，可以想像這樣的建

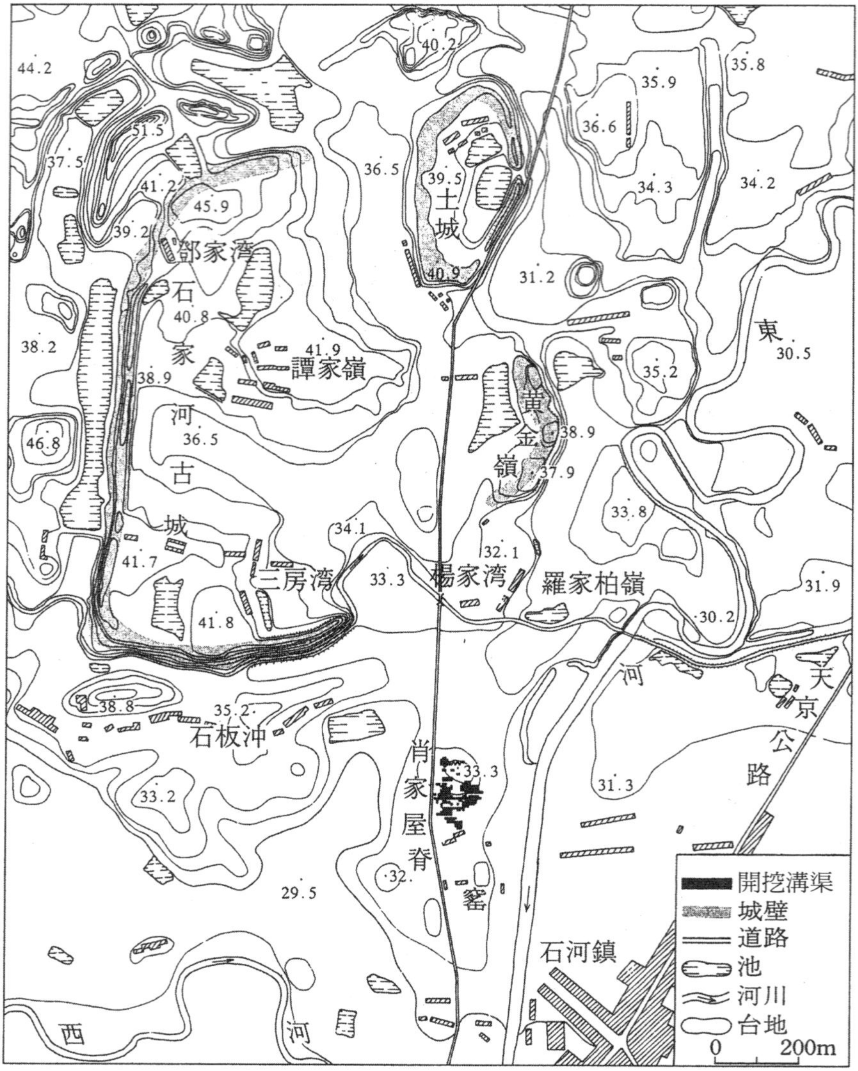
44.2
51.5
37.5
41.2
45.9
39.2
鄧家湾
40.2
35.8
35.9
36.6
36.5
39.5
土城
34.3
34.2
40.9
31.2
石家河古城
40.8
38.2
41.9
譚家嶺
38.9
36.5
46.8
黄金嶺
38.9
37.9
東
30.5
35.2
33.8
34.1
32.1
41.7
三房湾
33.3
楊家湾
羅家柏嶺
31.9
41.8
30.2
河
天京公路
38.8
35.2
石板沖
肖家屋脊
33.3
31.3
33.2
32.
29.5
窰
石河鎮
西河
開挖溝渠
城壁
道路
池
河川
台地
0 200m

石家河遺址平面圖。

築規模，絕對需要非常龐大的勞動力。

從前面提到的墓葬構造來看，因為還沒有發現這個時期相當於首長層的墳墓，所以很難認為那樣的城址遺址，是在有強大的權力支持下完成的建築構造。就石家河遺址來說，城牆內的地形並不算平坦，有些地方凸起呈現山丘狀，也有凹陷的谷地的地形。凹陷的低谷部分加以利用成為天水田，而像鄧家灣或譚家嶺那樣的山丘部分，最適合當做居住地。至於城牆內部的平坦地三房灣沒有建築物的遺址，卻出土了很多陶杯。在平坦地的位置出土了很多陶杯，讓人猜測這塊平坦的地方可能是各群體的集合場所，同時也是舉行祭祀儀禮活動的地點。當然，這是族長存在的階段，這樣龐大的建築，應是在諸群體的集體協力下完成的。這是鄰近的群體們為了抵抗洪水的威脅，在共同的信仰下合力完成的作業。

石家河遺址出土的陶杯。

石家河遺址的話，是在南北三公里，東西二．四公里的範圍內，有超過四十個以上的遺址的遺址群。這些遺址若是血緣群體組成的氏族單位的聚落，那麼巨大的城牆，想必就是由這些氏族共同建造完成的吧！如此一來，與其說城牆是群體間對立戰爭的防禦工具，還不如說是為了阻止洪水來襲的共同作為。因為恐懼洪水天災，於是集合鄰近的群體，大家協力建造城牆，這可以說是一種宗教般的行為吧。

構築於長江中游流域屈家嶺時期的城址遺址，現在已經發現了九處。其中如本書一七〇頁表及一七一頁圖所示，在漢水流域的城址遺址

省名	遺址名	所在地	規模（東西×南北）m	築造時期
湖北省	石家河	天門市	1100×1200	屈家嶺文化
	陶家湖古城	應城市	850×950	屈家嶺文化
	門板灣	應城市	400×550	屈家嶺文化
	馬家院	荊門市	580×700	屈家嶺文化
	陰湘城	荊沙市	580×500（推定）	屈家嶺文化
	走馬嶺	石首	370×330	屈家嶺文化
	雞鳴城	公安縣	430*480	屈家嶺文化
湖南省	雞叫城	澧縣	400×370	屈家嶺文化
	城頭山	澧縣	直徑約325	屈家嶺文化

長江中游流域的城址遺址規模。

中，有邊長超過一千公尺的石家河遺址，邊長九百公尺左右的陶家湖遺址，邊長超過五百公尺左右的門板灣遺址等三處。另外，在沮漳河流域有兩處邊長五百公尺左右的城址遺址，及從澧水流域到洞庭湖北岸，密集了四處邊長三百～四百公尺左右的城址遺址。

只做規模上的比較時，可以看出這幾個城址遺址以石家河遺址為中心，位於離石家河越遠的城址遺址，規模就越小。城址遺址間存在著規模差距，這樣的結構與金字塔狀的階層構造相似。如果說石家河遺址是中心都市的話，那麼，在石家河遺址應該存在著實力強大的首長或王吧！不過，那些城址遺址裡，卻不見有宮殿建築物，顯示出實力強大的首長或王的存在。還有，有趣的是，城址遺址都是在屈家嶺文化時期同時被建造的，沒有屬於之後時期新建的城址遺址。

這表示漢水流域、沮漳河流域、澧水流域三個區域各自形成了不同的區域單位，同時也可能展示了各不同區域人口比例與城牆規模的關係。從這層意義上來看，我們可以認為漢水流域是能夠容納最多人口的土地肥沃之區，也是人口密度最高的地域。

這三個區域的群體，應該存在著互相競爭的關係，卻在建築城牆來抗洪這件事上，有著宛如社會共同體般的宗教性群體意識。這絕對不是漢水流域在屈家領文化中，扮演盟主般的角色領導其他群體，只是在相互區域內的群體規模與競爭意識上，產生的相對性規模差。因此，我不認為城址遺址的規模差所表示的是政治上的盟主關係或同盟關係。

進行墓葬方面的分析時，才知道首長墓是直到屈家嶺文化之後的石家河文化前期才出現的，社會階層差也在這個時期變得明確。如果城址遺址是防禦性的聚落，那麼在石家河文化階段時，城址遺址應該更多才是，然而事實卻不然。

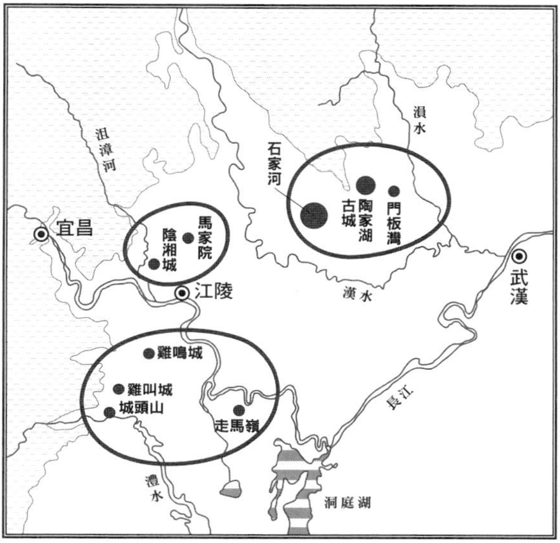

長江中游流域的城址遺址分布　畫圈的三個區域的城址遺址，從北往南，規模逐漸變小。

從這一點上來看，長江下游流域從新石器時代中期末、後期初開始，社會進入階層分化與群體構造的重疊化；相對的，長江中游流域則還處於平等性的血緣氏族群體的部族社會階段。儘管為了防洪的宗教式合作而建造了巨大的城牆，但在這個階段裡，社會性的階層系統還沒有那樣的進化。

到了石家河文化階段，首長和階層社會出現了，為了維持群體的關係，帶有特別宗教性意味的玉器或動物形塑像，就變成有存在必要的東西了。還有，石家河文化階段的玉器，受到山東龍山文化或良渚文化的紋飾創意或象徵的影響，該地區開始生產獨有的玉器。因此，到了石家河文化階段，玉器開始成為必需品，這樣的社會變化是應該特別關注的地方。

社會進化的異與同

男女分工體制在農耕專業化的過程中落實

舊石器時代之後，兩種文化圈的周圍開始了粟黍農耕與稻作農耕，社會群體在各自的區域裡投入集體性勞動，並逐漸形成專業化的情形。讀者們對此已經有所了解了吧！這也是從男女的社會性分工體制，進入農耕專業化的過程。另外，由於農耕的專業化，逐漸出現了剩餘的作物，於是有了管理、掌握這些剩餘物資的首長，社會階層的分化隨之誕生。

造成這種階層關係的決非是個人的因素，而是社會群體單位。也就是由血緣關係組織化的群體單位，就是所謂的氏族。農耕的經營單位也在氏族之中。

為了維持民族這個血緣群體，讓大家團結在一起，所以才會出現黃河中游流域那樣的再葬墓，重覆地祭祀祖先。

以各個區域文化時間軸的文化編年為基礎，來比較這樣的社會進化過程時，會發現各地的進化時間不盡相同，存在著或多或少的時間差，各區域的社會經濟單位的組織化形態，也會有所差異。但在強調這些差異時，隨著時間的流動，各區域之間的交流卻也逐漸活潑起來，於是出現了一些歷史性的現象。

就像前面已經說過的那樣，在農耕開始時期，農作物的生產性絕對還不到能夠有所期待的階段，或者說：雖說已經開始農耕活動了，但還不能馬上達到食物的安定生產化。況且，農耕開始於更新世邁入全新世的時期，人類還處於摸索環境、適應周圍環境的階段。

在此之前可以見到的有效率社會勞動形態，是小群體內的性別分工。這是人類學者默多克（G. P. Murdock）等人提出來的，從今日仍然生活在無文字社會的民族所進行的性別分工為例子，就能夠了解，初期從事農耕的人們，大概是女性。因為採集野生穀物原本就是女性的工作，農耕是採集野生穀物的延伸工作，更河況在作物的栽培過程中，也非常需要女性特有的細膩與耐心本質。

還有，必須存留種子到隔年的這類食物保存工作，其實就存在著社會風險，群體內一定要有可以統籌、治理的組織。例如在氣候惡劣的時候，既要存留種子，又要對抗飢饉，確實是非常困難的事情，此時如果沒有一個管理的機制，就會輕易地消耗掉食糧，群體恐怕就會走上滅亡之路。

擁有群體性與性別分工的社會群體，在經過全新世後，面對的就是西元前六千年之後的全新世氣候最暖期。當時地球的氣候比現在更溫暖、潮溼，就像能在黃河中游流域看到的那樣，穀物栽培能夠保證增產、安定生產的階段，因此女性的社會任務也高於男性。從黃河中游流域裴李崗文化墓地中女性被厚葬的情況，就可以看出這一點。

這個階段之後，原本負責土木建設與擅長狩獵的男性，也組織性地投入農耕這項生產活動，成為栽培農作的勞動力之一。這種情況，應是完成於黃河中游流域的新石器時代中期初的仰韶半坡類型期吧！在男性加入農耕勞動的經濟生產後，以父系血緣為基本的家族形態便誕生了。

以父系為中心的血緣家族，將祭祀祖先列為宗教性的要務，促成家族團結，藉此擴大家族，進一步壯大群體。而血緣家族間，也就是氏族間的經濟差距，或群體內的社會性地位差距，也由此產生了。隨著階層關係的複雜化，社會有了首長；而首長在管理、分配生產物的過程中，又誕生了專業性的手工業。這就是黃河中游流域，新石器時代的社會。

黃河中游流域與黃河下游流域的社會進化，在此一階段裡並沒有太大的差異。這可以理解為：所謂粟黍農耕社會的社會進化，是以同等的速度在進行的。

但另一方面，在長江中、下游流域，以性別分工等性別差異為社會標識的階段，則一直延續到崧澤文化階段的新石器時代中期的前半。長江中游流域在同一階段時，有可能還是母系社會。然而，稻作農耕社會即使直到這個階段，都還沒有投入有組織性的勞動，在作物的生產效率上，卻不亞於粟黍農耕。稻作是長江流域作物栽培的唯一重心。會演變成這樣，除了稻子的生產性高，營養價值也更優外，或許也因為長江流域的生態系統，比華北的植物資源來得更豐富吧。

但是，社會群體的組織化一旦發生轉換，之後便開始急速發展。崧澤文化後半期開始，新農具陸續出現，而且，良渚文化的複合性農具更把稻作放在經濟基礎的地位上，顯示社會群體單位在農耕上走向集約化的勞動模式。又因為此一變革，長江流域的父系群體單位也邁入階層化，良渚文化等文化也出現了首長層。

領導階層的出現是新石器時代後期最引人注意的特徵

到了新石器時代後期，各區域的文化都進入首長層出現的階段，為了維護首長權而存在的宗教性或信仰，必須藉著玉器的創意來彰顯，這卻是每個區域不同的，而各區域的宗教或精神生活，也是各不相同。雖然在時間軸上各區域的農耕社會有先後關係，但在各區域間帶動社會進化起爆點的，則是地域間的開始交流。和自己以外的其他群體有某些交流，能夠提升自己在群體內的社會地位。還有，這樣的交流擴大帶來信息的共有，不同的群體因此有了同樣的社會組織，社會進化的地域性差異也會因此消失，社會進化標準化的原因，就在於此。

從新石器時代中期末到新石器時代後期初，也就是西元前三千年後，隨著各區域文化階層關係的多層化，各區域開始了群體的統合化。此時各地的氣候逐漸變得乾燥、寒冷，氣候的惡化，卻也使得社會在組織化下，提高糧食的生產量。這是可以想見的。

在黃河中游流域的陶寺遺址中，最明顯就是出現了金字塔頂端層級的首長墓，而在離墓地四百公尺遠，有一處城牆規模邊長一〇〇〇×五六〇公尺的城址遺址，與首長墓是配套的。

山東省文物考古研究所的張學海先生表示：黃河下游流域的城址遺址代表層級的規模可分成三級，以第一個層級的最大規模城址遺址為中心，周圍是第二層級規模的較小城址遺址，第三個層級是一般群體聚落，像衛星城般排列於外。隨著聚落遺址的社會秩序同時出現的，就是朱封墓地那樣的首長墓、木槨墓。

長江下游流域以良渚遺址群巨大祭壇遺址，即莫角山遺址為中心，分布著反山遺址、匯觀山遺址、瑤山遺址等土墩墓。這些土墩墓原本是舉行祭祀祖先活動時的場所，之後才成為一族的家族墓地。

而這些土墩墓中以玉器為主的陪葬品組合與數量，以反山遺址最為豐厚，其次是匯觀山遺址，然後才是瑤山遺址，三者之間的差距顯而易見。

土墩墓層級的相對差，還有墓地的位置，離祭祀中心的莫角山遺址愈遠的，層級就越低。最靠近莫角山遺址的是首長一族的墓，再來是周邊的遺族一族的墓。良渚遺址群包括了抗洪的土壘和玉器製作場的塘山遺址，在此也能夠看到彰顯都市形態的廠房區等。不過，這裡卻看不到一般都市裡看得到的首長層或貴族層等上層階級者的住屋遺址，看到的是墓地或人工建築的土台，其特徵比較像是祭祀中心。

總之，這個時期已經是階層秩序達到高度發展的階段。

和長江下游流域的同時期做比較，這個時期的長江中游流域的階層關係，還處於等質性的部族社會，由血緣群體共同合作，建造了巨大的城址遺址。一般認為這個區域的城牆作用在於對抗洪水，而建築巨大的城址，須要投入龐大的勞動力。那樣的建設工程，是以宗教性的行為來進行，並且由多個群體共同作業，社會的階層化還沒有像長江下游流域那麼發達。因為負責建設的母群體的數量不同，所以城牆的規模有所差異；城牆的建築也是區域群體間的一種等質性競爭。至於以首長為中心的、階層化社會出現在長江中游流域的時間，就必須等到新石器時代後期後半的石家河文化了。

在石家河文化圈裡，分布著有著相同宗教觀的動物形玉器塑像，而這些玉器代表著祭祀權力。所以，這個文化圈裡一定存在著以祭祀活動來統合群體精神的團體。

如此看來，在各個區域社會內，農耕活動安定地成長與階層關係複雜化的同時，管理、掌控生產活動所得的首長出現了。而且，首長還統領一群擁有特定技能，能夠生產手工器皿的人，並分配這些人進行生產。這樣地位的首長，由特定氏族或家系獨占。首長為了保護社會秩序獨占了祭祀權或軍事權。首長也藉由特定的宗教祭祀活動，進行生產物的再分配，以此維持社會或群體的安定性。

正因為中國在此一階段的農耕社會有快速的社會進化，所以與同一時期的日本列島的社會、文化，表現出很大的不同。讀者們應該能夠了解到這一點吧！

第六章　非農耕地帶和農耕的擴散

北方的非農耕地帶

以舊石器文化的兩個文化系統為基礎，各自與鄰近的區域發展出粟黍農耕社會與稻作農耕社會後，社會由此繼續向前發展。而這些區域的外圍地區，是自舊石器時代以來就有的狩獵採集社會。本章要敘述的，就是這些區域。不過，這裡無意強調，這些區域的歷史發展比農耕社會來得慢。就像前面已經反覆敘述的那樣，農耕開始時，農耕地帶與非農耕地帶的糧食生產效率並無差距，甚至可以說是非農耕地帶的生產效率可能更高一點，尤其是華南一帶，那是不需要靠長期的農耕，只靠狩獵採集，也能形成安定社會的區域。本章首先要說的，是非農耕地帶的特質。

緊鄰北方非農耕地帶的粟黍農耕社會的特質

一般認為農耕這種技術，或包含農耕在內的生活形態，是從農耕地帶傳到非農耕地帶的。這裡要討論的區域雖然有時間差的問題，但是確實是接受了農耕擴散的區域。這些區域在接受了農耕的活動後，有一部分當然還繼續著狩獵採集的活動，對農耕的依賴程度比以農耕為中心的地區低，但隨著時代的前進，對農耕的依賴程度會逐漸提高。在同一個時代裡，對農耕的依賴程度，則是愈靠近農耕中心的區域愈高，離農耕中心遠的區域相對較低。本章也會討論到農耕的擴展過程，並藉由區域的農耕化，來看非農耕地帶的社會變遷。

從製陶技術這方面來看，遼西到遠東基本上是中國考古學裡，平底深缽的筒形罐陶器區，其技術系統擴及華北地區。東京大學的大貫靜夫教授稱這種筒形罐為遠東平底陶器，本書使用大貫教授的稱呼。遠東平底陶器分布圈的南端——或者說是南邊的交界地區是黃河中游流域和黃河下游流域，新石器時代早期時，這裡就誕生了粟黍農耕；關於這一點，前面已經說明過了。從遠東平底陶器分布圈來看，粟黍初期農耕地帶是外圍區域，但這個外圍區域的粟黍初期農耕地帶，卻逐漸往遠東平底陶器的分布圈擴散。而遠東平底陶器文化圈的主體區域，是從中國東北部到遠東濱海邊疆區的地帶。

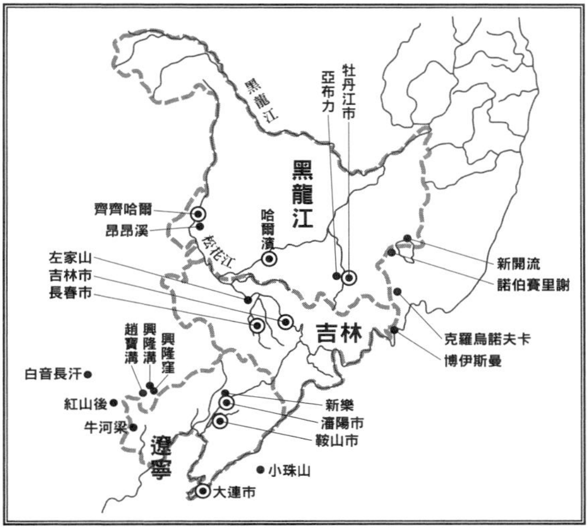

從中國東北部到遠東的主要遺址。

在地理上，從中國東北到遠東濱海邊疆區，大致可分為兩個部分。這兩個部分簡單的說，就是水流注入渤海灣的河川流域區，和嫩江、第二松花江、松花江等河水流入阿穆爾河（黑龍江）的河川流域區。

水流注入渤海灣的河川流域區，相當於現在的遼

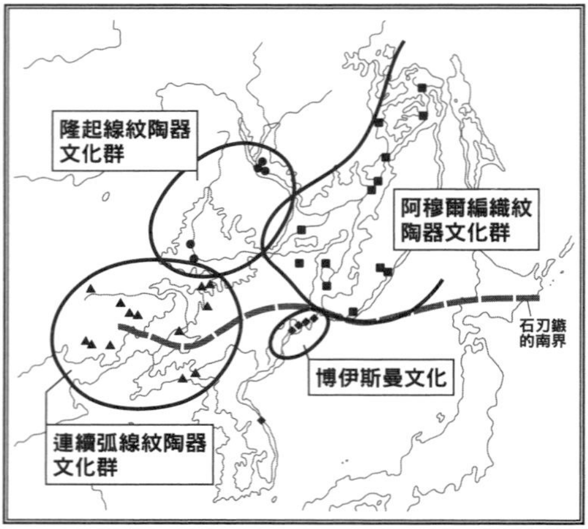

遠東的陶器樣式分布圖（大貫1998年繪製）。

寧省，並以遼河為界，遼河以西稱為遼西，以東稱為遼東。遼西的西端在燕山山脈，北方包括了現在內蒙古自治區的東部一帶，遠到西拉木倫河流域。本書第二章曾經提過，因二次大戰前東亞考古學會的調查而有名的赤峰市紅山後遺址，就位於西拉木倫河流域，但西拉木倫河在與遼河交會後，在渤海灣入海。所謂的遼東，就是從這條遼河到東側的鴨綠江流域及清川江流域的地區。

相對於上述面對渤海灣，注入渤海灣的河流，一旦跨越遼寧省北部的鐵嶺一帶的分水嶺，河川就屬松花江流域，最終與阿穆爾河匯合，流入庫頁島附近的鹹海。松花江流域也區分為黑龍江省西部的嫩江流域與松花江流域，和第二松花江流域。第二松花江流域是指隔著分水嶺與遼東接觸，與吉林市和長春市為中心的區域。另外，還有圖們江流域那樣，從朝鮮半島東部到濱海邊疆南部，直接注入日本海的河川流域區域。

如前面所述，這些區域在新石器時代時，基本上都是遠東平底陶器的區域。不過，如果從陶器紋樣的系統來區分的話，可以分為三個區域。

以新石器時代前期為例來做敘述，首先是包括遼西和遼東的興隆窪文化或新樂下層文化，甚至是越過分水嶺的第二松花江流域所能看到的連續弧線紋陶器區域。

其二，是分布於從平原地帶的嫩江流域到阿穆爾河中游流域的堆紋陶器文化群區域。第三，是擴展於松花江或阿穆爾河下游流域，或者說是其支流烏蘇里江流域的阿穆爾編織紋陶器區域。

第二松花江流域是連續弧線紋陶器地帶，但是此一地區也看得到堆紋陶器，顯示這裡是兩種紋樣陶器的接觸地帶。

另外，阿穆爾編織紋陶器文化圈之南，存在著從圖們江流域到濱海邊疆南部的博伊斯曼文化，而這個文化的陶器紋樣特徵，就是連續刺突紋。這個文化也可以說是朝鮮半島東北部的區域文化。連續刺突紋陶器出土於朝鮮半島東北部的西浦項遺址第一、第二期，可以歸為博伊斯曼文化。

說到遠東地區的區分，朝鮮半島的西海岸、靠近遼東地區，朝鮮半島的東海岸與圖們江到濱海邊疆南部的地區，有著經常性的接觸關係，所以，可以概括地說：朝鮮半島是深受遼東與濱海邊疆南部影響的區域。

本章想大概地敘述一下最靠近華北的遼東、遼西地區。關於遼西，曾於第四章中指出，遼西的興隆窪紅山文化系統，是一個獨立的區域文化系統。

遼西地區

住居範圍內有先人墳地的興隆窪文化

這個區域最古老的陶器文化，是被稱為千斤營子類型的筒形罐陶器，那是罐身無紋，只有罐口的緣部有畫線紋，是紋樣不發達的平底深缽形陶器。不過，關於這一類型的陶器，由於資料並不足夠，實際型態還不是很清楚。近年來，有些研究者以小河西文化或新井文化來稱呼這個類型。因為在華北、遠東發現了一萬三千年前～一萬年前的陶器，可見這個區域可能存在著初現期的陶器；然而，關於初現期的陶器，今後還有很多有待研究的課題。

有關小河西文化的石器的器類資料不多，所以實際情況到底如何還不明確，只能從已知的材料上，知道有磨棒、杵、臼形器器具，而磨盤、石鏟等華北型農耕石器卻還不夠完整。目前知道的是：這個區域的新石器文化是新石器時代前期的興隆窪文化階段，已經有磨盤、磨棒、石鏟等華北型農耕石器，農耕初期的可能性很高。從興隆窪文化的內蒙古敖漢旗興隆溝遺址出土的粟黍等栽培穀物，可以證明初期農耕的擴散狀況。

西元前六千年到西元前三千年，氣候溫暖溼潤的全新世氣候最暖期，誕生於華北的粟黍農耕開始逐步向外擴散。新石器時代前期（西元前六千年左右），粟黍農耕也逐漸擴散到遼西、遼東等狩獵採集的社會，例如西元前五千年左右，位在遼東的遼寧省瀋陽市新樂遺址出土了黍的化石，就是一個例證。而且，在新樂下層發現的陶器文化，也被認定受到了遼西興隆窪文化陶器樣式的影響。也就是說，上述的現象可以理解為：陶器樣式與華北型農耕石器，自遼西開始擴散到原本是狩獵採集社會的細石器文化區域，以包含初期農耕在內的文化複合體形態，在全新世氣候最暖期的溫暖溼潤化中，一邊被推著往前發展，一邊從南往北進行文化的擴散。

另外，新石器時代前期在華北誕生的特殊陶器紅頂碗，擴散到了遼西，並且被接受。這表示不

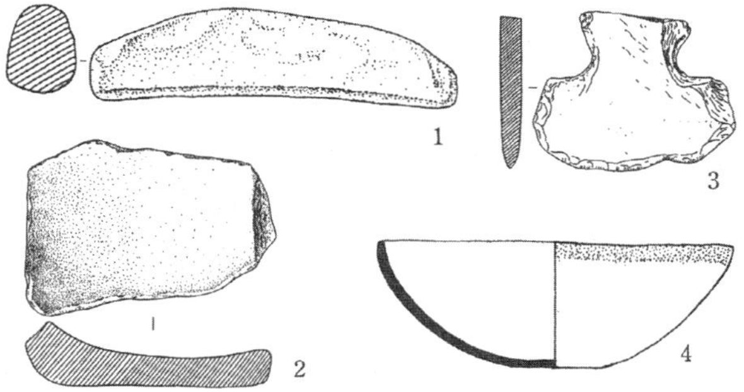

華北型農耕石器・紅頂碗　1.磨棒　2.磨盤　3.石鏟（1、2、3興隆窪遺址）　4.紅頂碗（內蒙古敖漢旗小山遺址）

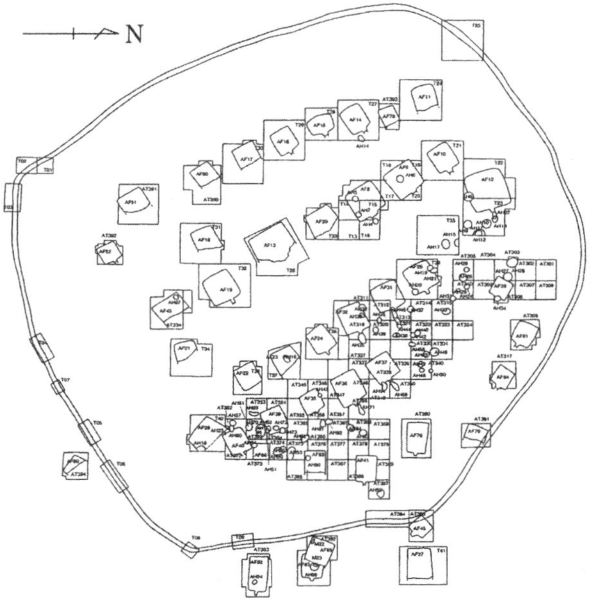

遼西的環壕聚落（內蒙古自治區林西縣白音長汗遺址A區環濠聚落）　在環壕內部，出入口朝向同一方向的住屋呈南北兩行排列。

僅農耕技術或華北型農耕石器進入到遼西地區，也顯示特定的陶器器種從南往北擴散。

前面已經說過，細石器文化這種具有遠東特徵性的石器文化，可以表示當地的地域性，此外，整個遠東地區也都有在興隆窪發現玉玦或匕形玉製品的痕跡。這樣的現象應該可以理解為：遼西地區與遠東有著相同的社會背景，有共同的文化樣貌或精神世界。

遠東地區的採集食物以櫟樹、橡樹的堅果為基本，並在這樣的生產活動背景下，展現區域的共通文化表象或精神世界。日本繩文前期的福井縣桑野遺址中也看得到玉玦、匕形玉製品，一般認為這些東西是從隔著海洋的遠東而來，然而會有這些交流物品的存在，是因為雙方也有採集櫟樹、橡樹等堅果的共通文化現象吧！

遼西區域也是以採集堅果類為基本生產活動的社會，但也接受了從華北傳來的粟黍農耕文化。

新石器時代的興隆窪文化時期，已經出現環壕聚落了。在華北，仰韶文化的環壕聚落有廣場做為聚落的中心，住屋的入口均面向廣場，這是一種向心性的住屋結構。但興隆窪文化的環壕聚落與此不同。興隆窪文化聚落的住屋呈排列狀，入口都朝著同一個方向，而且有數列的排列。每一列的住屋與住屋間的關係或列與列之間的社會性關係如何，目前還不明確，但可以知道的是每一列中並不存在大型的住屋。從相同規模的住屋排列在一起的這一點，可以了解當時的社會在居住這一點上，是一個沒有差距性的等質性社會。

但這個等質性的社會讓人注意到的事，就是墓地位於住屋內。西亞以黎凡特地區為中心的初期農耕文化——納吐斐文化（*Natufian Culture*），也有在住屋內設立墓葬區的現象。納吐斐文化把第一代的祖先埋葬在住屋之內，被理解為凝聚共同祖先，讓家族團結之意。興隆窪文化的住屋內有墳墓，很可能和納吐斐文化將第一代祖先埋在住屋內具有相同的意義。

例如興隆窪遺址一八〇號住屋，位於屋內最深處，正對著住屋出入口的，就是一一八號墓。一一八號墓的被葬者是一名成年男性，他被仰躺而葬，並且有兩頭野豬類的動物陪葬。野豬代表的是死者的財物，還是另有宗教的意義，這就不得而知了。不過墓的上面已經變成堅硬的地板。由於住屋的入口處有貯藏洞，所以大貫靜夫先生認為：住屋的深處是神聖的空間，靠出入口的門前是世俗的空間。

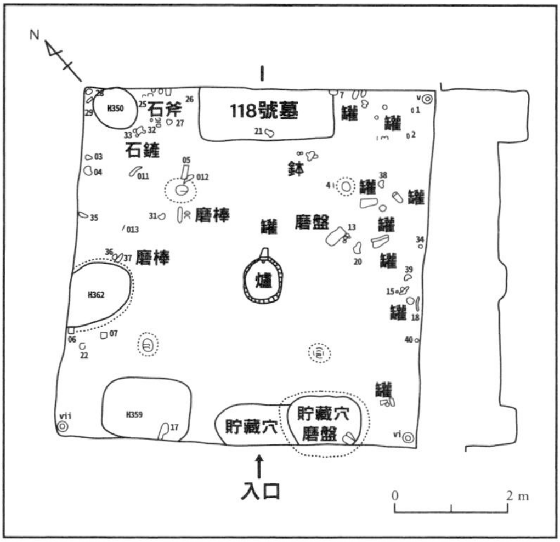

興隆窪遺址180號住屋　住屋最內側的靠牆處附設有118號墓。

此外，從出入口往內看時，可以看到磨盤、炊事用的罐子等烹煮用具集中在右側，石鏟、石斧等土木工具集中在左側，這表示當時的勞動已有男女分工之別，烹煮食物是女性的工作，男性是使用土木工具的勞動者。這也顯示住屋的左手邊是男性的空間，右手邊是女性的空間。而第一代祖先被供奉在住屋的神聖空間中，成為代代家族的樞紐。

興隆窪文化之後，是新石器時代前期的趙寶溝文化。華北型農耕石器之一的石鏟，在進入趙寶溝文化時期後，加工的情形比興隆窪文化期更細膩，而且定型化了。

另外，這個時期的人們會在被稱為尊形器的特殊陶器上描繪幾何紋樣或鳥、豬、鹿等動物圖紋，這個現象被認為是人們的精神世界產生了變化。如同在趙寶溝遺址看到的那樣，在此一階段，人們的住屋是沿著斜面的等高線而建，而且會排成長長的一列，聚落的住屋構造與之前的興隆窪文化相同，是數列並排的多列式結構。聚落內存在著以兩、三間住屋為一個單位，這有可能是相當於家族上層組織的氏族單位。

聚落中存在著比較大的住屋，但是比較大的住屋可以解釋為是統率群體者的住屋嗎？還是應該解讀為是聚落群體們的集會場所呢？不同的解讀會導致對這個階段的社會構造有不同的認知。而我個人對這一點的解讀傾向於後者，因為我認為這個階段的社會，是由沒有身分差距的等質性共同體組成的。

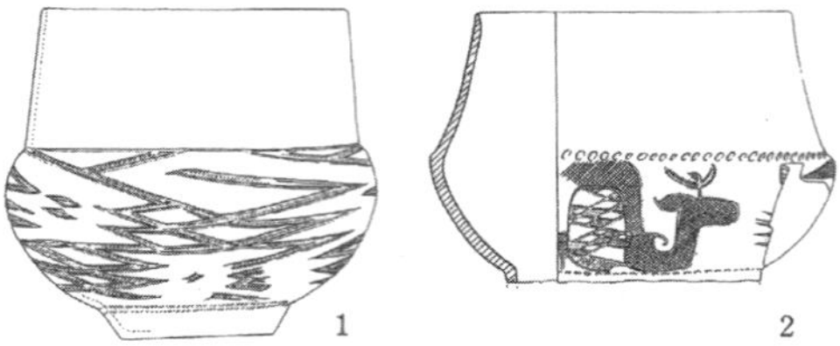

趙寶溝文化的尊形器　1、2皆為趙寶溝遺址出土的尊形器。

又，關於住屋內的情形，此一階段和前一階段一樣，有分入口部分的世俗空間與屋內深處的神聖空間的區別。另外，由於住屋內煮飯用的陶器或石器，與石斧等木工用具的出土地點明顯不一樣，許多學者認為這表示男性與女性在住屋內各有各的空間。

在第五章已經敘述過了，仰韶文化廟底溝類型的特徵是有花瓣紋的彩陶盆、杯，這個類型陶器在新石器時代中期，擴散到各地的農耕社會；但這類型的陶器也在同一時期，對內蒙古中南部區域甚至遼西地區，有一定程度的影響。

紅山文化有著非常優秀的彩陶，這是受到仰韶文化廟底溝類型一定程度的影響所致。不過，紅山文化也出現了獨有的龍鱗紋彩陶紋樣，這被認為是擁有獨立性的區域文化，在融合了新文化後的表現。

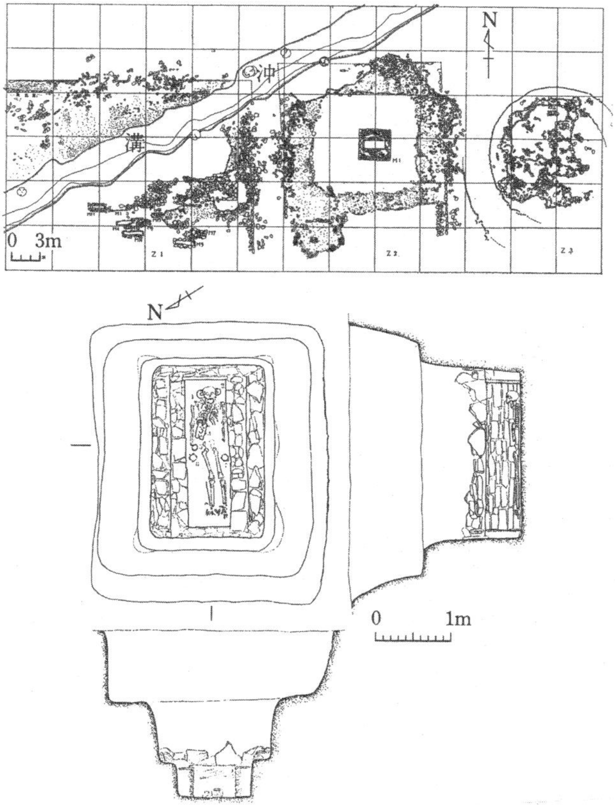

紅山文化的積石塚　上圖是牛河梁第2地點積石塚，下圖是牛河梁第5地點的1號積石塚中心大墓（1號墓）。

成為牛河梁遺址特徵的「女神廟」

新石器時代中期的紅山文化時期農耕，是該區域農耕特別發達的階段。此時的農耕工具除了舊有的華北型農耕石器外，還多了採穗用的石刀。

紅山文化以農耕的發展為背景，出現了該區域固有、而且可以表示出階級化的墓葬模式——積石

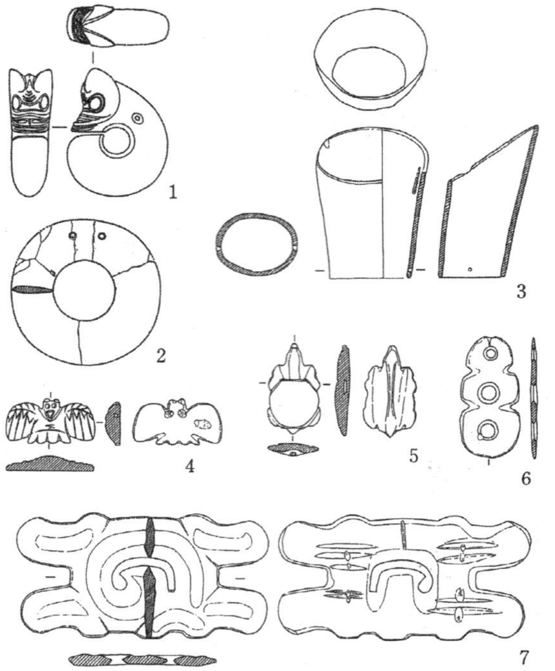

紅山文化玉器　1.豬龍　2.璧　3.箍形器　4.鳥形器　5.龜形器　6.三連環璧　7.勾雲形佩飾

塚。積石塚是指在地面上堆積石頭，築成圓丘狀，而地面下有挖掘的墓壙，可以放入箱型石棺墳墓。為了標示這樣的墳墓範圍，會在圓丘的邊緣按一定的間隔距離，埋下底部中空的筒形彩陶罐。這樣的陶罐讓人誤以為是看到日本列島古墳時代的「埴輪」（譯注：日本古墳頂部和墳丘四周排列的素陶器的總稱）的錯覺。

紅山文化除了有如此慎重的墓葬構造，還會用特有的玉器做為陪葬品。陪葬的玉器有璧、環，或勾雲形佩飾、箍形器等裝飾品，還有象徵龜、鳥、貓頭鷹等動物，或被稱為豬龍或龍的想像動物的玉器。這些玉器是威信的象徵，應該也有宗教上的意義。

擁有玉器做為陪葬品的積石塚，其被葬者是這個社會的統領者，由此可知紅山文化處於階層分化明確的階段。

到現在為止，從積石塚的內部挖掘出來的墓葬有六十一座，其中三十一座墓裡有陪葬品。有陪葬品的墓裡有箱型石棺，沒有陪葬品的墓只有土壙，所以可以從墓的構造，看出被葬者的階層差別。另外，在有陪葬品的墓中，只有二十六座有玉器陪葬，大約占有陪葬品墓的百分之八十四。這表示玉器是特殊的陪葬物，這是被付予宗教意義的社會領導者，才能擁有的。與其說玉器陪葬象徵經濟上的優越，倒不如說是顯示被葬者的宗教性權威。

牛河梁第二地點密集了六座積石塚，可以想像這裡是陸續埋葬了多位社會首長的墓地區。遺憾的是目前缺少被葬者的性別或年齡資料，無法推測這些人之間的關聯性。

牛河梁遺址群中，目前已挖掘了有四個位於丘陵頂部的積石塚群，若把未挖掘的部分包括進去，已知牛河梁遺址群有十三處存在著積石塚。

牛河梁遺址群中，在積石塚分布範圍內的北部中央附近山坡斜面，發現了被稱為「女神廟」的祭祀用建築物。在這裡的大型豎穴住居中，與牆體一起被發現的，是動物或人物的塑像，其中最受矚目的，就是巨大的女性塑像。這是「女神廟」名稱的由來。「女神廟」與多處積石塚組合而成的牛河梁遺址群，是紅山文化社會的中心聚落群。

也就是說，牛河梁遺址群不僅出現許多具有宗教性力量、並且擁有社會地位的個人，在聚落的構造上也有中心性的地點。宗教性權威者的墳墓與「女神廟」，是牛河梁遺址群的祭祀中心，這裡的聚落和其他聚落之間有階層差距。

不過，這個階段的社會構造，絕對還沒有到達首長世襲制社會的程度，應該還處於擁有宗教性權威者管理社會的階段吧！

遼寧省瀋陽市新樂下層聚落　復原的半地穴式住屋呈列狀排列。

牛河梁遺址「女神廟」出土的人頭塑像。

此時的聚落規模等級，已變得更明確，但以中心聚落為中心的區域單位逐漸確立，則要等到這個區域的青銅器時代，也就是夏家店下層文化階段。與二里頭文化並行的夏家店下層文化階段，是出現用石壘或土壘圍成的城址遺址階段。

遼東地區

氣候溫暖化促成農耕活動往北擴散

遼河以西是遼西，以東叫遼東；而鴨綠江是遼東與朝鮮半島的界線。與遼西相比，遼東多山，沒有廣闊的平原，而且山勢靠近海岸線，僅能在河川的出口，看到比較平坦的沖積地，在景觀上，這裡的地形環境類似朝鮮半島或日本列島的地區。遼東也屬於遼東平底陶器文化，從特徵上看來，其文化領域可以說也包含了清川江以北的西北朝鮮。意思就是：這裡是與朝鮮半島接觸的地域，在了解華北的粟黍農耕文化是如何傳播到朝鮮半島時，這個區域的位置非常重要。

這個區域已知的最古老陶器文化，是受到遼西的興隆窪陶器文化的強烈影響才出現的。不僅以深缽為主體的陶器器型與遼西一樣，連紋樣或紋樣的構思組成，都與遼西類似，完全可以看出受到興隆窪陶器文化影響的痕跡。另外，在聚落的構造上，遼東地區也類似遼西的興隆窪文化，住屋的入口處也都朝著同一個方向，並且呈一直線，排成好幾列。遼寧省瀋陽市新樂遺址就是典型的這種聚落。

從新樂遺址的二號住屋出土的黍，可以確認此時華北型農耕石器已經進入這個區域，並且也已經開始一定程度的農耕活動。受到來自遼西的陶器，與華北型農耕石器流入的影響，粟黍農耕理所當然地也從遼西傳入遼東，這是明顯可見的事實。此外，新樂下層遺址也發現了細石器的存在，就像遼西和內蒙古中南部一樣，這裡的人與遠東的狩獵採集民，在石器或石器技術上相互交流。或許也可以說這些交錯地帶呈現在考古學上的事實，反過來說明了農耕活動擴散到狩獵採集社會的過程。

這樣的農耕擴散期發生在新石器時代前期到中期，而前面說過的西元前六千到西元前三千年的氣候溫暖溼潤期，就是造成農耕擴散的導因。也就是說：在已經開始農耕的地區，其生態系往北移動時，農耕也跟著往北擴散了。於是，農耕活動往異於華北文化的地帶——遠東平底陶器文化圈擴散了。不過，雖然已經開始有農耕的活動，和同時期的華北區域相比，這個區域的農耕程度相對較低，採集堅果類食物的活動，還是比較重要的經濟活動。另外，這個區域也還不見遼西地區紅山文化那樣的階層化社會，這說明了遼東地區雖然接受了農耕活動，但還沒有達到發達的程度。

遼東南端的遼東半島，也可以見到和新樂下層一樣的，有著連續弧線紋的遠東平底陶器。我把這裡的陶器歸類為新石器時代中期初的小珠山下層陶器。遼東、遼西地區是華北型農耕地帶與遠東

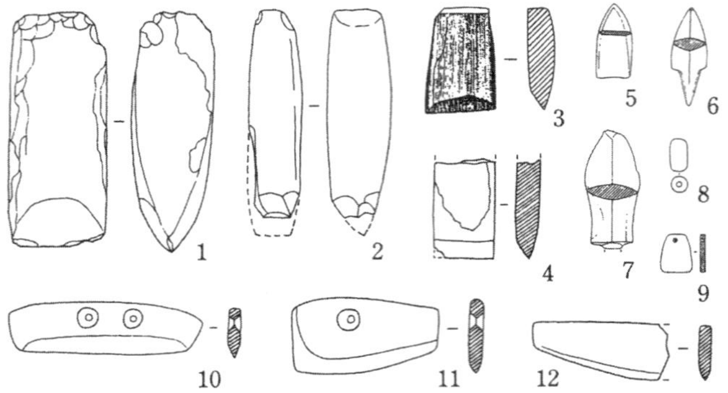

膠東半島新石器時代後期的石器群 1.石斧 2.柱狀片刃石斧 3、4.扁平片刃石斧 5、.6、7.磨製石鏃 8、9.垂釣具 10、11、12.石刀（楊家圈遺址出土） 這些石器是後來朝鮮半島無紋陶器文化或彌生文化石器的原型。

地區的交錯地帶，華北型農耕石器與細石器這兩種系統的石器技術在此交錯，但遼東半島並沒有發現磨盤、磨棒等農耕用的粉食器具，也不見細石器之類的器具。也就是說：遼東半島並不屬於華北與遠東的交錯地帶，這裡沒有華北與遠東的特有文化要素，顯示出來的文化特徵是更邊緣性的。

遼東半島的陶器樣式雖然被納入遼東地區，但因為石器樣式不一樣，生計產業也隨之不同。遼東半島的生計產業可以說更類似山東半島頂端，被稱為膠東半島的地方。

膠東半島在全新世前半期的繩文海進時期，因為海水由南進入青島附近的膠東灣，又由北進入現在的膠萊河一帶，使得膠東半島變成島狀的景觀。繩文海進期結束後，海水後退的陸地形成沖積平原，並與山東半島連接在一起。所以說，新石器時代中期初的膠東半島，其實是一座島。

不管是遼東半島還是膠東半島，都沒有發現石器的磨盤、磨棒，不過卻發現了近似繩文時代的石盤或磨石之類的石器。此外，這個地區也發現了被稱為矢柄研磨器的骨角器製作工具，這說明了當時是處於狩獵採集社會階段，以漁撈為生，而夾在這兩個半島中間的渤海灣，則是這兩個半島的共同漁場。不過，膠東半島在這個階段時，受到山東半島的新石器時代中期初的北辛文化的影響，在陶器文化的來源上與遼東半島有所不同。

膠東半島後來又受到新石器時代中期後半，山東半島大汶口文化的強烈影響，陶器的樣式逐漸改變，與山東的關係愈來愈密切。與此改變的同時，不僅出現了磨盤、磨棒等石器，還出現了石刀等新的農耕石器或扁平片刃石斧、柱狀片刃石斧等新的磨製石器。另外，根據植矽體的分析，膠東半島此時也已經開始栽種粟。

到了新石器時代後期，膠東半島也正式進入農耕社會，幾乎看不到之前代表漁撈社會的貝塚了。貝塚消滅的年代大約是西元前二八六〇年左右。隨著粟、黍的農耕化，農耕石器也發生變革的地方不只有膠東半島，遼東半島在新石器時代後期，也受到很大的影響。

遼東半島也在這個階段出現新的農耕石器，陶器樣式的構造也產生了變化。我個人覺得這個變化，與日本九州北部繩文時代進入彌生時代時的變化，實際上是類似的。

不過，從另一方面來看，在新石器時代後期以前——至少在新石器時代中期初，農耕的活動已經從遼西擴展到遼東了。要掌握這個時期遼東地區的文化要素很難，因此，要想了解農耕傳播至此的途徑，也很不容易。我們一定要注意的是與東北亞農耕化有關的各階段擴散情形，及其擴散的系統性變化。接下來，我們就來討論一下這個區域農耕擴散的途徑吧！

華北型農耕活動的擴散

華北型農耕從遼西到遼東，繼而再向東擴散，華北型農耕石器也從遼東往東，向朝鮮半島西海岸的大同江下游流域擴散。朝鮮半島西海岸在新石器時代早期的前期階段樣態，目前還不是很清楚，但是，因為在與新石器時代中期並行的智塔里遺址等處發現了粟，足見農耕活動與華北型農耕石器是一起擴散的。我在這裡所說的華北型農耕石器，指的就是石鏟、磨盤或磨棒等華北早期、前期粟黍農耕社會中常見的基本石器。石鏟是用於播種或耕地翻土用的工具，也可以稱為耕田具，而磨盤、磨棒是研磨粟、黍成粉末的器具；關於這一點，前面已經敘述過了。

與華北新石器時代早期、前期可見的一般性石器一起流傳到朝鮮半島的，還有遼東的柳葉形磨製石鏃。而與這樣的石器群一起從朝鮮半島西海岸的北部往南或往東南擴散的，還有在大同江下游流域形成，以尖底缽為特徵的櫛木紋陶器。也就是說包括陶器樣式、石器樣式，及粟黍農耕這樣的生計活動都在擴散中。這樣的擴散是整體性的、複合性的文化傳播，而不是一部分文化屬性的文化傳播。

往東擴散的華北型農耕活動

在此，我想以文化複合體這個字眼，來形容這個有複合性屬性的文化。但是，作為一個文化複合體，它也傳播了農耕的活動。當然，被傳播的區域在接受文化複合體的時候，也仍保有改變這個文化複合體，讓文化複合體變得更能被區域接受的主體性。

由於這樣的粟黍農耕的傳播，朝鮮半島南端洛東江下游流域的釜山市三洞貝塚一號住屋遺址，也發現了粟、黍的存在。從出土的粟穀的放射性碳年代分析，得知那是西元前三三六〇年的粟。當然，接受了粟黍農耕的擴散，並不意謂味著，該地區在同一個時期裡有著與華北的農耕社會相同的生產量。就像華北地區農耕社會一樣，剛開始的時候，農耕只是狩獵採集之餘的補充性存在，從狩獵採集社會走向農耕社會，並非一日可成的快速之事。

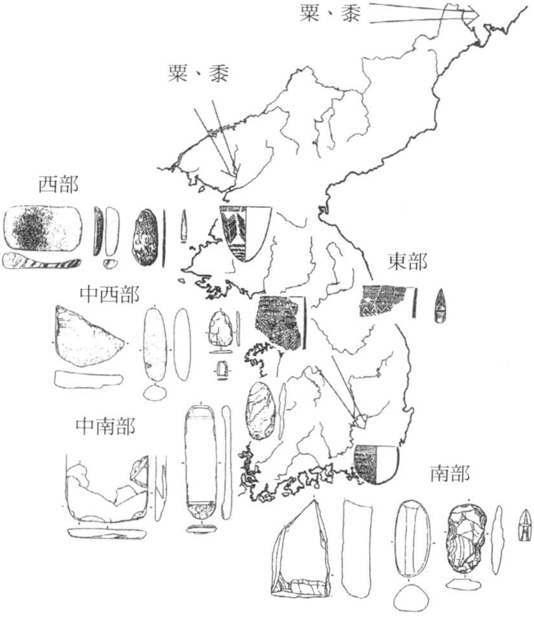

朝鮮半島初期農耕化的第一階段。

粟黍農耕通過遼東、遼西，以朝鮮半島西海岸為中心地擴散，是最近才確認的事，這與以前的想法並不相同。我稱這種現象為朝鮮半島初期農耕化的第一階段。

另一方面，一直以來遠東都被認為是農耕化較晚開始的地區。也就是說；在鐵器時代之前，遠東地區並沒有栽培粟、黍等具體性的農耕活動的證據。不過，從濱海邊疆區南部的石器組合看來，極東地區的農耕活動，可能可以上溯到新石器時代後期的扎伊桑諾夫卡（Zaisanovka）文化階段。近年來這個可能性一直被議論著。新石器時代晚期，扎伊桑諾夫卡文化階段的諾伯塞里謝Ⅳ遺址裡，就發現了四八二顆的黍粒。

與河川都注入渤海灣的遼東、遼西地區相比，現在的吉林省與黑龍江省位於河流都流入黑龍江的松花江流域，就地形區分上來說，屬於遠東地區。而遼東、遼西地區與遠東地區的文化交流出入口，則是以第二松花江上游流域的吉林和長春為中心的吉長地區。在華北，由南到北的文化影響力向量線，可以看到遼西的陶器擴散到這個地區，應是新石器時代前期的事。因為華北型農耕石器，也在這個階段流入這裡，所以粟、黍的農耕技術，很有可能也在這個時候擴散到這個地區的某些地方。

不過，越過這個區域的嫩江流域是堆紋陶器文化，從濱海邊疆南部到圖們江流域是點刺紋陶器或阿穆爾編織紋陶器文化圈，它們不屬於華北型農耕的文化樣式區域，而是長久以來維持著漁撈或狩獵採集社會的區域。

然而，西元二〇〇二年與西元二〇〇三年，根據日俄在濱海邊疆南部烏蘇里斯克郊外的克羅烏諾卡夫Ⅰ遺址的共同挖掘調查，在與新石器時代中期後半並行的哈恩什文化期的住屋遺址二棟中，發現了大家期待已久的十顆粟、黍粒。根據住屋遺址爐中的木炭放射性碳素年代分析，其年代為西元前三六二〇年前～西元前三四八〇之間，與朝鮮半島南海岸的東三洞貝塚一號住屋遺址幾乎是相同的年代。

這個調查是以日本熊本大學的甲元真之教授，和俄羅斯科學院遠東分部的渥斯托雷周夫先生為代表，而我也參與了這個調查。在那段調查的日子裡，蚊子多到讓人煩惱，我的臉上也因為被叮咬、抓癢，而留下像青春痘那樣的痕跡。因為自然條件嚴苛，那真的是一次令人印象深刻的挖掘調查行動。我還記得住在簡易的帳棚裡、在冰冷的河水裡洗澡，夜裡圍著篝火與俄羅斯研究人員談話的情景，真的是除了挖掘行動外，其他事情也留下深刻記憶的一次調查。還有，最後發現了十顆粟、黍粒，更讓我們喜出望外，讓這次的調查活動餘味無窮。

粟、黍的發現誕生了一個可能性，那就是：通過遼東、遼西傳播到遠東、朝鮮半島的華北型農耕，也可能遠播到了濱海邊疆南部地區。

稻作農耕文化的擴散

山東半島是稻作農耕的傳播據點

水稻的栽培化，可以說始於距今一萬年前的長江中游流域，其栽培化的過程，已於前面敘述過了。水稻栽培的初現期大約在新石器時代早期，接下來的稻作農耕則從長江中游流域往長江下游流域或淮河流域擴散。新石器時代前期的河南省賈湖遺址屬於裴李崗文化，是粟、黍與水稻農耕並存的地方。華北的農耕作物基本上是粟、黍，但是，華北與華中的接觸地帶因為栽培稻的擴散，而成為複合性的農耕作物栽培區域。開發稻作的華中地區其基本作物是水稻，但是採集菱角，圈養豬隻、鹿、獐，或漁撈淡水魚貝類等，也是生計的重要活動。這樣的稻作農耕隨著時代的推移，以長江中、下游為核心，擴散到周

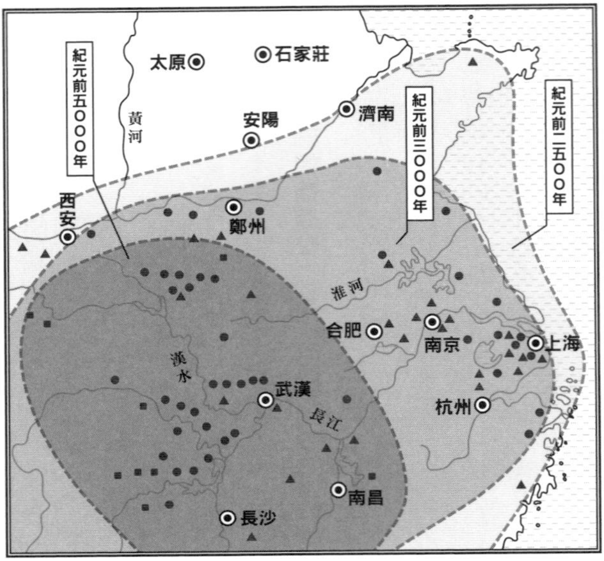

栽培稻作的傳播　以長江中游流域為起源地，逐漸往外圍擴散的栽培稻作（■新石器時代前期、●新石器時代中期、▲新石器時代後期）。

邊。

尤其是新石器時代前、中期的全新世氣候最暖期，不僅讓水稻這種植物進化了，還是水稻往北方擴散的重要因素。

新石器時代中期，水稻的栽培沿著漢水北上，擴散到渭河流域的仰韶文化。同一時期裡稻作的栽培也上溯到淮河支流流域，擴散到黃河中游流域。不過，這樣的稻作擴散過程，絕非像前面所說的粟黍農耕的擴散那樣，在遼西、遼東或朝鮮半島顯現出來的粟黍農耕的擴散，是包含石器組成在內，以文化複合體的形式來擴散；栽培水稻的擴散，是單獨擴散的。也就是說我們可以把這樣的現象解釋為：粟黍農耕社會在順應水稻生態系統向北延伸時，在新的栽培穀物中，引進、選擇了水稻這個作物。

水稻擴散到山東半島的時間比較晚。屬於新石器時代後期龍山文化的滕州市莊里西遺址，或山東半島沿海地方的日照市堯王城遺址，出土了水稻。另外，在山東半島東部，位於青島之東的棲霞縣楊圈遺址的紅燒土中，也發現了水稻，由此可見龍山文化時期時，水稻農耕已經擴散到山東半島

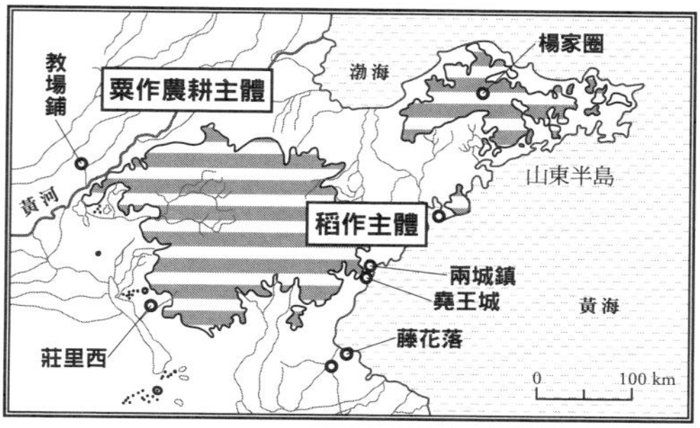

山東半島新石器時代後期的主要遺址與栽培作物。

的東端了。尤其是在也出土了黍的莊里西遺址裡，出土了大量的水稻；就莊里西遺址面向沼澤地的地理條件來說，確實在這裡栽種水稻比栽種黍更適合。

不過，從出土的穀物可以了解到，同一時期的棗莊縣建新遺址的位置雖然就在莊里西遺址附近，但農耕作物的主體卻是粟、黍。新石器時代中期的山東半島大汶口文化期的農耕作物，以在旱田裡栽種的粟為基本。從龍山文化期開始，雜糧農耕中出現了水稻這樣的作物，並且由於沼澤地的地理條件適合水稻的種植，稻作農耕於是變成了這裡的主體。

近年來致力於遺址出土物用、水洗浮選法鑑別的社會科學院考古研究所的趙志軍先生，針對同樣屬於龍山文化期的山東半島黃河下游流域的茌平縣教場鋪遺址，與位於黃海海濱的日照縣兩城鎮遺址進行比較，分析從兩處遺址出土的碳化植物，發現前者以粟為主，占百分之九十二，後者水稻占百分之四十九，粟占百分之三十六。從遺址出土的碳化種子，明顯可知後者是以水稻農耕為主的地方。

如前面所說，黃河流域基本上是粟、黍雜糧農耕的地方，但有部分地方也會加入水稻的栽種。不過，山東半島面對黃海的濱海地方，很可能會受到長江下游流域或淮河流域的稻作農耕北上的影響。

另外，江蘇省連雲港市藤花落遺址裡，發現了龍山文化期的水田遺址，由此可以推測：與水田相伴的正規水稻農耕在龍山文化期時，從山

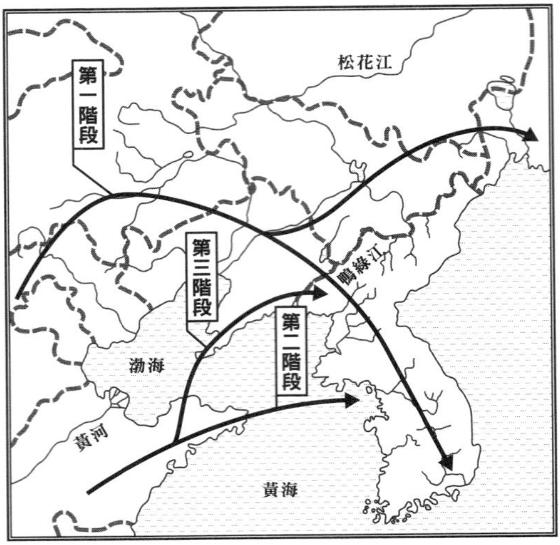

朝鮮半島農耕化第一階段到第三階段的傳播路徑　第一階段是粟、黍農耕的擴散；第二階段是水稻的擴散；第三階段是水稻農耕的擴散。

東半島南岸傳播到東端的可能性，是非常高的。

彌生文化與朝鮮半島農耕化的第三階段內容

關於水稻，在西元前二千左右，水稻就已經傳播到朝鮮半島的漢江下游以南的半島南部，如在渭河流域或黃河中游流域所見的那樣，在旱田農耕之中，也有水稻的耕作。我把這種現象稱之為朝鮮半島初期農耕化的第二階段。

而朝鮮半島南部的旱地農耕與水田並行的正式水稻農耕，開始於西元前二千年代末期。水稻農耕的水田技術，很可能是沿著山東半島南部的黃海沿岸北上，然後從山東半島東端經過遼東半島，擴散到朝鮮半島的。我把朝鮮半島正式開始水稻農耕的階段，稱之為朝鮮半島初期農耕化第三階段。第三階段的農耕化內容，可以說是日本列島彌生社會的母胎。

就這樣，朝鮮半島初期農耕化第二階段及第三階段的萌芽，都是從山東半島東端的膠東半島，擴散到朝鮮半島的漢江下游，是從膠東半島迂迴流傳到朝鮮半島的。就像先前敘述過的，遼東地區農耕擴散的區域性發展那樣，藉著新石器時代中期後半之後的大汶口文化，膠東半島的粟黍農耕化與後來從黃海沿岸北上擴散到山東半島南端的水稻，在膠東半島相遇了，這也關係著朝鮮半島初期農耕化的發展。

也就是說，開始於新石器時代早期的華北粟黍農耕，與華中的稻作農耕，在膠東半島邂逅了，因此可以視膠東半島為從朝鮮半島傳到日本列島的水稻農耕文化的直接起源地。

南方的非農耕地帶

四川盆地的寶墩文化與稻作農耕

開始於長江中、下游流域的稻作農耕在往北、東擴散的同時，也開始上溯長江，往四川盆地傳播。在長江中游流域發達成長的，新石器時代中期的大溪文化，對長江上游流域有著相當的影響，稻作農耕應該就在其影響過程中，擴散到了四川盆地。而四川盆地寶墩文化的誕生，可以認為是受到大溪文化系統的重慶地區棚嘴文化的影響。寶墩文化是與新石器時代後期的長江中游流域的石家河文化並行的階段性地域文化。

看寶墩文化的石器，除了石斧、扁平片刃石斧等工具發達外，也有石杵、石刀等農耕工具。此外，還包括磨製石鏃等，其石器形態與組成，類似長江中游流域的石器。從這一點看，可以認為寶墩文化的生活樣式，是以稻作農耕為基盤。就像在長江中游流域能看到的，在四川盆地的寶墩文化，也有被認為是城址遺址中有城牆的聚落。現在的岷江流域，就發現了以寶墩遺址為首的六座城址遺址。寶墩遺址的城牆長有一千公尺，寬有六百公尺，是規模相當大的城牆。從規模來看，類似

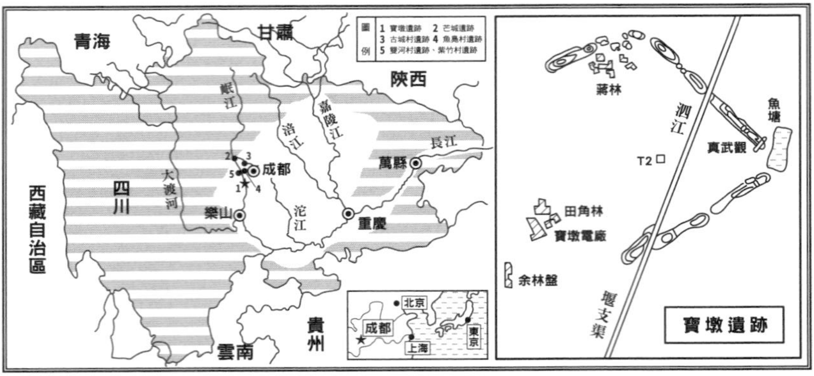

四川盆地的城址遺址　四川盆地中的六個已知城址遺址（左圖是做了部分改變的2000版《寶墩遺址》），其中規模最大的，就是寶墩遺址。

長江中游流域的城牆。

以寶墩文化為基礎，這個地區獨特的青銅器文化——即三星堆文化，在商周並行期出現了。三星堆文化第一期基本上就是繼承了寶墩文化系統的新石器終末期文化。不過，三星堆文化第二期的陶器樣式發生了很大的變化，其內容被認為是受到了中原二里頭文化的影響。關於這一點，會在第十章再做討論。

另外，長江中、下游開始水稻的稻作農耕後，稻作農耕並沒有越過南嶺山脈繼續傳播。南嶺山脈是劃分華中與華南的地理界線。就像華南現在也屬於亞熱帶地區一樣，一直以來都有茂密的野生植物，是感覺不到有農耕必要性的豐饒區域，所以能夠一直持續著狩獵採集的社會。前面已經說過了，這個區域約一萬年前就有陶器了，但是卻遲遲沒有開始農耕的必然性。即使是現在，廣東省中部清遠以南的區域，仍然有野生稻的生長。或許栽培稻出現以前的野生稻，現在仍然是人們採集活動的重要目標。

楊式挺先生認為華南的新石器時代編年，可以分為四個時期。新石器時代早期是青塘類型，新石器時代前期是陳橋類型。華南丘陵地帶的洞窟遺址被認為是青塘類型，出土物以礫石器為中心，其中也有陶器。近年在這個區域的廣東省英德牛欄洞洞穴所發現的，最古老寶墩文化的石器——繩蓆紋陶器與無紋陶器，也屬於青塘類型。廣西壯族自治區的甑皮岩遺址第一期至第四期，也相當於這個時期。從被認為最古老的甑皮岩遺址第一期出土的手捏陶器，根據AMS年代測定法的分析，顯示那是西元前一萬零五百年到西元前九千四百年的東西。

新石器時代前期的陳橋類型以濱海地方的貝塚遺址為中心，但其中有一部分的年代或許已經進入新石器時代中期。此一時期的石器進入出現定型性的磨製石斧或片刃石斧的階段，也有以繩蓆紋圓底釜主的陶器。曾經被張光直先生稱為大坌坑文化的臺灣繩蓆紋釜陶器，也是這個時期的文化。這些從中國東南沿岸到華南地區，以繩蓆紋釜為中心的新石器文化有共通性，但也各自擁有自己的區域個性和差異性，可以說是以狩獵採集經濟為基礎，共有緩慢信息區的區域。

華南新石器時代中期是西樵山文化（金蘭寺文化），新石器時代後期是石峽文化。從珠江三角洲到其附近的島嶼一帶，是西樵山文化的分布地區。和現在比起來，當時的海面更加深入珠江三角洲，所以面向海濱的遺址或生計活動，有其特徵。這裡所說的特徵，就是磨製石斧中出現了新型的有肩石斧，和以繩蓆紋釜為中心的陶器組成中，出現了彩陶。因為有肩石斧是在石器製作場那樣的地方發現的，所以被認為當時社會已經進化到有專業性生產地的社會。不過，西樵山遺址同時也出土了細石器的物件，關於這裡的細石器技術性系統與機能，目前尚有許多不明之處。

華南地方的彩陶多為有支腳的缽，也就是所謂的圈足盤。這裡的彩陶，是以紅彩在白色系的沿

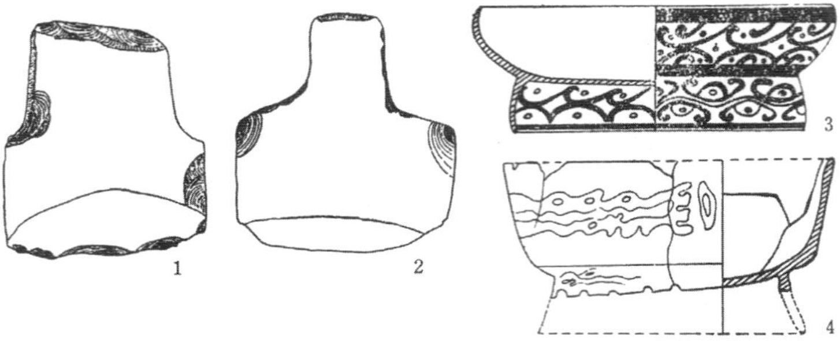

有肩石斧（1、2）與彩陶（3、4）　1.金蘭寺遺址　2.高要下江遺址　3.小梅沙遺址　4.春坎灣遺址

唇部，繪出幾何形的圖案。此外，還有用高嶺土製作圈足盤的白陶。這樣的彩陶和白陶，是如何出現在華南地區的呢？這是目前被廣泛討論的議題。有一種說法認為在香港地區發現，同一時期的西樵山文化之一的大灣文化的彩陶與白陶，與湖南省洞庭湖附近的、大溪文化或湯家崗文化中所見的彩陶與白陶有關係。我個人認為圈足盤這種器形或彩陶技術，是在與長江中游的大溪文化或屈家嶺文化交流中出現的。當時的生計活動還處於狩獵採集階段，但已有石器的生產地，顯示出有和其他地區交流的跡象，應該已經是一個發展中的社會了。另外，臺灣的彩陶雖然發展得比較晚，但也發展出圓山文化。

華南的大改變，石峽文化與稻作的出現

華南的稻作農耕出現得比較晚。就像前面已經說過的，從新石器時代早期以來一直持續著狩獵採集的生活，並由小規模群體組成共同體社會。雖然廣西壯族自治區邕寧縣頂螄山遺址第四期顯示，在西元前四千年左右，華南地區可能已經開始稻作農耕了，但是，至今仍然沒有明確的證據可以證明這個可能性。那個階段因為沒有文化上或社會性的大變化，缺少已經開始稻作農耕的積極性。

能夠看到有飛躍性社會進展的，是西元前三千年以後，新石器時代後期的石峽文化。石峽文化分布於華南北部，被認為在文化上和以前有很大的轉變。其中之一的轉變是繩蓆紋釜這個傳統性陶器的組成上，出現了鼎、鬹、觚形器、高柄杯等新器種。另外，長江中、下游普遍出現了存在於定居型聚落的立牆式地面建築住屋。

和以前最大的不同之處，就是出現了栽培稻。在聚落墓的墓中，發現了栽培稻被當做葬儀的供品，放在被葬者的身旁。這被視為是狩獵採集社會邁入農耕社會的一種轉變證據。足以證明社會發生轉換的，不只發現了栽培稻，還有有段石斧的出現，這是發生在石器組合上的變化。可見此時的社會，確實已經從狩獵採集社會，轉換到稻作農耕社會了。

發生在華南北部的社會性轉換，很明顯地是受到了分布在江西省贛江流域的樊城堆文化的影響。樊城堆文化也影響了同時期出現在福建省閩江流域的曇石山文化，讓那裡出現水稻農耕社會。支撐樊城堆文化的，就是長江下游流域的良渚文化。良渚文化強大的思想體系藉著樊城堆文化，傳到了華南的石峽文化與曇石山文化。

可以證明這一點的，就是石峽文化裡也可以見到良渚文化的特徵——玉琮。不過，石峽文化中的玉琮在紋樣或形態上，和良渚文化的玉琮有幾分不同，很可能是在地生產的玉琮。也就是說，這樣的水稻農耕文化的擴散，並非只帶來陶器組成或石器技術上的影響，也影響了與精神生活有關的玉琮的傳播。而且，玉琮的傳播不只是物品的流入，而是製作玉琮的意識。我覺得這可以看到農耕文化擴散的一定法則。然而，農耕社會為何會在這個階段擴散到華南地區呢？

農耕地帶與非農耕地帶

在新石器時代早期，於兩個文化圈接觸的地帶，誕生了粟黍農耕地帶與稻作農耕，也就是說這兩種新的生計體系，都起源於長久以來的狩獵採集社會。前面已經反覆說過好幾次，農耕地帶的形成，並不表示非農耕地帶的生產效率不夠好，反而是非農耕地帶有更豐富的狩獵採集活動的關係。或者說，在農耕地帶裡，農耕或許是狩獵採集經濟的補助性活動。不過，農耕地帶在社會群體的組織化過程中，很可能逐漸轉變成集體式農耕，再加上氣候溫暖化，栽培作物適應了生態環境，生產量因此提高了。

從新石器時代起就有農耕民與狩獵採集民的分別

在那樣的過程中，新石器時代前、中期的溫暖溼潤期，也就是所謂的全新世氣候最暖期，對農耕的擴散有著重要的意義。

尤其是前期的華北，顯示出陶器文化影響的向量線是從南往北。這一點意味著：單純比較新石器時代早期與中期的古氣候變化時，當氣候變得溫暖潮溼，生態系的北限，也會整體地往北滑動。也就是說：當生態系往北移動時，代表物質文化的陶器技術，也隨之往北擴散，社會群體也跟著向北移動。這樣的移動，應該就是農耕技術向北擴散的原因了。

隨著生態系的往北延伸，粟、黍栽培穀物的栽培生態也跟著往北延伸，農耕技術當然也會往北擴散。華北型農耕石器在朝鮮半島上融合了在大同江下游形成的陶器樣式，以文化複合體之姿，在新石器時代中期時擴散到半島南海岸。就像在克羅烏諾卡夫I遺址中，也可以看到這樣的移動，農耕的擴散很可能在新石器時代中期時，就已經到達遠東的濱海邊疆南部了。

另一方面，在華中形成的稻作農耕於全新世氣候最暖期時，分布領域逐漸往北擴大，越過原本的生態領域，在新石器時代前、中期的階段，擴展到了黃河中、下游。不過，這個擴散並沒有沿著生態領域北上到黃土台地或太行山脈，而在黃河中游流域，約北緯三十五度線以南的地方，便停下來了。

淮河以北接受了水稻栽培的社會，原本是以粟黍農耕為基本的華北型旱地農耕社會，接受水稻栽種的原因，可能只是為了能有多角化的生產。另外，這個時期稻作農耕的擴散，並不是以文化複合體的形式從長江流域傳播到華北的，而是單獨以水稻的稻作技術傳播到華北。華北的社會群體並沒有把水稻農耕視為來自其他地域文化的一環，只是單純地接受了稻作的技術。意思就是說稻作的傳入，與先前我們在北方所看到，農耕社會到非農耕社會的粟黍擴散，其本質上是不一樣的。那麼，南方農耕地帶到非農耕地帶的稻作擴散，又是如何進行的呢？

和往北的擴散比起來，往南的稻作農耕擴散年代是比較晚，在新石器時代後期以文化複合體的形式向外擴散，石峽文化就是在這個時期，受到這個擴散的影響。不過，此時已經是全新世氣候最暖期結束的時候，氣候開始變冷、變乾燥，是以前的生態領域轉而向南移動的階段。此時，包含鼎在內的陶器樣式和農耕傳播，以文化複合體形式，從華中往華南正式地擴散了。

中國大地栽種的黍　禾本科的夏作一年生草本植物。

在中國大陸兩個文化系統的接觸地帶，先是誕生了能夠適應各自生態的農耕，而農耕地帶又一步步順應環境的變化與社會變化的階段，出現往北或往南移動的現象。讀者們應該都能了解到這一點了吧！

舊石器時代的人們以狩獵採集維持生計，農耕社會的出現，是新石器時代的事。我想再次讓讀者們了解的是：順應今日世界的生態領域所出現的水平性社會劃分，一種是極北與赤道地帶能見到的狩獵採集民，一種是以中緯度為中心向外擴展的農耕民，而這種劃分從新石器時代就開始了。

不過，讀者們可能會有疑問，覺得現在的世界不是還有游牧民？游牧民又是如何形成的呢？這個問題的答案線索，就在東亞的新石器社會中。下一章會詳細敘述到這一點。

第七章　畜牧型農耕社會的出現

農耕社會與畜牧型農耕社會

西元前三千年左右開始的新石器時代後期，溫暖潮溼的全新世氣候最暖期結束，地球進入氣候寒冷乾燥化的時代。前面已經說過，這個時期的生態系往南側移動，農耕活動越過南嶺山脈，往南方擴散。那麼，在這個階段以前，農耕已經擴散了的北方地區，是什麼情況呢？

動物考古學解析了氣候變化與家畜化動物的種類

在生態環境惡化的階段，從農耕已經擴散的西北到北側周邊區域一帶，有一些引人注意的傾向。首先是文化方面的，這個區域開始出現以前所沒有的文化信息。戰國時代以後，這些區域修築起長城，成為與北方游牧民族對峙的接觸地帶。我把這樣的區域稱為長城地帶。

這些區域以河川流域等小地域單位為核心，並與鄰近的小地域之間互通信息，並因這種連結，逐漸築起文化上的信息網。新石器時代後期的內蒙古中南部地區與遼西地區，就能見到其中之一。前面已經說過，這些區域以前一直存在於華北的文化系統與遠東文化系統的交錯地帶；也就是說，

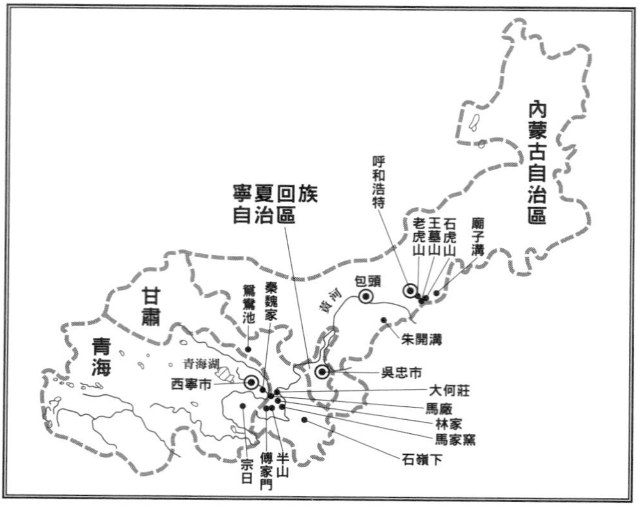

長城地帶遺址分布圖。

這些區域是南北交流的地帶。在這樣的區域裡，出現了陶器或石器的交流，或農耕向北擴散的情形。

不過，從新石器時代後期開始，地域間的關係發生變化，出現了內蒙古中南部地區與遼西這種東西方向的交流。也就是說，以前的南北方向交流，到了這個時期轉變成東西方向的交流。其中最引人注意的，還是陶器的交流。

例如：遼西的典型陶器筒形罐開始出現在內蒙古中南部的同時，內蒙古中南部傳統的繩蓆紋也出現遼西的筒形罐上。還有，內蒙古中南部的海生不浪文化與遼西的小河沿文化的彩陶紋樣，也被認為相當類似。

至於位於中國西北的甘肅省或青海省等甘青地區的情況，又是如何呢？新石器時代中期，仰韶文化的彩陶從渭河上游流域傳播到甘青地區，產生了仰韶文化石嶺下類型；之後，被稱為甘肅彩陶文化的馬家窯文化——在地化的馬家窯類型、半山類型、馬廠類型等，便一一出現了。而馬家窯文化又在龍山文化並行期時，往齊家文化做改變。在這樣的甘肅彩陶文化或齊家文化中，可以見到這個地區獨特的、有把手的陶器器型，例如小口雙耳罐或雙身罐、單耳罐等等。這些器型的陶器在甘青地區與內蒙古中南部的並行時期普遍可見，因此被認為是這兩個區域相互交流的證據。也就是說，這是長城地帶形成共通文化信息帶的階段。與此同時的，長城地帶也逐漸出現異於黃河中游流域、或渭河流域文化的地域文化樣貌。

人們的生計活動也在這個階段出現了變化。試著比較一下渭河流域、黃河中游流域、黃河下游流域與長城地帶。這裡所說的長城地帶，是指被稱為甘青地區的中國西北部與內蒙古中南部。甘青地區也可以稱為黃河上游流域。

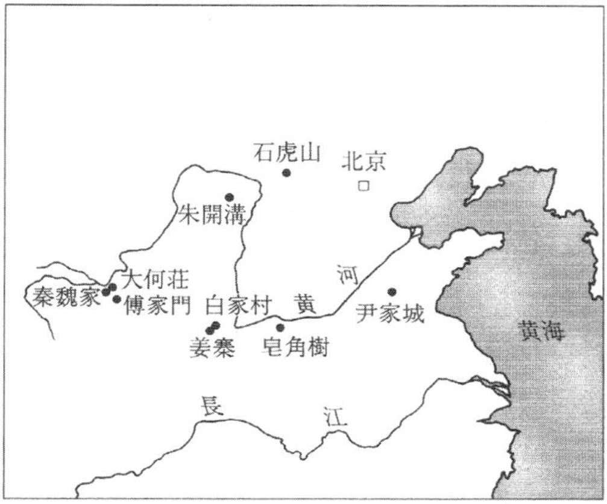

參與比較動物骨骼量比的，位於黃河中、下游地區和長城地帶的遺址。

新石器時代的人類靠著農耕生產的穀物吸收碳水化合物，同時藉著狩獵活動或蓄養家畜攝取蛋白質。從遺址出土的動物骨頭種類與數量，可以理解當時人類消耗動物的情形。在考古學中，這屬於所謂的動物考古學領域，而在鑑定動物骨頭時，精準正確鑑定是非常重要的。還有，在涉及動物的個體數問題時，因為一隻動物有多種骨頭，只數動物骨頭的數量，是無法推定動物的個體數，所以要先鑑定動物的骨頭，即使只是一種動物，也要鑑別出骨頭的部位，再依骨頭的部位別統計個體數，然後依部位別的個體數最多的數值，推算該動物的個體數。這稱為最少個體數。藉由這樣的計算方法，能夠推算出遺址中，被消耗的動物種類的比例。

我也參與了內蒙古自治區涼城縣石虎山遺址的挖掘調查，那是一處新石器時代中期的環壕聚落遺址，在這個遺址的環壕內部或土坑中，出土的動物骨頭數量頗多。華北或長城地帶的大地屬於鹼性土壤，與日本的酸性土壤不同，骨骸比較容易留存下來。這個環壕內的大量動物骨頭，是環壕被廢棄時一起被埋在環壕中的，可以反映出遺址中居民消耗動物的實態。又或者，這些動物骨頭可能是當時的人們在廢棄這個聚落時，舉行盛大的祭典所消耗掉的動物的骨頭。可惜這個環壕聚落內的住屋遺存狀況不好，只能辨識地面的情況，無法掌握到聚落的結構。不過，在環壕內發現了大量動物骨頭的我認為，這些動物骨頭，正好能成為我們理解當時的古環境與人們飲食內容的好線索。

北京大學的黃蘊平教授詳細地分析了石虎山遺址的動物骨頭，並且得出動物骨的最少個體數。目前動物考古學在中國的考古學界中逐漸盛行，帶領這個風潮的人，正是中國社會科學院考古研究所的袁靖先生。在這個風潮的帶動下，新石器時代的出土動物骨頭的最少個體數，能夠讓後世了解的例子增加了。我想依照前面的地域別，沿著時間軸，試著比較這樣的出土動物骨頭的最少個體數，藉此了解當時人們的狩獵或蓄養家畜的實態，並從捕獲來的動物種類，了解當時的環境變化。

渭河流域和黃河中游流域有新石器時代前期的陝西省臨潼縣白家村遺址，還有已得出新石器時代中期到後期各時期最少個體數的陝西省臨潼縣姜寨遺址。在黃河下游流域中，已經知道動物骨頭最少個體數的是山東省泗水縣尹家城遺址。甘青地區（黃河上游流域）擁有良好資料的是甘肅省武山縣傅家門遺址、永靖縣大何莊遺址、永靖縣秦家遺址，內蒙古中南部是新石器時代前期末～中期初的石虎山遺址、新石器時代後期終了期到二里頭二里崗時代的內蒙古自治區伊克昭盟朱開溝遺址。下文將把這些地區按時代別進行比較。另外，為了讓時代別的比較更清楚，也要把二里頭時期的一般聚落，即河南省洛陽市皂角樹遺址，和黃河下游流域的尹家城遺址的商周時期最少個體數也一併加以比較。

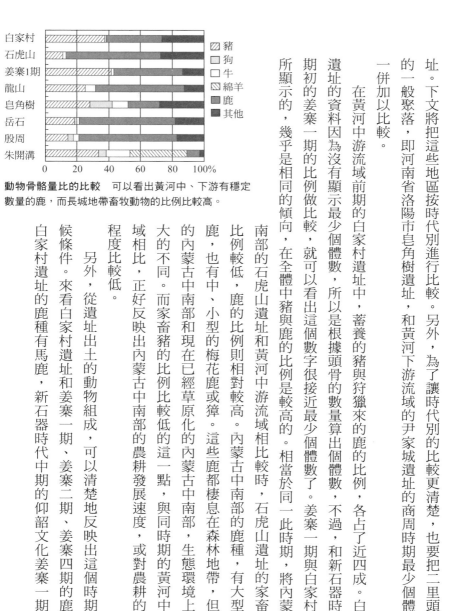

在黃河中游流域前期的白家村遺址中，蓄養的豬與狩獵來的鹿的比例，各占了近四成。白家村遺址的資料因為沒有顯示最少個體數，所以是根據頭骨的數量算出個體數，不過，和新石器時代中期初的姜寨一期的比例做比較，就可以看出這個數字很接近最少個體數了。姜寨一期與白家村遺址所顯示的，幾乎是相同的傾向，在全體中豬與鹿的比例是較高的。相當於同一此時期，將內蒙古中南部的石虎山遺址和黃河中游流域相比較時，石虎山遺址的家畜豬的比例較低，鹿的比例則相對較高。內蒙古中南部的鹿種，有大型的馬鹿，也有中、小型的梅花鹿或獐。這些鹿都棲息在森林地帶，但當時的內蒙古中南部和現在已經草原化的內蒙古中南部，生態環境上有很大的不同。而家畜豬的比例比較低的這一點，與同時期的黃河中游流域相比，正好反映出內蒙古中南部的農耕發展速度，或對農耕的依賴程度比較低。

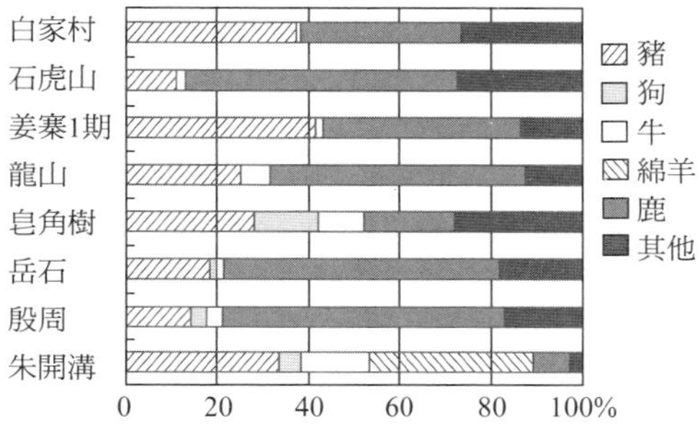

動物骨骼量比的比較　可以看出黃河中、下游有穩定數量的鹿，而長城地帶畜牧動物的比例比較高。

另外，從遺址出土的動物組成，可以清楚地反映出這個時期的氣候條件。來看白家村遺址和姜寨一期、姜寨二期、姜寨四期的鹿種，白家村遺址的鹿種有馬鹿，新石器時代中期的仰韶文化姜寨一期到姜

遺址名 動物名	白家村	姜寨1期	姜寨2期	姜寨4期	姜寨5期	朱開溝
豬	187（37.70%）	85（40.67%）	8（25.00%）	12（18.18%）	4（13.79%）	52（33.12%）
狗	2（0.40%）	2（0.96%）		2（3.03%）	1（3.45%）	7（4.46%）
黃牛		3（1.44%）	2（6.25%）		1（3.45%）	
牛科						24（15.29%）
綿羊						56（35.67%）
水牛	80（16.13%）					
梅花鹿		48（22.97%）	7（21.88%）	19（28.79%）	11（37.93%）	
馬鹿	80（16.13%）					8（5.10%）
麝		3（1.44%）				
獐						5（3.18%）
牙獐	97（19.56%）	21（10.05%）	4（12.50%）	16（24.24%）	1（3.45%）	
鹿科		19（9.09%）	7（21.88%）	5（7.58%）	6（20.69%）	
黃羊	28（5.65%）	2（0.96%）		1（1.52%）	1（3.45%）	1（0.64%）
刺蝟		1（0.48%）				
麝鼴		1（0.48%）				
羅猴		1（0.48%）				
中華鼢鼠		4（1.91%）				
中華竹鼠	8（1.61%）	2（0.96%）	2（6.25%）	2（3.03%）		
兔		1（0.48%）	1（3.13%）	2（3.03%）		
豺		1（0.48%）				
貉	10（2.02%）	5（2.39%）	1（3.13%）	4（6.06%）	3（10.34%）	
黑熊		2（0.96%）				
熊科						1（0.64%）
獾		4（1.91%）		1（1.52%）	1（3.45%）	1（0.64%）
豬獾		2（0.96%）		1（1.52%）		
虎		1（0.48%）				
豹						1（0.64%）
貓科	4（0.81%）	1（0.48%）		1（1.52%）		
駱駝						1（0.64%）
合計個體數	496	209	32	66	29	157

黃河中、下游流域與內蒙古中南部地區的遺址別動物骨頭的種類與數量比。

寨四期的鹿種普遍是梅花鹿，其他種類也只有牙獐而已。而內蒙古中南部的石虎山遺址的鹿類，以獐或梅花鹿為主，在種類上和前者有很大的差別。

必須注意到的是：從姜寨一期到姜寨四期，牙獐的比例占全體動物的百分之十到百分之二十。牙獐目前還棲息在淮河以南的沼澤地附近，其生態領域與其他鹿類不同。不同於現在的華北，接近常綠闊葉林帶的生態環境，正好可以說明當時黃河中游流域的生態情況，也反映出全新世氣候最暖期的溫暖溼潤。

另外，白家村遺址、姜寨一期到四期，還發現了棲息在竹林裡的中華竹鼠的骨頭。現在的華北已經沒有竹林了，讀者們都知道竹林是江南以南的風景。現在最有名的竹林在長江上游的四川省。四川的竹林因為是熊貓的故鄉而聞名，但就像竹林與熊貓，有著怎麼切割也切割不了的關係般，竹林代表的就是常綠闊葉林帶。當時的渭河流域與現在的環境不同，是接近常綠闊葉林帶的環境。竹鼠的存在，也是從動物骨頭以證明，溫暖溼潤的全新世氣候最暖期存在的事例。

但是，到了新石器時代後期的廟底溝二期並行期的姜寨五期，牙獐比例急遽降低到只剩下百分之三．五，而且中華竹鼠也消失了。這種動物生態的變化，恰恰清楚地反映了全新世氣候最暖期結束，氣候由溫暖溼潤轉變成寒冷乾燥。

以西元前三千年為界，氣候變得寒冷乾燥的現象，清清楚楚地在黃河上游流域表現出來。黃河上游流域的傅家門遺址，屬於新石器時代中期末的仰韶文化石嶺下類型，和同一時期的黃河中游流域相比，傅家門遺址的鹿比例比較低，相對的豬的比例就高了，另外，牛或羊等畜牧動物也占有一定的比例。

寒冷乾燥的氣候推動了畜牧動物的家畜化

這是因為氣候寒冷乾燥化，讓森林變成草原，奪走了鹿的生態系統。隨著鹿的生息數量減少，這個地區對家畜豬的依賴度提高了，取代了鹿，出現了畜牧動物開始家畜化的現象。

同樣在傅家門遺址，這樣的現象，持續到新石器時代後期前半的仰韶文化馬家窯類型。新石器時代後期的齊家文化，就像大何莊遺址或秦魏家遺址那樣，狩獵非常的稀少，甚至可以說幾近於沒有的狀態。另外一方面，與仰韶文化石嶺下類型或馬家窯類型相比，齊家文化對豬的依賴度更高，和綿羊或牛等畜牧動物合起來的比例高達百分之二十。因為幾乎沒有狩獵活動了，蛋白質的來源依靠的便是畜牧的豬或綿羊、牛。這個區域比同一時期的內蒙古中南部，對家畜的依賴度更高，而這樣的狀況，值得深入去探討。

另外，岳石文化或商周時代黃河下游流域的、尹家城遺址的狀況，與新石器時代黃河中游流域幾乎沒有差別，顯現出鹿的比例比較高。這反映出即使在氣候寒冷乾燥化的西元前三千年代（西元前三〇〇〇年～西元前二〇〇一年）之後，黃河下游流域比黃河中游流域有更穩定的森林地帶。

還有，黃河中游流域二里頭文化期的一般聚落——河南省洛陽市皂角樹遺址的豬、牛家畜動物比例，比同時期的黃河下游流域高，而其中牛的比例，又有變高的傾向。但和龍山時代相比的話，儘管鹿的比例變低了，和同時期的黃河上游流域或內蒙古中南部比，鹿的比例還是高的，約占全體的百分之二十，這是一定程度的比例。

黃河中游流域在新石器時代結束的二里頭文化期時，豬、牛等家畜的比例提高了，但沒有綿羊，卻有一定程度的鹿等的野生動物，與同時期的黃河上游流域或內蒙古中南部的生計經濟有很大的不同。

遺址名	傅家門	傅家門	大何莊	秦魏家	皂角樹
時期	仰韶文化 石嶺下類型	仰韶文化 馬家窯類型	齊家文化	齊家文化	
豬	12　48%	11　52%	194　73%	430　80%	28%
狗	1　4%	2　10%	2　1%	0　0%	14%
牛	2　8%	0　0%	8　3%	38　7%	10%
綿羊	0　0%	0　0%	56　21%	50　10%	0%
山羊	5　20%	4　19%	0　0%	0　0%	0%
鹿	1　4%	0　0%	5　2%	0　0%	20%
其他	4　16%	4　19%	0　0%	0　0%	20%
總個體數	25	21	265	518	

黃河上游流域（甘青地區）的遺址別動物骨頭的種類與數量比。

就像這樣，以西元前三千年為界，隨著氣候的寒冷乾燥化，以前的野生動物的狩獵活動減少了，尤其狩獵鹿，取而代之的是豬或綿羊、牛等畜牧動物增加了；黃河上游流域或內蒙古中南部，都可以看到這種現象。這種現象出現得尤其明顯的，是新石器時代後期後半的齊家文化或新石器時代終末期的朱開溝遺址。

關於豬的家畜化。從豬的牙齒形態或豬的死亡年齡，可以知道豬的家畜化過程十分迅速。和新石器時代中期渭河流域的北首嶺遺址所發現的豬齒比較，新石器時代終末期朱開溝遺址所發現的豬齒，明顯比較小。豬的牙齒變小的原因，是因為在家畜化的過程中，豬的食物發生了變化。再比較同樣位於渭河流域的姜寨遺址與朱開溝遺址的豬的死亡年齡，朱開溝遺址屠殺的大多是幼豬與青年豬。因為不是狩獵的野生豬，是有計畫性地飼養，供人類食用的豬，所以有一定的被屠殺年齡。

不過，比起豬的家畜化發展更令人應該注意的是，綿羊或牛等畜牧動物的飼養情形明顯增加了。這是森林地帶草原化，和鹿的生息領域減少成反比的現象。新石器時代後期開始，黃河中游流域也出現了牛或綿羊的畜牧動物，不過二里頭文化期的一般遺址，例如皂角樹遺址等地，畜牧動物的比例並不高，也幾乎沒有綿羊。光看畜牧化這一點來看，還是黃河上游流域或內蒙古中南部，對畜牧的依賴度比較高。

類似的動物變化，也出現在遼西地區。只是這種變化是到了二里頭文化期以後的夏家店下層文化階段才變得比較明顯，時間上比黃河上游流域或內蒙古中南部稍微晚了一些。

另外，黃河上游流域或內蒙古中南部，即使在畜牧發達的階段，就像仍然存在著農耕石器一樣，可以看到一直以來的農耕要素，農耕活動也還在進行著。我把這種依賴畜牧的農耕社會，稱之為畜牧型農耕社會，以此和黃河中游流域或黃河下游流域的粟黍農耕社會做區別。

因為交流與接受，陶器的樣式有了重大的變化

新石器時代後期，與生態系的變化相呼應，生計形態或者說是經濟社會出現了新的分支。生態系的變化不僅造成社會經濟性的分支，在文化現象上，也改變了地域間交流的方向。從其意義上來說，內蒙古中南部和遼西地區，就是最典型的例子。

新石器時代後期之前，內蒙古中南部和遼西這兩個地區，是以繩蓆紋罐為中心的粟黍農耕社會

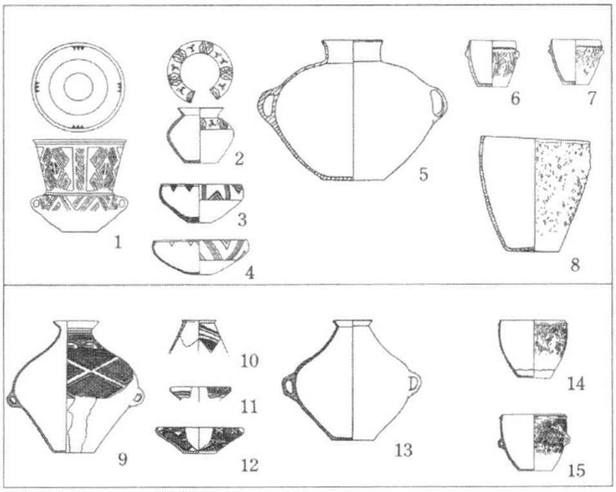

內蒙古中南部與遼西的陶器比較　1～8是小河沿文化（遼西地區），9～15是海生不浪文化（內蒙古中南部）。

與遠東平底陶器文化圈的交接點，是兩種相對文化的邂逅地區。也就是說，這兩個地區雖然都是粟黍農耕擴散的中途站，但在陶器文化等信息帶上，卻隸屬不同的地域，也就是所謂文化系統不同的區域。

然而，到了新石器時代後期，內蒙古中南部的海生不浪文化與遼西的小河沿文化中皆可看出相互間的關聯。小河沿文化屬於遠東平底陶器文化圈，該文化圈的特徵就是筒形罐的存在。而內蒙古中南部到新石器時代中期以前，是沒有筒形罐的地區。

但是到了海生不浪文化階段，內蒙古中南部也出現筒形罐了。因為在系統上這個區域以前沒有筒形罐，所以筒形罐這個陶器，被認為是從鄰接的遼西地區傳來的。另一方面，遼西也在這個階段發生變化，遼西的筒形罐上，出現了以前所沒有的繩蓆紋。繩蓆紋是內蒙古中南部，從石虎山文化後半期以後常見的紋樣，利用繩蓆拍印的技法製作陶器。遼西並不存在會製作出繩蓆紋的必然性，所以繩蓆紋想當然是與鄰接的內蒙古中南部接觸後傳入的。

換言之，筒形罐和繩蓆紋在遼西和內蒙古中南部這兩個緊鄰的地區裡，相互接觸互相影響，表現出文化融和的現象。這意味著這個時期在這兩個地區出現的彩陶紋樣是類似的，代表這兩個地區有相互接觸的可能性。這是令人矚目

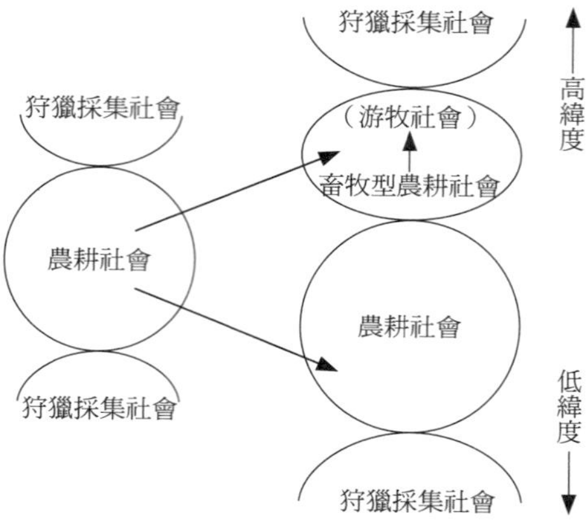

發生在新石器時代的水平方向社會分支過程。

的。因此，在這個階段之前所不存在的新文化交流或信息交換的信息帶，被認為出現在內蒙古中南部和遼西地區了。

這種在陶器樣式上的文化交流，也出現在內蒙古中南部和黃河上游流域（甘青地區），例如在陶器的器種構成上，小口雙耳罐或雙耳罐、單耳罐，都是這些地區很普遍的東西。如此看來，黃河上游流域、內蒙古中南部、遼西地區等區域，與鄰接地區相互交流連繫，逐漸形成信息帶。

而這一點關係到前面說過的生計形態，意味著在被認為是畜牧型農耕社會的地方，已經形成共通信息帶了。可以說這些地區不僅社會經濟類似，而且處於擁有相同信息帶的文化交流圈。這些地區自戰國時代以來，就是北方游牧民族與農耕的漢民族對峙的地方，因為這些地區也是修築起長城的地方，所以我把這些地區稱為長城地帶。而這樣的長城地帶在新石器時代後期以後，不管是社會經濟還是文化，都逐漸與長城以南的人們走向不同的方向。

前面已經說過好幾次了，粟黍農耕是在全新世開始時，誕生於細石器文化這個共通生態領域周圍，是一種新社會經濟活動。這個新形成的粟黍農耕，在溫暖潮溼的全新世氣候最暖期得到發展，並且適合農耕的地域在往北延伸的過程中擴散。但是，這樣的農耕擴散在全新世氣候最暖期結束時，為了適應開始變得寒冷乾燥的新生態系，轉變成長城地帶的畜牧型農耕社會。

農耕社會形成時，其周圍地區，仍舊持續著舊石器時代以來就存在的狩獵採集社會。不過，在農耕往北擴散的地域中，又誕生了畜牧型農耕社會。畜牧型農耕社會在西周之後，氣候開始出現寒冷乾燥化中，專門化了畜牧的活動，產生新的社會經濟體系，開始了游牧社會。東亞的水平化社會分支就此逐步完成。從農耕社會分支出畜牧型農耕社會，而畜牧型農耕社會再發展出游牧社會，在其周邊的則是從西伯利亞到極北，和在熱帶地區的狩獵採集社會。（本書二二〇頁圖）

讀者們如果能夠了解，包括無文字社會民族在內的地理性社會分支，從新石器時代終末期就已經開始，就能夠更了解研究史前時代的重要性吧！

長城地區文化帶的形成與青銅器

中國的青銅器時代始於何時？

十九世紀的丹麥考古學者湯姆森（Christian Jürgensen Thomsen）認為：古代的遺物可以依照素材的變化，分為三個時期，分別是石器時代、青銅器時代和鐵器時代。這就是有名的三時代法。之後，英國的約翰・盧伯克（Sir John Lubbock）又將石器時代分為舊石器時代與新石器時代。新石器時代之後，就是青銅器時代。

青銅器時代就是中國的考古學所指的，二里頭文化期以後的商周時代。

長城地帶出現明確的文化性統一現象，是青銅器時代以後的事，也就是二里頭文化期之後的事。不過，青銅器是從什麼時候起，出現在中國大陸的呢？

其實，在新石器時代就已發現有完完整的青銅器存在。為了區別新石器時代，北京大學的嚴文明教授將社會進化後，農耕地帶進入首長制社會，並且已經出現青銅器的新石器時代後期，稱為金石並用期。不過，這個階段的青銅器，還沒有出現後來二里頭文化期以後的那種青銅容器，而只出現了刀子或錐子那種簡單的工具或墜飾一類的裝飾品，或一些形態不明的斷片。此時離真正的青銅器時代還很久，是青銅器還不具有實用性社會性價值的階段。況且，這時出現的，除了銅錫合金而成的青銅外，還有用鈍銅敲打成形的純銅器。另外，西北地區的中亞則可以見到許多用混合了砷的

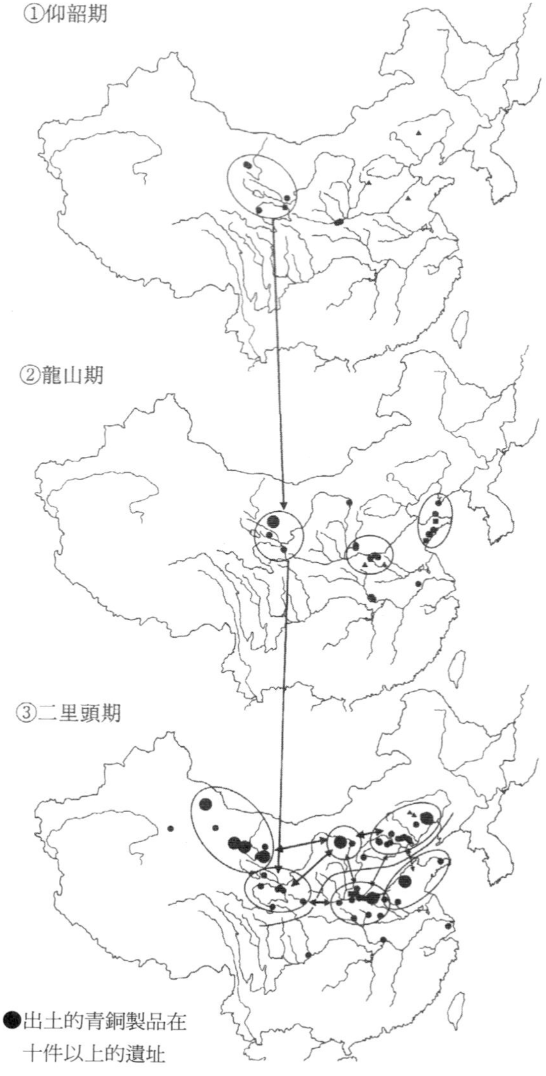

新石器時代青銅器的擴散（佐野製圖2004年） 中國的青銅器始於西北地區，之後也出現於黃河中游流域。二里頭文化期時，長城地帶與黃河中游流域也都出現了青銅器，但兩地的內容不同。

銅器，技術上還未達到發展期的階段。

但在西亞或歐洲，青銅器的技術卻比東亞更早就進入了發展期。西元前六千年前，西亞就已經開始使用銅了；而巴爾幹地方在西元前四千年前，就有用雙范合鑄的銅製斧。

從新石器時代中期後半到後期前半的仰韶文化期（甘肅彩陶）裡，中國大陸有青銅器存在的資料。在渭河流域的姜寨遺址裡，發現了這個時期的青銅管子和碎片。這是仰韶文化半坡期的資料，如果這個資料確實無誤，那麼這就是中國最古老的事例。但是，由於材料是黃銅，而黃銅的技術是到了後世才出現的，所以很多研究者對這個資料的真實性有所疑惑。

如果那是確實可信的事例，那麼比起黃河中游流域，黃河上游流域發現的資料就更多了。例如：甘肅省東鄉族自治縣林家遺址，出土了馬家窯文化馬家窯類型階段的青銅製刀。其他的例子還有：青海省同德縣宗日遺址出土了垂吊飾或環等裝飾身體用的器具，被稱宗日文化，相當於馬家窯文化的階段。黃河上游流域中，能夠發現仰韶文化期類例的遺址，在五個以上。

在西亞與緊鄰的中亞地方，很早就有製作青銅的技術了，看了東亞的黃河上游流域和西北地區古老階段的資料，我覺得青銅器或純銅的技術，有可能是西方經歐亞大陸傳到東亞的文化交流的結果。

到了新石器時代後期，黃河上游流域出現了刀子或錐子這種簡單的工具，以及裝飾身體用的器具。不過，黃河中游流域或黃河下游流域，也有銅片出土，可見當時簡單的青銅器，已經分布到整個黃河流域了。

這種狀況的大轉變，出現在新石器時代結束的二里頭文化並行期。在這個時期裡，不僅黃河流域出現了青銅器，內蒙古中南部、遼西也有青銅器了。而且，此時青銅器的器種增加了，除了刀子、錐子外，黃河上游流域的甘青塘與新疆，都出現了斧、鑿、矛等器物。除了上述的工具或武器外，黃河上游流域、內蒙古中南部、遼西等地，還出現了手鐲、耳環、泡等裝飾身體用的器具，可見在這個階段時，長城地帶的這些區域，應該是一個大連結區域吧！

不過，長城地帶雖然出現了以裝飾身體用的器具為主的共通性，這些裝飾用的青銅器具，卻與

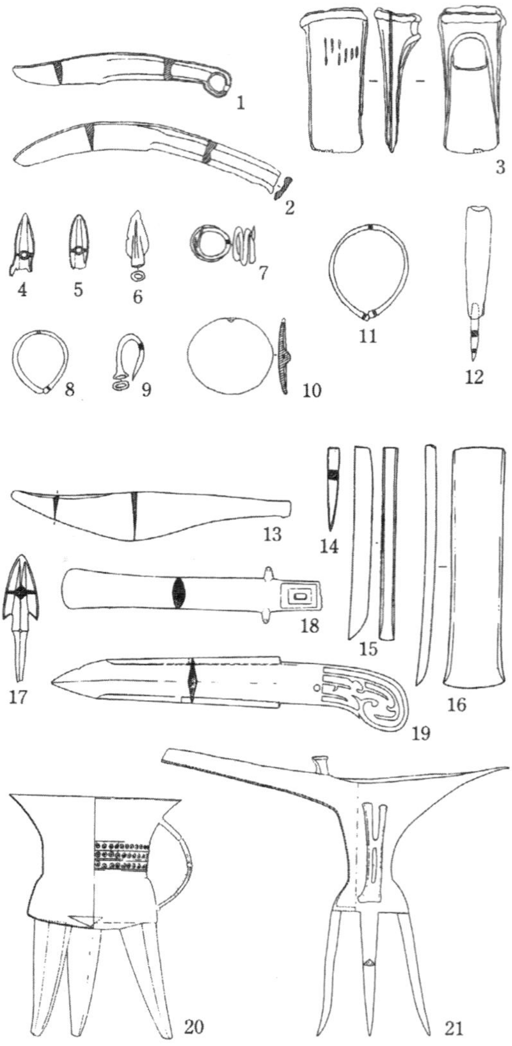

長城地帶與黃河中游流域的青銅器比較　（1～12是甘肅省火燒溝遺址，13～21是二里頭遺址）1、2、13是刀子，3、16是斧，12、14錐，15是鑿，4、5、6、17是鏃，7是戒子，8、9是耳環，10是泡，11是手鐲，18鉞，19戈，20是斝，21是爵。

社會的階層制無關。

從墓葬分析來看，墓地內墓壙或陪葬品的多寡，關係著社會階層的高低，但這些青銅器不僅被上位階層者擁有，下位階層的被葬者也擁有裝飾身體用的器具。

例如遼西的內蒙古自治區敖漢旗大甸子墓，這是屬於與二里頭文化期並行的夏家店下層的墓地，從墓地的配置與陪葬品看，可以發現這裡的群體有明確的階層關係，但若只看青銅器的陪葬品，卻看不到有階層構造的對應關係。雖然女性的被葬者多有銅製耳環、戒子的陪葬品，但這只是反映了性別的差異，並沒有威信的象徵意義。長城地帶關於青銅器的生產或與青銅器有關的信息是共通的，會生產出相同的青銅器，但並沒有把青銅器拿來當做威信物。

相對於長城地帶，黃河中游流域表現出來的情況是不一樣的。直到新石器時代後期，只有黃河中游流域被確認有青銅片，但到了二里頭文化期，除了出現了刀子、錐子等工具，或鈴那樣的樂器外，二里頭文化三期以後，還出現了戈或鏃等武器，並且生產出斝、爵等青銅禮器。尤其是青銅禮器，用一般的雙笵無法生產，須要技術性的進化青銅器，是長城地帶完全看不到的東西。

以這樣的青銅禮器為中心的青銅器，被發現於上位者階層墳墓中的現象，出現在黃河中游流域。也就是說，在黃河中游流域，青銅器陪葬品與階層構造有關，是階層的標識，青銅禮器被當做威信財來使用。這一點與長城地帶的青銅器不同。以青銅禮器為中心的黃河中游流域其位階系統成立，展開了和長城地帶不一樣的青銅器文化。

就這樣，以青銅短劍或裝飾品為中心的長城地帶，逐漸形成一個文化性的個體，邁向畜牧農耕社會後，接著往游牧社會發展。

相對於長城地帶，以青銅禮器為中心，形成祭儀系統的黃河中游流域以商周社會為母體，步上農耕社會之路。新石器時代後期以後，從農耕社會分離出畜牧型農耕社會，長城地帶不管在社會性還是文化性，都與黃河中、下游走向不同方向，這在青銅器的發展與融合上，也可以看得到。

鬲社會與非鬲社會

在農耕社會與畜牧型農耕社會分離的新石器時代後期，還可以看到別的現象。那就是鬲這種有三隻腳的煮沸器具，在農耕社會與畜牧型農耕社會的接觸地帶出現了。鬲和同樣有三隻腳的鼎不一樣，它的特徵是三隻腳的部分是中空的。在鬲出現前，這種中空的腳還有斝，斝也是三足器。

從鬲的傳播了解來歷與接受的祕密

關於鬲的出現，有人認為鬲的起源是斝，或是出現在渭河流域仰韶文化的尖底器。目前種種起源論都還不見結果，不過，從鬲的形式看來，可以看到鬲有兩個系統，一個系統從渭河流域到內蒙古中南部，一個系統從內蒙古中南部到山西省中部（晉中）、北部（晉北），分別是單把鬲與低頸鬲。

如字面上的意思，單把鬲的特徵就是有一隻把手的鬲。低頸鬲在商代時非常普遍，可以說是鬲的元祖型。單把鬲出現於從渭河流域到內蒙古中南部的地區，低頸鬲出現於從內蒙古中南部到山西省北部的地區，鬲的誕生地點可說是農耕社會與畜牧型農耕社會接觸地帶。單把鬲擴散到黃河中游流域的齊家文化，低頸鬲則越過太行山，擴散到太行山東麓，也擴散到山西省南部。

鬲在殷商時代是基本的器種，尤其是基本的墓葬陪葬陶器，所以殷商王朝的政治擴展和殷商樣式的鬲的擴展被視同一體。也就是說從陶器的角度，把鬲視為商周社會範圍的標籤。因此，鬲這個器種，有被過度重視之嫌。北京大學的嚴文明教授將鬲視為中華文明核心的看法，更是強化了人們對鬲的重視。

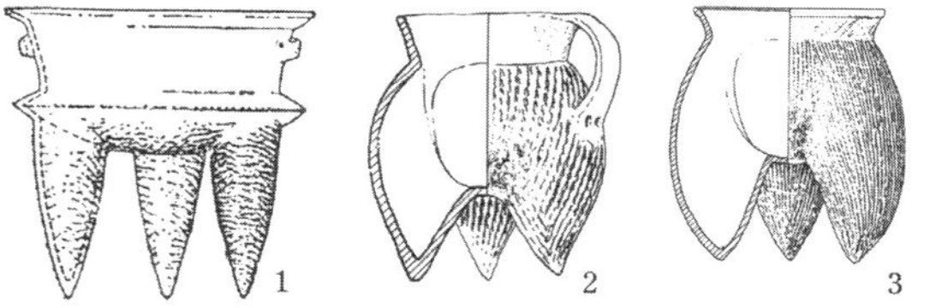

斝與鬲　1.斝　2.單把鬲（山西省杏花村遺址）　3.低頸鬲（杏花村遺址）

然而，如果拋開上述的想法，來看鬲的生成與擴散，會有什麼樣的情形呢？新石器時代結束後，黃河中游流域也就是在中原的文化樣式，逐漸轉變成二里頭文化、二里崗文化的樣式。其中二里頭文化是以鼎為主體的文化樣式，基本上沒有鬲，是後來與北方地帶的交流，才融入了鬲這個器種。

但鬲卻是二里崗文化的基本器種。二里崗文化是以位於太行山東麓的先商文化為母體的文化。如前面所說，低頸鬲出現於內蒙古中南部到山西省北部（晉北），這是先商文化的所在地。也就是說，以鬲為基本陶器組成的先商文化，發展之後，變成了二里崗文化。因為二里崗文化相當於商王朝前期文化，所以鬲被理解為象徵殷商文化範圍的標識。

前面已經說明了鬲的來歷，知道鬲剛開始出現時，並不是顯示政治領域的物品，而是畜牧農耕社會與農耕社會接觸地帶為了適應新的生活樣式，所發展

窯洞式住屋　山西省石樓縣岔溝遺址3號住屋遺址（左圖），與其復原圖（右圖）。

出來的。意思就是：鬲在之後擴散到遼西的夏家店下層文化、嫩江流域的白金寶文化、第二松花江上游流域的西團山文化等中國東北部，這絕對不能理解為是殷商文化擴散的結果。而是應該理解為長城地帶在文化上或信息交流上一體化時，接受了鬲這種新的器種。

另外，在山東黃河下游流域的山東龍山文化後期，或之後的岳石文化階段，也都接受了鬲這個器種。鬲擴散到太行山麓後，接著又進一步地擴散到山東地區。

從渭河流域到內蒙古中南部、山西省中部（晉中），是鬲出現的地區，也是畜牧型農耕社會與農耕社會接觸的區域。在新石器時代後期以後，為了適應乾冷的氣候，這個區域的住屋結構發生變化，住屋變成在地面上挖洞的窯洞式住屋。從黃河上游流域到出現鬲的渭河流域、內蒙古中南部、山西省中部，都可以見到這種窯洞式住屋。還有，這種住屋的分布地點，甚至可到山西省南部或河南省北部，或者是從太行山脈東麓到遼西。窯洞式住屋的擴散與鬲的擴散路徑，是相同的。

還有一個東西的擴散與鬲、窯洞式住屋相同，那就是卜骨。第九章將會詳細敘述卜骨。卜骨也出現在鬲出現的黃河上游流域的畜牧型農耕社會與農耕社會的接觸地帶，盛行於新石器時代後期。卜骨出現於新石器時代中期，發源地是西北地區。而這個地區就像前面說的，很可能就是青銅器這種新技術的發源地。

中國是從什麼時候開始栽種小麥的？

其他讓人矚目的新文化要素，就是小麥。由小麥等穀類磨成粉的東西，在現在中國稱之為「麵」。大家都有在中國餐廳裡點菜的經驗，餐廳的服務人員通常都會在最後問客人要點什麼主食。要點什麼主食是隨個人喜好的，一般人會點的主食不外乎米飯、餃子或麵條。餃子、麵條或是饅頭，都屬於現在中國語裡的「麵」，它的原料就是小麥。小麥所做成的麵，是現代中國人的主食，更是華北等北方人的主食。

華中以南的南方人的主食，當然是米飯。新石器時代的農耕，在華南的作物是水稻，在華北的作物是粟、黍。但小麥後來取代了粟、黍，成為現在華北的主食。這意味著小麥出現在中國大陸與普及，是一件重要的事情。現在的日本人吃米飯，也吃以小麥為素材做的烏龍麵或拉麵，可以說同時食用中國北方主食的「麵」和中國南方主食的「米飯」。現代日本人能同時享有中國南北兩方的文化，是東亞共通文化的受惠者。

小麥出現的時期，可能是龍山文化期。山東省兗州縣西吳遺址出土了可能是小麥的花粉，陝西省武功縣趙家來遺址也出土了小麥的麥桿。出土的都不是小麥的種實。

確實出土小麥種實的地方，是甘肅省民樂縣的東灰山遺址。東灰山遺址不僅出土了小麥，也出土了大麥。但出土的小麥、大麥的年代，屬於四壩文化階段，在中原是二里頭文化並行期，比龍山文化更晚的階段。不過，近年來利用水洗浮選法，也在山東半島的山東龍山文化茌平縣教場鋪遺址、日照縣兩城鎮遺址，發現了小麥，由此可以明確地知道新石器時代後期時，山東半島已經栽種小麥。而中原的河南省洛陽市皂角樹遺址，也明確地顯示出二里頭文化時期時，已經有小麥這種作物了。這個發現證明了上述的事實。

日本熊本大學的甲元真之教授曾經提出：新石器時代晚期到殷商時代時就已經普及的石鎌與小麥的存在息息相關的假設。這個假設也在此得到有力的支撐。

然而，中國並沒有野生種的小麥。小麥是西亞新石器時代在黎凡特地方被栽培出來，然後擴散到歐亞大陸的作物。

假設中國的小麥也是經過歐亞大陸，從西北地方傳入的，應該是妥當的吧！這和青銅器的傳入現象，簡直是一模一樣。如果小麥是在畜牧型農耕在長城地帶形成的階段時傳入的，那麼，是否可以認為小麥是可以適應寒冷乾燥氣候的新栽培穀物呢？或許這個時期出現、擴散到華北，被稱為鬲的新陶器器種，與小麥的擴散及小麥的調理器具的擴散是一致的。還有，卜骨的擴散，也可能和呼應了小麥或畜牧擴散，與新農耕祭祀有關。

第八章　區域間的交流與社會的統合

社會威信與交流

話題回到農耕社會。農耕社會處在社會組織逐漸複雜化的進程之中。關於各個區域的社會發展狀況已在第五章時詳細敘述過，並強調了各區域的固有發展。雖然每個區域有其個別發展，但也會跨過固有的領域，開始與別的領域展開交流。

從彩陶的交流看做為威信物的彩陶的功能

這時的交流活動，與其說是交換等價的東西，不如說是為了得到特殊、稀少有價值的物品，而進行的交流活動。在階層化社會中，擁有特殊而稀有的物品者，多是社會中的階層上位者。

正因為那是特殊而有價值的東西，所以擁有那樣東西的人，才會被眾人認為位居領導者的地位。還有，擁有特殊東西的人，表示是能和其他地區的人做交流人，這樣的人當然能在群體裡贏得尊敬。

新石器時代中期山東的大汶口文化前期，就是這種現象的實例。大汶口文化是出現在山東地區

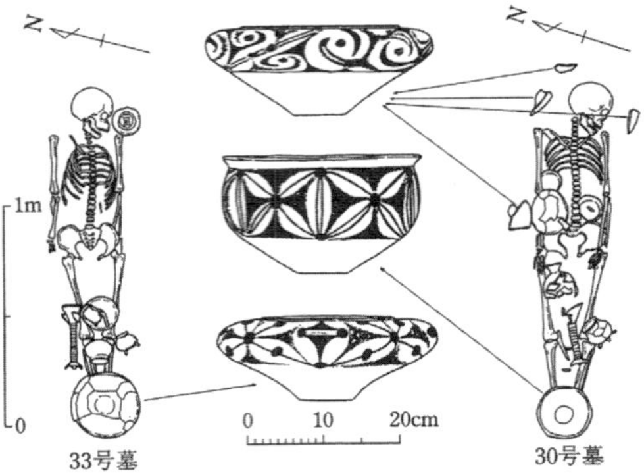

大汶口文化的彩陶與墓葬的陪葬品　大墩子遺址30、33號墓（西谷1991年製）。

的固有地域文化，但這個時期的這個地區，卻已經出現該地區原本沒有的彩陶盆或缽。

這些彩陶盆、缽常見於同一時期黃河中游流域仰韶文化廟底溝類型。器面為白衣，再以紅彩或黑彩畫出花瓣紋或迴旋鉤連紋；另外，還明顯可以看到五角星紋，那是當地的獨特紋樣，顯然不同於仰韶文化廟底溝類型的彩陶。在接受仰韶文化廟底溝類型時，同時融入了自己地域的獨特紋樣，開發出新的彩陶盆。

但這樣的彩陶並不見於山東大汶口文化中的住屋內，可見它並不屬於日常生活陶器，而只用於墓葬時，做為墓葬的陪葬品。不過，擁有這些彩陶的墓，都是陪葬品比較多的富有者之墓。因為有這種現象，所以日本國立歷史民俗博物館的西谷大先生認為，彩陶是群體內的權威象徵。而且認為彩陶出現在大汶口文化的背景並非是人的遷移，而是以交易為中心，由外地交流而來的。

我認為西谷大先生的觀點可以再做進一步的解釋。從擁有其他地區製作的彩陶，可以顯示被葬者生前的社會地位這一點來看，能夠和其他區域進行交流的人，獲得群體內的尊敬，而且會被視為實力者。在這個情況下，與其他地區進行交流的動機，便可以理解為是為了反映自己在群體內的地位，或是為了保證自己的地位。不過，彩陶首先應該是來自其他地域單向的贈予行為。

彩陶來自黃河中游流域的贈予，這種事基本上是存在的。在各個區域，各有其固有發展的史前社會，與其說交流是互補物資的交換原理，不如說是群體間為了連繫關係的一種基本原理。

這是為了與其他群體結盟，而進行的贈予行為。一個社會群體要與異質群體進行交流時，本身會產生緊張感與好奇心，而執行交流行動的人是群體內的實力者，這又帶動了社會群體的組織化。

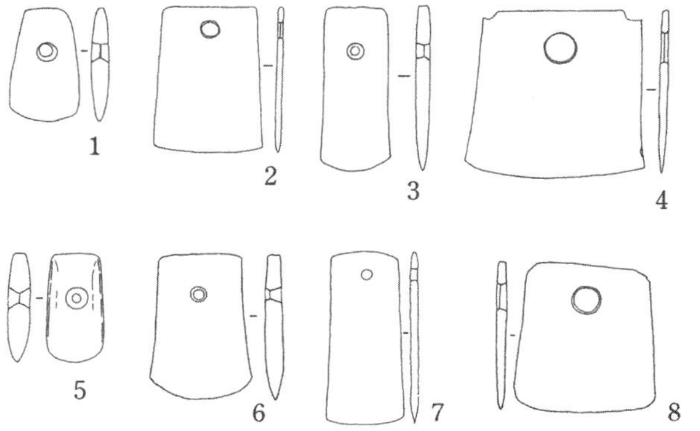

長江下游（1～4）與黃河下游（5～8）石鉞的比較 1.龍虬莊遺址 2.薛家崗遺址 3、4.張陵山遺址 5、8.王因遺址 6、7.大汶口遺址

我覺得正是這樣的交流，大大帶動了群體的社會性成長。希望讀者們在理解史前社會時，能拋開時下社會的消費性利益得失感，再想像史前社會的交流。

同樣藉由交流而出現的東西是石鉞。石鉞是在石斧的基部側開有圓孔的石器，也稱為有孔石斧，本來和石斧一樣是一種工具，但後來逐漸被拿來當做武器，轉而變成反映威武、象徵權威的威信物。已經變成不再是工具的有孔石斧，就應該稱為石鉞了，但從形態變化上來看，兩者幾乎難以區分。在此統一以石鉞來稱呼這兩種器具。

根據日本九州大學的研究生濱名弘二對石鉞的研究，最早把石鉞當作墓葬的陪葬品，並藉此彰顯被葬者的社會地位的是長江下游流域，之後還擴散到黃河下游流域。石鉞在長江下游流域成為顯示社會威信的器物，其背景在於石材的安定供給以及社會群體的首領對於再分配的干預有關。而且從這個階段以後，社會群體內的社會階層差逐漸擴大，石鉞成為陪葬物的習俗就更加確定了。

與外來群體的交涉
權力就是領導權

那麼，為什麼這種以石鉞為陪葬物品，而且成為象徵階層上位者威信物的文化，會傳播到黃河下游流域呢？可以以山東兗州縣王因墓地的墓葬為例，來說明這個現象。王因墓地是大汶口文化前期的墓地，發生的時間大約是西元前四千三百年到西元前三千五百年。就像在第五章敘述過的，這個階段的墓地，陪葬品數量和墓壙的大小，沒有什麼差異，而差異是從這個階段開始逐漸形成的。基本上這個階段還處於等質性的社會組織中，並不存在太大的社會階層差，從墓地的外觀就可以看出這一點。

關於這些墓地的年代，可依墳墓與墳墓之間的破壞（重疊）關係，及陪葬陶器的形式差異，來分成三個階段，也就是大汶口文化前期、中期、後期三個階段。若再細分大汶口文化前期，可以發現就在這個前期裡，出現了墓壙比較大、陪葬品比較多的墳墓。由此可知，這個時期是階層差逐漸擴大的萌芽階段。

王因墓地的陪葬品也使用了黃河中游流域生產的彩陶盆、缽；還出現了長江下游流域較早期的石鉞。此外，長江下游的特徵性陶器，被稱為「豆」的陶器，也在陪葬品的行列之中。這裡的豆，其器形及豆腳的鏤空孔形狀、鏤空洞的傳統，都非常類似長江下游流域的崧澤文化。豆的出現，也很有可能是與長江下游流域交流之後的結果。

前面已經說過，彩陶不管是從黃河中游流域的遺址墓地或住屋都有出土，因此被認定是生活中的使用物品。但是黃河下游流域的大汶口文化的彩陶，卻幾乎只從墳墓裡出土。而且，因為出土的數量不多，所以在大汶口文化地帶，彩陶被視為貴重的物品。同樣的，來自其他地域的豆或石鉞，可能也是同樣的情形。

彩陶、石鉞、豆的原產地，各自在黃河中游流域或長江下游流域，但是不知何故，也傳入了山東。這樣的外來物品，都成了墓葬時的陪葬品，而只有富裕階層的被葬者，才能擁有這樣的外來物品當陪葬品。

有一點必須先說明。那就是這樣的外來物品未必全是在外地製作完成，然後才進入王因墓地的。雖然那些物品的源頭在外地，但生產製作的地方，很多會因為王因墓地的成員而有不同。也就是說，陪葬物是自家生產的可能性很高。

擁有來自其他群體或文化的物品，表示王因墓地裡的成員，都是階層上位者或富裕階層的人，而這又代表了什麼意思呢？我覺得難道不是把陪葬品當成與外來群體交涉的象徵嗎？彩陶、石鉞、豆，就是象徵物。王因墓地的群體最初喜歡與黃河中游流域的群體進行交易，後來偏好與長江下游流域的群體交易，交易來的物品於是隨之改變。而擁有與外來群體進行交涉權力的人，必定就是這個群體內的實力者，並且實力會越來越雄厚。

交易是經濟的行為，但擁有與其他群體交涉的權力，才是群體內誕生領導者的原因，與外來群體交流之初的目的，應該不是為了經濟上的交易吧？經濟上的交易，是建立在互酬性質的「付出與收穫」上的關係。對應黃河中游流域的彩陶，山東這邊提供什麼物質，到目前為止在黃河中游流域尚未有所發現。同樣的，山東用來回饋與長江下游流域交換石鉞、豆的物品，也至今未曾發現於長江下游流域。來自黃河下游流域的山東，被長江下游流域接受的物品，就是有名的大口尊，而大口尊的獨占者，就是長江下游流域的階層上位者。或許這與儀禮的共有關係有關。

從上述幾點看來，在新石器時代中期這個社會群體比較等質的階段，讓其他地區的特定物品，成為自己地區威信財般的貴重品，或許是社會群體內擁有與其他地區接觸權的人，為了獲得社會群體的評價，而進行的有意識行為。我是這樣認為的。

關於交流的意義，比起經濟方面的交換，更重要的是群體內的社會標識作用；以這樣的形式開始的交流，才是當時的實際狀態吧！這樣的狀態以後也會出現在與其他群體的交流上，並且加速進行。

常被當成陪葬物品的貨貝的作用

新石器時代的外來遺物中，特別引人注意的，就是貨貝。貨貝生息於熱帶海域，例如黃寶螺貝，就生息於現在臺灣或海南島以南的地帶。南方海洋的貨貝在新石器時代，也可以在黃河中游流域看到，但黃河上游流域更多。最早發現的貨貝，是新石器時代中期末到後期初，青海省大通縣上孫家寨遺址三八四號墓中的陪葬品。這個遺址屬於馬家窯文化馬家窯類型。而更確實的例子，則是在馬家窯文化馬廠類型的青海省樂都縣柳灣遺址八七三號墓和九一六號的陪葬品中。到了新石器時代後期後半的齊家文化，發現貨貝的例子就更多了。

生息於南方海域的貨貝，是怎麼被帶到黃河上游流域這種內陸地方的呢？這是個大問題，關於這一點，也有很多種說法。其中最有說服力的是：貨貝沿著東海北上，從黃河下游經過中游，然後傳到了黃河的上游。

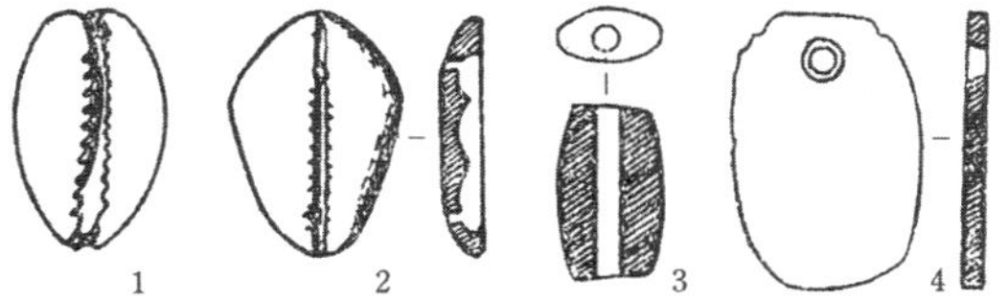

黃河上游流域的貨貝與綠松石　1.貨貝（柳灣873號墓）　2.石製貨貝（柳灣765號墓）　3.綠松石製管玉（柳灣1144號墓）　4.綠松石製墜飾（柳灣1200號墓）

暫且不管這樣的傳入途徑是否可信，總之，貨貝與這個地區並不生產的綠松石，都屬於外來的貴重物品，而且，把這樣的貴重外來物品拿來作為身上的裝飾物，更具有社會用意。貨貝與綠松石也和前面說的那些外來物品一樣，代表著能和其他群體進行交流的社會標識。

從二里頭文化期以後的商代以來，貨貝多被用於陪葬之用。在新石器時代時，以外來品的身分被付予社會意義的貨貝，其存在的意義後來有幾分變動，到了商周時代，則成為重要的威信物。

第五章已經敘述過區域文化的各自發展過程，但各自發展的區域文化，也會逐漸與鄰接的區域開始交流，而能顯示出交流過程的，就是各區域的陶器變化。如本書二三八頁的圖表所示的，是在第五章敘述過的地區陶器在構成時間上的變化。在此，為了讓讀者容易明瞭，盡量地簡略了陶器的器種，簡單地做了說明。對專家學者們來說，這裡的說明是不足夠的，但請多多諒解。

	渭河流域	黃河中流域	黃河下流域	長江下流域	長江中流域
前期	罐（三足）、壺、鉢	鼎、罐、壺、鉢	釜、壺、鉢		釜、壺、鉢 釜、壺、鉢、豆
中期	罐、壺、鉢、尖低瓶	鼎、罐、壺、鉢 鼎、罐、壺、鉢、杯、豆	鼎、釜、壺、鉢 鼎、壺、鉢、尊、鬹、杯、豆	釜、壺、鉢 釜、鼎、壺、鉢、杯、豆 鼎、壺、鉢、鬹、杯、豆	釜、壺、鉢、杯、豆 釜、鼎、壺、鉢、杯、豆
後期	罐、鼎、斝、壺、鉢、杯、豆 鬲、斝、壺、鉢、鬹、杯	鼎、罐、斝、壺、鉢、杯、豆 鼎、斝、壺、鉢、鬹、杯、豆			鼎、壺、鉢、鬹、杯、豆

區域社會間能見到的陶器交流種類。

上列圖表中，首先須要注意的就是鼎。新石器時代前期，鼎出現在黃河中游流域（或淮河上游流域），然後藉著與鄰接地區的黃河下游流域、長江下游流域、長江中游流域接觸，逐漸擴散到上述的區域。

而新石器時代前期出現在長江中游流域的豆（高杯），則逆向地隨著時代的腳步，擴散到長江下游流域、黃河下游流域、黃河中游流域。

另外，在新石器時代中期山東地區的黃河下游流域，很早就出現了做為酒器的鬹，雖然帶著黃河下游流域的區域特性，但也一邊從長江下游流域往長江中游流域擴散，一邊從黃河中游流域往上游的渭河流域逐漸擴散。

同樣在新石器時代中期的黃河下游流域開發出來的大口尊，也從長江下游流域傳播到長江中游流域。還有前一章敘述過的鬲這種新的器種；鬲是新石器時代終末期，與在長城地帶接觸的地帶裡擴展的器種，但也出現在渭河流域、黃河中游流域北部和黃河下游流域的一部分地區。

這裡應該注意的是，除了新石器時代終末期的鬲之外，新石器時代後期各個區域獨自開發的陶器器種，從渭河流域到黃河中、下游流域，及長江中、下游流域的這個大範圍區域裡，演變成共有的狀態。後來的商周社會有著相當大的文化範圍，而在這個範圍裡陶器有統一化的傾向，顯示這個區域在新石器時代後期是一個很活絡的交流圈，達到了共有大範圍信息的階段。

這相當於以前哈佛大學的張光直教授所說的「中國相互作用圈」概念。如此的大領域統一性，正是後來決定商周社會文化領域的基層部分。意思就如前一章討論過的，長城地帶在新石器時代終末期時，社會經濟逐漸脫離上述的區域，鼎和鬹沒有擴散至此，是處在陶器器種統一圈外側的地域。信息藉著地域間的交流而擴散，也帶來了玉器的傳播。

玉器的交流

玉器的普遍化讓玉器的交流變得頻繁

各地區固有玉器文化的擴散，已於第五章、第六章討論過了。紅山文化的玉器特徵，是將想像中的動物形象化，如豬龍或龍。良渚文化的玉琮、玉璧等玉器，是為了祭祀而存在的精緻玉器。擁有與其他地域不同的玉器，例如人面玉器與動物頭形玉器等，屬於玉器文化發達的石家河文化。每個地方都有異於其他地方的代表性玉器，這些玉器都成為社會中階層上位者的權威象徵。

新石器時代時，這些玉器在各地相互交流，跨越了生產地區，往外擴散。

山東地區大汶口文化晚期的臨沂大笵莊遺址，出土了骨鏟形玉器這種特異的玉器。骨鏟形玉器是以骨製的鏟形土木工具為模型的玉器，也是山東地區最古老的玉器。新石器時代後期後半的龍山文化期，骨鏃形玉器不僅出現於山東，從黃河中游流域到與西北的長城地帶的接觸地區，陝西省神木縣石峁遺址也有出土這樣的玉器。

後來的二里頭文化期，黃河中游流域的二里頭文化圈生產了很多骨鏃形玉器，一般被稱為是玉璋。二里頭文化期以後，玉璋不只出現在黃河流域和長江流域，還擴散到了華南地區與越南。

與骨鏃形玉器同樣來自山東的玉器還有被稱為牙璧的玉器。牙璧是有孔圓盤形的璧狀玉器，但周圍刻有缺口，看起來像日本的手裡劍（鏢）。石峁遺址也有牙璧出土，這是牙璧擴散到與長城接觸地帶的例子。

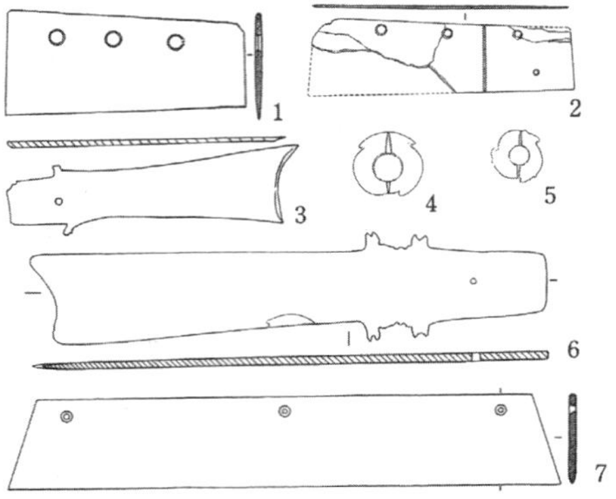

新石器時代後期具有特徵性的玉器　1、2.玉刀（1安徽省潛山縣家崗遺址　2.山東省日照縣兩城鎮遺址）　3、6、7.玉璋（3山東省海陽縣司馬台遺址　6、7二里頭遺址）　4、5.牙璧（4、5山東省膠縣三里河遺址）

新石器時代中期，盛行於安徽省薛家崗文化的石刀形玉器，是山東的山東龍山文化階段常見的墓葬陪葬品。石刀形玉器的形狀，被認為是模仿穀物摘穗時用的石刀。石刀通常是指有兩個圓孔可以用繩子貫穿的一塊石頭，而石刀形玉器的特徵是有多個圓孔。石刀形玉器在龍山文化期時擴散到西北地區，不僅可以在長城接觸地帶的陝西省延安市蘆山峁遺址與神木縣石峁遺址看到這種玉器，西北地區齊家文化的青海省大通縣上孫家寨遺址，也有石刀形玉器出土。石刀形玉器和玉璋一樣，同為二里頭文化期二里頭遺址的出土物。另外，石刀形玉器也被稱為玉刀。

然而，為骨鏟形玉器、石刀形玉器命名的京都大學林巳奈夫先生最近否定了自己以前的說法，認為骨鏟或石刀並不是上述玉器的祖型。林巳奈夫先生為何改變看法，他並沒有明確的回答。在此，我們只要知道上述玉器被廣為使用的地區與逐漸擴散之事，這樣就可以了。

再說中國西北地區齊家文化的玉器，出現在這個地區的玉器不只有石刀形玉器。在長江下游流域發達的良渚文化的玉琮與玉璧，在新石器時代後期後半，也擴散到了齊家文化分布的區域。第六章已經說過，玉琮與玉璧的擴散，是通過與良渚文化鄰接的樊城堆文化，往華南地區的石峽文化擴散。這與水稻的擴散同一途徑，但玉琮並不是從良渚文化直接擴散來的，從它的紋樣已有些許變化的這點看來，應是是在石峽文化內被生產出來的東西。

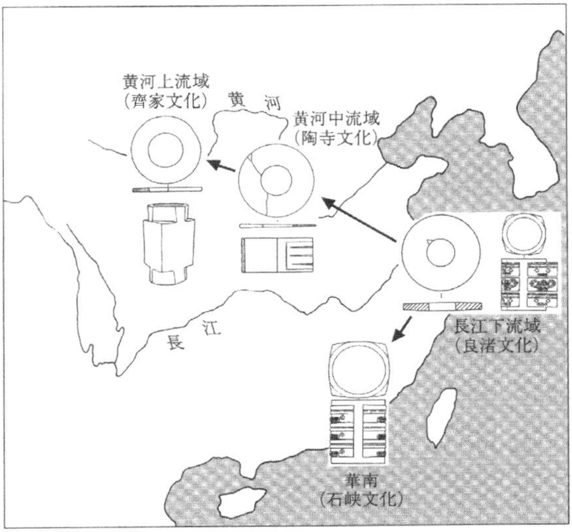

玉琮、玉璧的區域間移動　以良渚文化為核心，其周圍各區域也開始生產玉琮、玉璧。

可以確定的是：玉琮與玉璧在向華南擴散的同時，也向黃河下游流域的山東、黃河中游流域、黃河上游流域的西北，進行了大範圍的擴散。

隨著那樣的擴散，玉琮、玉璧的形態被各個區域模仿，同時其紋樣也在各個地區變化中，尤其是獸面紋更是出現了退化消失的傾向。意思就是說：從長江下游傳播到各個區域的並非只是玉琮、玉璧本身，它們所代表的宗教性意義，也隨之擴散到各地，並且在各地發生形態上的變化，融入各地域中，並且被在地生產。

從長江中游流域的石家河文化，可以看到同樣源自長江流域的玉器的移動。陝西省神木縣石峁遺址發現了源自山東的骨鏟形玉器、玉牙璧、石刀形玉器，及來自長江下游流域的玉琮、玉璧，還有源自石家河文化的鷹形玉笄與玉虎頭。

根據京都大學科學研究所的岡村秀典先生實際觀察的結果發現，石峁遺址的玉器，是從石家河文化直接過來的，來自各區域的玉器集中在石峁遺址。最近二里頭文化二期的墓中，也發現了石家河文化的鷹形玉笄。

源自各地的玉器一邊廣泛地移動擴散，一邊也接受了其他地區的玉器影響，從黃河下游流域到黃河中、上游流域，都可以看到就這樣的現象。其中，與長城地帶接觸的陝西省神木縣石峁遺址，更是匯集了來自黃河下游流域、長江下游流域、長江中游流域的玉器。

玉器擴散的過程，證明了新石器時代後期後半地域間文化交流的頻繁，讓人理解在這些地方，確實有旺盛的文化交流活動。而黃河中游流域和其鄰接地帶，的確受到玉器文化影響。這些原本沒有玉器文化的區域，不僅接受玉器成為威信物或實物，也可能接受了玉器所代表的宗教意味。

	渭河流域	黃河中游流域	黃河下游流域	長江下游流域	長江中游流域
前期	半地穴		半地穴		半地穴、平地築牆
中期	半地穴、平地築牆 半地穴、平地築牆	半地穴 半地穴	半地穴 半地穴、平地築牆	干欄式高腳屋 平地築牆	平地築牆 平地築牆
後期	半地穴、平地築牆 半地穴、窰洞式	半地穴、平地築牆 半地穴、平地築牆、基壇	半地穴、平地築牆	半地穴、平地築牆	平地築牆

住屋構造的地域性變遷

住屋構造的變遷

住屋說明了階級的差別與建築物的機能

能顯示出地域間交流的，不只陶器或玉器等遺物，住屋構造技術的變化，也可以看到地域間交流的趨勢。

對日本人來說，史前時代的住屋就是挖掘地面，然後在挖好的地面上豎立木柱，架構屋頂，築成半地穴式的住屋。因為日本繩文時代、彌生時代、古墳時代的住屋都是這樣的，所以日本人難免以為東西其他地方也是如此。

但是在中國大陸就有半地穴式住屋以外的住屋結構。半地穴式住屋主要分布於遠東到華北的地方，是屬於北方地帶的住屋構造。說到這裡大家應該都會發現，其實日本史前時代的半地穴式住屋，也是大陸北方系文化的傳統。

至於中國大陸的住屋構造，如上表所示，在新石器時代，從淮河流域到長江中、下游流域，基本上是在平地築牆、建立支柱支撐屋頂，也就是所謂的平地式住屋。為了架構牆壁，要先在地面上挖出溝狀的基槽，然後把木柱豎立在溝中，用木頭編織出牆壁的骨架，再塗上泥土，形成土牆，利用柱子與土牆支撐屋頂。新石器時代中期淮河流域的長排式住屋，就是這樣的住屋結構。

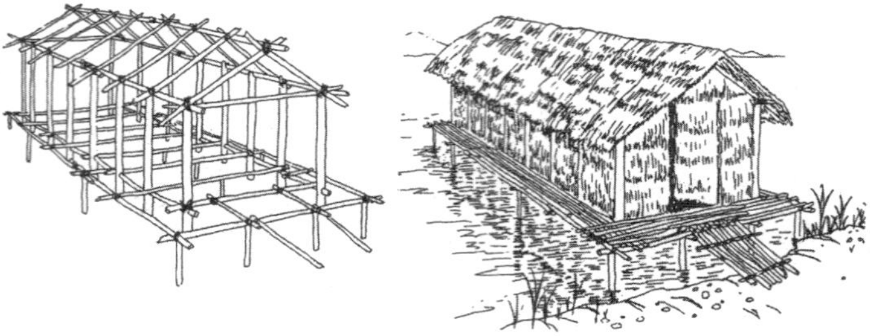

高腳屋　廣東省高點縣茅崗遺址的高腳屋（左）及其復原圖（右）。

另外，在長江下游流域，新石器時代中期的浙江省餘姚市河姆渡遺址或浙江省桐鄉縣羅家角遺址的住屋，則屬高腳屋。這和廣東省高要縣茅崗遺址的例子相同，是湖沼地帶特有的住屋構造。

其他地方，例如黃河流域以北，基本上是半地穴式住屋。不過，黃河下游流域、黃河中游流域和渭河流域的住屋，則以兩系統交錯的形式，也就是說以半地穴式住屋和平地式住屋交錯的形式，住屋的形態由兩種系統構築而成。另外，從半地穴式住屋的平面圖看來，可以知道圓形住屋是太行山脈東麓到黃河中游流域與黃河下游流域的主體，在新石器時代後期才慢慢從圓形住屋的半地穴式住屋，轉換成平地式住屋，也出現了以土坯磚堆砌牆壁的建築技術。

從內蒙古中南部到陝西盆地的住屋，以方形半地穴式住屋為主。陝西盆地的渭河流域，在新石器時代中期時，方形與圓形的半地穴式住屋並存，而且，在同一個住屋遺址的平面圖上，也能看到平地式住屋的複雜動態。不過，新石器時代後期的渭河流域，有方形平面圖比圓形平面圖多的傾向。此外，從遼西以北的中國東北部到遠東的部分地區，一般的住屋是方形半地穴式住屋。

還有，新石器時代後期，從包含西北的長城地帶到與其接觸地帶的黃土台地的住屋，則是在傾斜的坡上挖掘洞穴為屋，這是窰洞式住屋。為了適應新石器時代後期的寒冷乾燥氣候，於是出現了窖洞式住屋，這樣的住屋構造從西北部擴散到長城地帶的黃土台地。

如此一來，區域的住屋構造變遷和系統性，被顯現出來。在新石器時代後期，尤其是以黃河中游流域和下游流域為中心的區域，平地上築牆的平地式住屋與半地穴式住屋是並存的。

所謂的平地式住屋，就是在平地上建築基壇，然後再在基壇上興建建築物。河南省淮陽縣平糧台遺址，就是這樣的例子，這後來也成為商周時代宮殿建築的基本構造。也就是說，以前因為地域系統而存在的各種住屋構造或造屋技術，在新石器時代後期的階段，這些住屋構造或造屋技術相互融合了。這種融合類似前面說過的陶器器種與玉器的融合。

新石器時代後期是一個文化融合頻繁的時期，住屋構造的複合化，就在黃河中游流域出現了。這裡有基壇建築、平地式築牆住屋、半地穴式住屋、窖洞式住屋。前三者反應了社會機能分化的差別，住屋的社會性機能不一樣，同時也反應了居民的階層差距，產生不同階層的居民有不同住屋構造的現象。殷商後期的都城殷墟，同時存在著基壇建築、平地式築牆住屋、半地穴式住屋，這個現象可以說是反映出房子擁有者的階層差，也彰顯出神殿或宗廟、貴族住屋、一般住屋、糧食貯藏庫等建築的機能差別。因社會分化而產生的差異，都在住屋建築上表現出來了。

城牆遺址的出現與戰爭

說到新石器時代的聚落，很多讀者就會想到環壕聚落。關於農耕社會和其周圍區域社會環壕聚落的形成，已在第五章和第六章說明過了。住屋的構造雖然各不相同，但各個社會都出現了環壕聚落。其中最早出現的，當數新石器時代前期的遼西興隆窪文化的興隆窪遺址、查海遺址、白音長汗遺址等。同樣古老的，還有長江中游流域新石器時代前期的湖南省澧縣八十壋遺址。同一時期的粟黍農耕中心地——黃河中游流域，還沒有發展出環壕聚落，當時渭河流域的陝西盆地，還在處於新石器時代中期仰韶文化半坡類型的半坡遺址和姜寨遺址階段，直到渭河上游流域來到仰韶文化史家類型階段時，甘肅省秦安縣大地灣遺址才出現環壕聚落。

城牆的最大作用在於防洪

環壕聚落的四周有壕溝環繞，而壕溝的機能不外就是防禦。因為環壕聚落的內部集中了眾多住屋，所以並不是像是英國新石器時代裡，被稱為Causewayed Enclosure的那樣，專門為了舉行祭祀儀禮的環壕遺址。那麼，環壕聚落要防禦的對象，是什麼呢？

前面已經說過，從聚落構造和墓葬分析來看，長江中游流域、遼西、渭河流域，都是部族社會階段的等質性階層社會。在這裡的聚落內部或聚落與聚落之間，並沒有因為階層差距而引起鬥爭，或群體間的摩擦。那麼，做為防禦工具的壕溝，其作用就是保護群體裡的人與貯藏的食物，及阻擋

地域名	省名	遺址名	所在地	規模（東西×南北）m	築造時期
黃河下游流域	山東省	辺線王	壽光縣	1辺100	山東龍山文化中期
		辺線王		1辺240	山東龍山文化後期
		史家	桓台縣	4.4 ha	山東龍山文化後期
		丁公	鄒平縣	310×350	山東龍山文化
		田旺	臨淄市	400×450	山東龍山文化
		城子崖	章丘市	430×530	山東龍山文化
		尚莊	茌平縣	3 ha	山東龍山文化
		樂平鋪	茌平縣	200×170	山東龍山文化
		大尉	茌平縣	3 ha	山東龍山文化
		教場鋪	茌平縣	1100×300	山東龍山文化
		王集	東阿縣	120×320	山東龍山文化
		景陽崗	陽谷縣	300～400×1150	山東龍山文化
		皇姑塚	陽谷縣	150×495	山東龍山文化
		薛國古城	滕州市	170×150	山東龍山文化
		西康留	滕州市	185×195	大汶口文化後期
		丹土	日照市	600×500	山東龍山文化中期
	江蘇省	藤花落	連雲港	325×435	龍山文化
黃河中游流域	河南省	後崗	安陽市	1辺70m以上	龍山文化
		孟莊	輝縣	340×375	龍山文化中・後期
		西山	鄭州市	直徑約180	仰韶文化秦王寨類型
		古城寨	新密市	460×370	龍山文化後期
		新砦	新密市	殘存長924×160	龍山文化後期
		王城崗	登封縣	82.4×92	龍山文化中期後半
		王城崗		殘存長30×65	龍山文化中期後半
		郝家台	郾城縣	148×222	龍山文化中期
		平糧台	淮陽縣	185×185	龍山文化中期
	山西省	陶寺	襄汾縣	560×1000	龍山文化前期
		陶寺		1800×1500	龍山文化中期

在黃河中游流域與黃河下游流域的城址遺址的規模。

棲息在聚落周圍的野獸。這應該是最合理的解釋了。

在黃河中游流域和長江中、下游流域，群體內的階層差距逐漸擴大的時期，也就是新石器時代中期後半的階段。關於這個部分，已經在第五章敘述過了。在各個區域，階層差距逐漸出現在以父系血緣氏族為單位的家系單位中。而這樣的社會階層差距，會表現在墓葬的階層差，而且就像先前敘述黃河下游流域的山東時所說的，階層差距也會以聚落的大小來顯示。從聚落的大小，可以看出據點性的聚落，與圍繞在其周圍的小聚落的關係。

在這個過程中，聚落的周圍開始築起用土壘堆起來的城牆。而城址遺址不只城牆，也包括了在其周圍，被環壕圍繞的聚落。日本的研究者對那樣的聚落有很多種稱呼，例如城寨聚落、城郭聚落、圍壁聚落等等。在西亞的話，城址遺址被稱為都市遺址，但是都市這個說詞是相當文明化的詞彙，很容易造成誤解。在中國，稱這樣的聚落為城址或城。因為中國的新石器社會是特異的聚落構造，所以我便沿用中國的說法，使用城址遺址這個詞彙。

在本書一七〇頁與二三八頁，這兩個表是依地域別列出來的中國大陸城址遺址一覽表。

城址遺址比較古老且比較集中的地區，就是第五章敘述過的長江中游流域。從新石器時代中期到後期的屈家嶺文化階段，長江中游流域出現了許多城址。長江中游流域的城址遺址有像漢水流域的湖北省天門縣石家河遺址那樣，城牆邊長一公里以上的龐大城址，也有直徑三二五公尺的湖南省澧縣城頭山遺址，但和其他地方比起來，長江中游流域的城址其特徵就是規模相對地比較大，而且城址的內部並非都是平坦的地面。這一點和黃河中、下游流域的城址遺址的景觀，是不一樣的。

我也參與了湖北省荊沙市陰湘城遺址的中日共同挖掘調查。陰湘城遺址是邊長超過五百公尺的城址遺址，只是要橫越過城址遺址的內部，就必須走過聚落區、山谷和水田區，所以感覺裡的這個城址，比實際上的大。現在這個城址的山谷區被利用為水田，較高的緩斜坡有旱田也有水田，而地勢較高的平地，則是居住區。

被陰湘城城牆圍繞起來的所有空間，應該並非全部被用來當做居住空間吧？雖然還未確認，但是作為一種可能性，一般認為陰湘城遺址的城址內部，可能存在著被水田圍繞的聚落建築。

石家河遺址也一樣，城內的地形有起有伏，地勢稍微高的鄧家灣和譚家嶺是居住區域，但並不是所有的空間都是聚落居住區。如果城牆只圍繞著聚落，那麼沒有利用到的空間就太多了。例如石家河遺址內部的三房灣出土了很多杯，卻沒有建築物的遺存，那裡是一處像運動場般的平地，可以想像大概是很多人聚集在一起飲酒的集會場所。

長江中游流域的話，就像第五章所敘述的，城址遺址的周圍圍繞著小規模的聚落，但其規模相較於漢水流域、澧水流域、洞庭湖北岸，則是逐漸小型化。與其說這種情況與地域間的等級差別或階層關係連結在一起，還不如說是與支持城址規模的人口數比例有關。總之，依照可以築牆的周邊區域住民的人口比例建造，城址規模自然會有所不同，這是想當然爾的。

那麼，修建如此巨大的土木工程，動機就成了問題。以前我曾針對與弓箭相關的鏃進行分析，確認了長江中游流域的大溪文化、屈家嶺文化、石家河文化的鏃，會隨著時間軸的前進，逐漸大型化。而促使鏃大型化的原因，在於鏃是因為階層摩擦而引發群體間衝突時的武器。至於城牆與環繞在其周圍的壕溝，可能就是長江中游流域發生群體衝突時，具有防禦功能的建築。

若只看城址遺址的話，大部分的城牆開始修建的時期，是屈家嶺文化時期，而被認為群體間的戰爭更加激烈、頻繁時的石家河文化時期，卻幾乎不見有新的城牆開始被建造。從這一點看來，雖然社會性階層差距的成長，確實有可能引起戰爭，但是城牆的修建卻未必是為了防禦。因為水田區域等有生產能力的地方，也位於城牆之內，所以有必要把對抗長江流域特有的洪水，也考慮進城牆的功能裡。

水稻農耕地帶非常須要季風帶來的雨季，但雨季引起的水災，即使是現在也經常發生。事實上，大溪遺址和中堡島遺址裡，就發現了大溪文化末期的洪水所形成的堆積層。而且，還須要考慮到的是，修建這樣大規模的城牆，須要集體作業的這一點。

舉前面提到的陰湘城遺址來說。參與中日共同調查的我們，為了了解這個城牆的建構方法，曾經切斷了東城牆，觀察城牆的斷面。陰湘城遺址的城牆，基底寬有四十公尺，高有五公尺，可以說相當巨大。而且城牆外有寬四十五公尺的壕溝圍繞。光是切斷城牆的一部分，即使是使用現代的鐵製工具，也需要大量的農民勞力。當時沒有現代的鐵製工具，連找到相當於鏟子的有用石器都沒有，要把城牆堆高修築起來，可以想像絕對是非常艱難的勞動作業。

藉由城牆斷面的觀察，就可以知道修築城牆是一件非常巨大的工程。挖掘城牆外圍的壕溝時，棄土可以拿來利用，將黃色與灰色的黏土交互層疊，往上堆高，這與後世的版築技術不同。如此大規模的土木工程，自然會讓人想到這是需要非常多的人共同作業，才能完成。

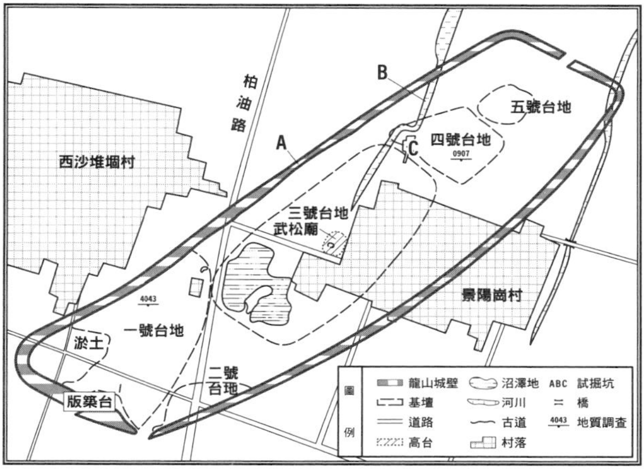

山東龍山文化的大型城址遺址（山東省陽谷縣景陽崗遺址）。

若去思考屈家嶺文化時期的社會性，就不會認為修建巨大城牆那種事，是強而有力的王權趨使老百姓完成的勞動工程。因為那是還沒有出現強大首長的階段。因此，那應該是帶著某種重大宗教意味的合作工程。關於這一點，石家河遺址內部的三房灣裡，現在還散落著許多當時的杯子，這些杯子讓人想像來自周邊聚落，參與築城工程的勞動者們聚集在共同祭祀場的畫面。同樣的城址遺址，也見於稍後的年代，長江上游流域的寶墩文化期。

另一方面，新石器時代中期末，黃河中游流域也出現了城址，目前所見最古老的城址遺址，是河南省鄭州市西山遺址。到了新石器時代後期，黃河中游流域的城址逐漸變大了。

同樣的情形也發生在黃河下游流域。山東省滕州市西康留遺址是大汶口文化後期的城址遺址，是這個區域最古老的城址。到了新石器時代後期後半的山東龍山文化期，城址開始普遍化。

還有，在山東地區，存在著數個以城址遺址為中心的聚落網。現在的黃河北岸，就是城址遺址的集中地。例如以山東省茌平縣教場鋪遺址為中心的城址遺址群或一般遺址群，以山東省陽谷縣景陽崗遺址為中心的遺址群。教場鋪遺址的規模是一一〇〇公尺×三〇〇公尺，景陽崗遺址的規模是三〇〇～四〇〇公尺×一一五〇公尺，都是相當大的遺址。不管是教場鋪遺址還是景陽崗遺址，不只城牆使用版築技術建築而成，城內還有版築基壇，可見城內極有可能也存在著該群體的中心建築物。

這個地區的情形與長江中游流域的城址遺址不同，已經顯現社會群體階層化與連鎖的動態。較大的城址遺址在中心，周圍圍繞著相對較小型的城址遺址，一般性的聚落則散落在更外圍，是聚落的階層構造十分明確的階段。而且，因為中心性的城址遺址裡存在著版築基壇的基壇建築，所以很可能這裡就是政治性的中心。大汶口文化以來，在墓葬中見到的階層秩序，也可以在聚落之間看到。

以首長為中心的階層構造，得到了聚落這個社會生產基礎單位的保證後，便到了能將周圍的城址遺址或一般聚落連結成網狀，形成政治性紐帶的階段，這也是政治性的網狀連結與地理上的連結並存的階段。

陶寺遺址的城址內已有具有初期國家的機能劃分

山東省文物考古研究所所長張學海先生依上述的狀況，將聚落規模分為三個等級。像教場鋪遺址或景陽崗遺址那樣的，是第一等級的城址遺址；在它們的周圍，規模相對較小的是第二等級的城址遺址，最後的第三等級規模更小，是一般性的遺址。這個觀點非常優秀。而山東這個地方，便並存著數個在地域區塊單位上，擁有聚落階層構造的聚落群。

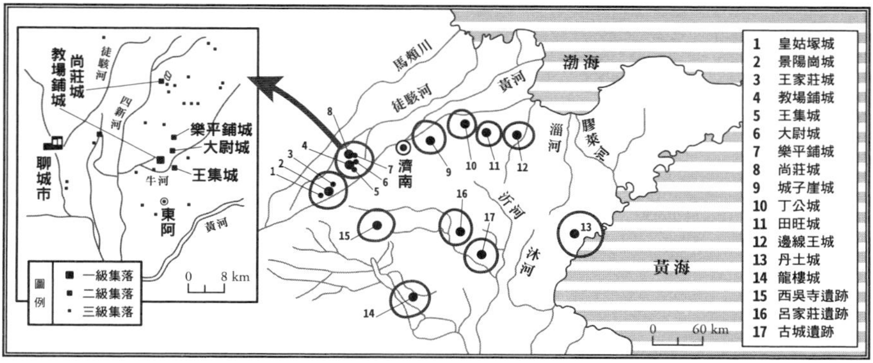

在山東龍山文化的聚落群。

山東龍山文化期時，磨製石鏃或骨鏃都走向大型化與重量化。鏃越重的話，放鏃的弓力量就必須越強，這樣才能達到增加貫穿力的效果。經過機能變化的鏃，與其拿來狩獵，一般更適合拿來當做戰爭時的武器。山東龍山文化的大型化與重量化，可以從武器的機能進化上得到答案。

還有，為了強化鏃與箭柄的結合，鏃與箭柄裝接部位的柄腳，發展得更精良了。而鏃的斷面形狀也變成菱形或三角形，這是提高鏃本身的持久力與殺傷力的形態變化。

大汶口文化後期的江蘇省邳縣大墩子遺址三一六號墓，就存在著左大腿骨被鏃射入的被葬者，這說明了當時確有戰爭這回事。但是，就如前面所說的，如果去比較黃河下游流域各遺址網的中心城址遺址，就會發現那些城址遺址的規模並沒有太大的差別，這應該表示各遺址網之間的力量差距不大，彼此都在伯仲之間。所以，發生在那裡的戰爭，應該不是征服者與被征服者那樣的血腥戰鬥狀態。

同樣的，從新石器時代後期起，城址遺址變得普遍化的黃河中游流域，又是什麼樣的情形呢？在此之前的黃河中游流域的城址遺址，大多只是一〇〇公尺四方，一般說來規模比較小。但近年也發現了比較大的城址遺址，例如河南省縣孟莊遺址的邊長有三四〇公尺，河南省新密市古城寨遺址的邊長有四六〇公尺。

而其中最大的城址遺址，應是已知被葬者階層差距的陶寺遺址的城址，邊長在一公里以上。從區域的聚落間規模，明瞭黃河中游流域內的城址遺址有不同等級的澳大利亞拉籌伯大學（La Trobe University）的劉莉女士等人，依聚落單位的構造化，將這裡的城址遺址分為三類。

這三類分別是：陶寺地區或三里橋地區，聚落間有向心構造，社會組織複雜的首長制社會；和

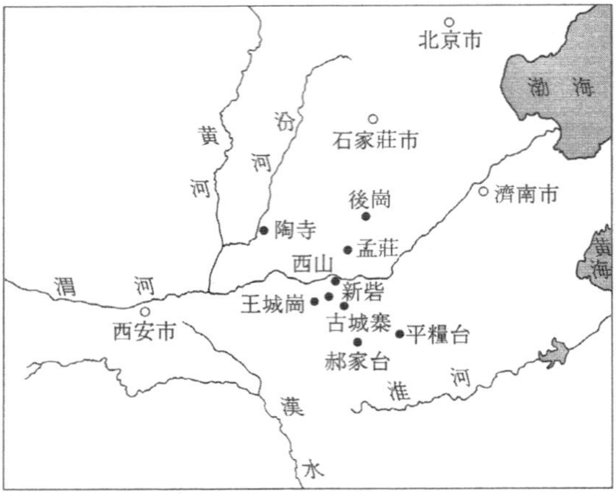

黃河中游流域的城址遺址。

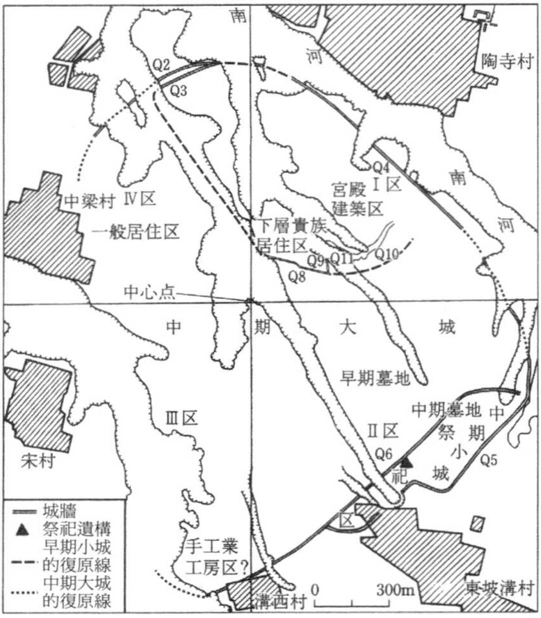

陶寺遺址的城址　以前期小城為基礎，逐漸擴大為中期大城。中期墓地與祭祀遺構在中期大城南側擴建出來的中期小城中。

伊河、洛河流域，聚落間沒有向心結構，處於未統合狀態的首長制社會；及像河南北部、中部地區那樣，沒有中心聚落，聚落間處於互相競爭，尚未被統合，不具有複雜性的首長制社會。

劉莉女士認為：社會群體安定性的發展，未必能邁入初期國家的階段，最後促使商王朝成形的，應是第三類尚未分化的社會組織；正因為社會還沒有分化，所以能夠快速地進入初期國家的階段。劉莉女士的論點很耐人尋味，但從近年來挖掘出來的資料，這種社會發展模式，讓人有再思考的必要。

首先，被認為聚落間最早有向心性構造化的地方是陶寺地區、三里橋地區，但必須注意到的是，在陶寺遺址的地方發現了城址遺址。陶寺遺址是從新石器時代後期前半的廟底溝二期，持續到龍山文化期的遺址，可以粗分為前、中、後三個階段。陶寺遺址的前期已經建設出南北一〇〇〇公尺，東西五六〇公尺的小城。在廟底溝二期並行期的最早階段裡，黃河中游流域存在著這麼大的城址遺址，可以說是讓人驚嘆的事。而且陶寺墓地也顯示出當時的社會階層分化，已經進入以世襲制、父系血緣組織為單位的首長制社會。意思是：與同時期長江中游流域已經建築了大型城址遺址的人們不同，在社會進化上，這個地方的人們已經實現了已發展社會的環境。

以此為基礎，長江中游流域大型城址遺址裡所沒有的，平衡性區分空間利用，在陶寺遺址前期被發現了。小城內南部有宮殿建築區，而從住屋規模來看，更可以看出西側是下層貴族層，東側是上層貴族層的居住區。

到了陶寺遺址中期，城址遺址擴大了。以前期的小城為基礎，擴大為東西一八〇〇公尺，南北一五〇〇公尺的大城，被稱為中期大城。但是，這個中期大城的南側，還擴建了一個小城，被稱為中期小城。如此看來，陶寺遺址的城址遺址不僅規模令人矚目，城址內還存在著宮殿區、貴族層的居住區、一般人民的居住區，以及可能存在的手工業工廠區、能反映出社會機能的墓地區，這種具有平衡區分的內部空間利用，在社會進化上非常值得注意。

另外，在中期小城內，與中期大城相接，直徑約二十五公尺的半圓形內，發現了一座三層樓的祭祀基壇遺構。這個遺構被認為不僅是宗教性的建築物，也用於觀察天文，制定曆法。這個半圓形的基壇有空隙，而空隙的方位與冬至、夏至等的日出方位一致，能夠依此制定曆法。

曆法是農耕作業與祭祀的依據，首長就是直接掌管曆法的人。這樣有機能分化的聚落構造，基本上等同於商周社會的都市。我想早晚會有研究者稱此階段是初期國家的階段！

是否是初期國家的定義性問題，留待第十章再作討論。這裡要先注意到一個事實，那就是到了陶寺遺址後期時，原有的宮殿區被廢棄，取代宮殿的是一般石器或骨角器的製作工廠。陶寺遺址中期的建築材料也被廢棄，到了陶寺遺址後期時，陶寺遺址可能已經失去城址的作用了。還有，這個階段留下了很多暴力性的痕跡。

認為陶寺遺址是「堯」的所在地的根據與適當性

從這個時期的溝裡挖掘出了三十顆人頭骨，和四十到五十具散亂的人骨。這些人骨大多數都是男性。但在別的包含層裡，則發現了頸骨被折斷，陰部插著牛角的女性遺體。還有，位於中期小城的墓地內，埋葬著階層上位者的二十二號墓，在陶寺遺址後期時，墳墓被破壞，棺木的上蓋損毀，棺內也遭攪亂。耐人尋味的是，這個被攪亂的墓坑內，被特意地放置了五個人頭骨，讓人覺得攪亂者的意圖不在竊盜，而是有意冒瀆墳墓。

就像上面所說，陶寺遺址後期，城址遺址很可能遭受到暴力性的破壞，死者的墳墓甚至受到粗暴的對待。那種情況彷彿後來戰國時代藉由戰爭，進行征服行動時的慘烈光景。雖然這個戰爭不是戰國時代的那種組織戰，而是群體間的政治摩擦所引起，但陶寺城址遺址可能就是因此被廢棄的。

按照劉莉女士的看法，在新石器時代後期終末階段，黃河中游流域的聚落間，並不存在著向心性，也沒有所謂的中心聚落，但在這個地域的河南北部與河南中部，發現了大型城址遺址。其中之一就是河南省登封縣王城崗遺址。

王城崗遺址因最早被確認、新石器時代也有城牆的存在而有名。不過，這裡的城牆規模並不大。王城崗遺址被確認有兩座約九〇公尺四方的城牆。但根據近年來的調查，可以確認兩座城牆的外側，存在著出現時期不明確的大規模城牆。

還有，第十章將會詳細敘述到的，在這個區域的河南省新密市新砦遺址，也發現了從新石器時代終末期到二里頭文化期的巨大城址，該座城址的邊長達到九〇〇公尺。此時，在這個區域，聚落間的等級差距不小，階層差距很明顯，已經形成以大城址為中心的聚落網了。

更需要注意的是，在黃河中游流域的陶寺地區，和伊河、洛河流域，及河南中部等地，其地域區塊單位的社會進化等級差距，並沒有之前我們想像的那麼大，或者應該是說地域區塊階層化了。

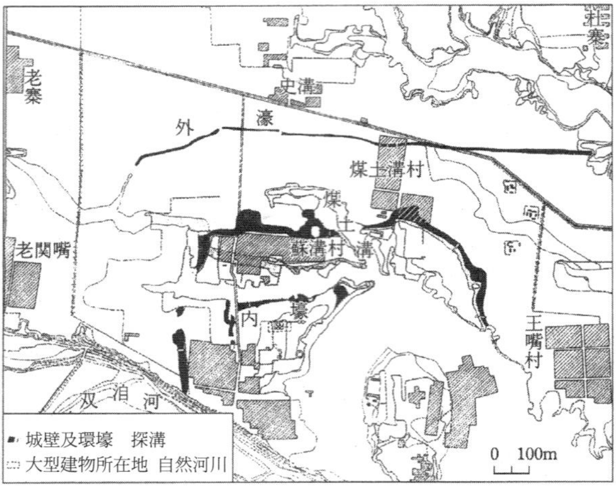

新砦遺址的城址 擁有三層環壕的城址遺址，城牆從龍山文化終末期續存到新砦期。

同時，陶寺地區在新石器時代後期的前半階段，雖然是非常令人矚目的存在，不過當其他的地域區塊，也出現了大規模的城址遺址，由此可見陶寺地區並非一直處在霸主般的地位上，後來霸權轉移到新砦遺址的河南中部。

這種情況與同時期的良渚文化內的政治關係類似，聚落間並非維持著安定的聚落關係，而地域區塊間更是處於相互競爭般的關係，這種情形讓人印象深刻，顯示霸權也隨著時代變化而有所移動。就好比摘掉了這邊的芽，另外一邊還會再冒出新芽般，霸權不斷在移動。就像是陶寺遺址裡所出現的、遭破壞的景象般，霸權移動時，也存在著慘烈的武力帶來的暴力性破壞。

另外，最早出現城址遺址的長江中游流域，雖然存在著城址遺址的規模差距，但群體內的階層差距和身分差距並不特別明顯。另外，在黃河下游流域，以中心聚落為主的地域區塊（地域聚落網）間，雖然存在著競爭關係，卻沒有某個地域區塊超越這種關係性，特別的突出於其他地域區塊的情況。

若從這點來看，黃河中游流域的社會關係，可以說在社會進化上比起其他區域，更快發展到複雜的首長制社會階段。而且，這個區域內的聚落間競爭，也將聚落導向統一之道。

傳說中的黃帝等的五帝時代，或許就是黃河中游流域的聚落間競爭過程的時代。我在第一章提到的華夏系諸族傳說的區域聚落，或許也相當於上述考古學性的解釋。

在陶寺遺址發現城牆的中國社會科學院考古研究所的何駑先生，特別注意到過去在這個遺址發現的朱書文字陶器。這個陶器的名稱叫扁壺，是壺身有一面是平坦的特殊壺。因為這種壺多被發現在水井的底部，所以被認為是用來汲水的陶器。這個扁壺的凸面與平面各有一個紅色的字。

關於扁壺上的文字有幾種說法，但何駑先生認為那兩個紅色的字不是單純的記號，而是「文堯」兩個確實的文字，意思是：偉大的祖先堯。「文」字應該是沒有問題的，另一個字的上段是「土」，下段是「兀」，所以何駑先生認為這個字應該是「堯」。

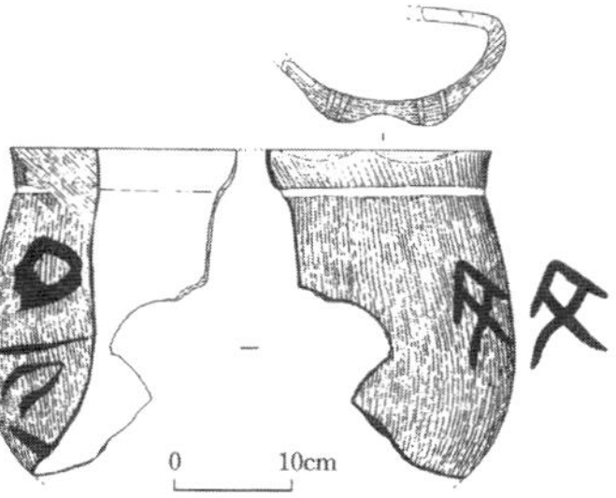

從陶寺遺址出土的扁壺上的文字資料 有學者認為右邊的文字是「文」，左邊的文字是「堯」。

然而確實是「堯」字沒錯嗎？這個問題有必要靠古文字學來解釋，不能輕易下結論。不過，如果這個字真的是「堯」，那麼一般就會推測陶寺遺址就是傳說中的王——堯的所在地。而且，這個扁壺是陶寺遺址後期的東西，是城址受到暴力性破壞後才出現的。為了緬懷曾經繁榮的都城，憑弔祖先堯，於是在扁壺上寫下那樣的文字，扁壺的所在地、陶寺遺址，極有可能就是堯的都城。這個發現不僅是劃時代的發現，更是最古文字的發現。

但是，此一說法在學界仍然屬於未定之說。就算是傳說的五帝時代，在確認歷史性事實時，必須慎重再慎重。

如果說這是和傳說中的堯帝有關的線索，那麼另一位傳說中的帝王——舜的線索何在呢？讀者們會這麼想吧？關於有虞氏之王——舜，就像第一章已經敘述過的，舜的都城在什麼地方有兩種說法，一說是在山西省西南部，另一個說法是在河南省東部到山東省西南部的地帶。《春秋左氏傳》哀公元年這節中有「生少康焉……逃奔有虞」的記述，注解裡還說明有虞是河南省商丘地區虞城縣。又，《孟子》離婁章句下裡有「舜生於諸馮，遷於負夏，卒於鳴條，東夷之人也」的文字，說舜是東夷——也是是山東一帶的人，有虞則相當於現在的河南省虞城縣。

北京大學的李伯謙教授從這樣的文獻記述類推：有虞的位置相當於鄰接山東的河南龍山文化王油坊（造律台）類型的區域，而王油坊類型就是與有虞氏相關的考古學文化，因此王油坊類型也被認為與舜有關。後來的二里頭文化確實深受山東文化系統的影響，而得到舜禪讓的禹的都城如果是二里頭遺址的話，這個歷史性的解釋，是很有說服力的。不過，至今仍然還沒有發現王油坊類型與舜相關的直接性考古學證據。

直接用傳說的內容來做考古學性的解釋，看來還是應該更慎重才是。現在要稍微克制一下，不要做過度的推測。那麼，人類的精神層面在本章所敘述的地域間交流與群體進行統合之際，發揮了什麼樣的作用呢？下一章就來探討這個問題吧！

第九章　犧牲與宗教祭祀

人物像與動物像

女性全身像是從遠東到遼西、渭河流域的特色

窺探沒有文獻資料時代的精神世界，是相當困難的事情，很多時候連猜測都無從猜測起。但是，因為物質文化的完成，是以了解社會群體與個人內在的精神世界為背景，所以應該也可以從物質資料，去還原社會群體與個人內在的精神世界。從物質文化或紋樣上的特色，超脫單純的地域性解釋，就能把握住在其背後的人類精神生活的特質。

這樣的思想體系特質，會隨著社會發展而改變原本的樣貌。不過，在另一方面，本書前面也曾討論過，人類群體在生計經濟上所看到的文化改變，透過這個現象，應該也能夠歸結人類群體的精神世界。了解人類的精神世界，就能更具體地解釋史前世界的歷史。所以，首先就來探討一下，展現人類精神世界的人物偶像與動物偶像吧！

今村佳子女士將新石器時代的人物像分為三大類。頭部像是I類，全身像是II類，表現在陶器或石器等器物上的偶像是III類。

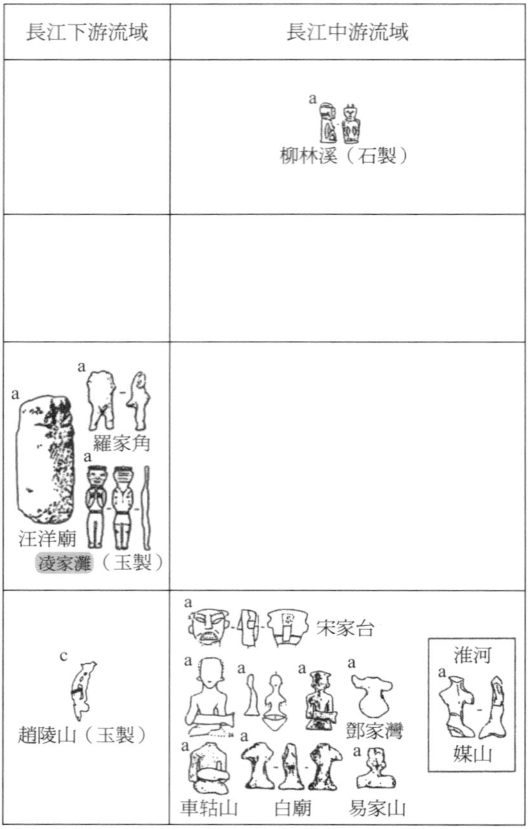

＊沒有註記的是陶製
＊有陰影線的是陪葬品

其中全身像的第II類，出現於以遼西為中心的新石器時代前期中國東北部，到了新石器時代中期，渭河流域也可以看到II類的全身像。也就是說，以全身的形態來做表現的人物像，以遼西區域為發源地，逐漸往南擴散、分布。不過，濱海邊疆地區也有人物像的發現，可見基本上偶像的文化會經過遠東這個地區。而且，女性像還成為從遠東到遼西、渭河流域的特色。

這些女性偶像，應該可以看作是舊石器時代後期到新石器時代，北方歐亞大陸所見的女性像的一種。日本繩文時代的土偶也有女性像的影子，包括在歐亞大陸的女性像範疇內。作為陶器的樣式，女性像也可以納入遼西的遠東平底陶器文化圈中，可將之看作是相同的精神文化圈。

不同陶器樣式圈的渭河流域女性像，應該是藉由與遼西、內蒙古中南部的接觸，而誕生的吧！在新石器時代，包含遼西在內的遠東，被納入以北方歐亞大陸為基礎的精神文化圈中，與黃河流域、長江流域區分開來。朝鮮半島的新石器時代或日本的

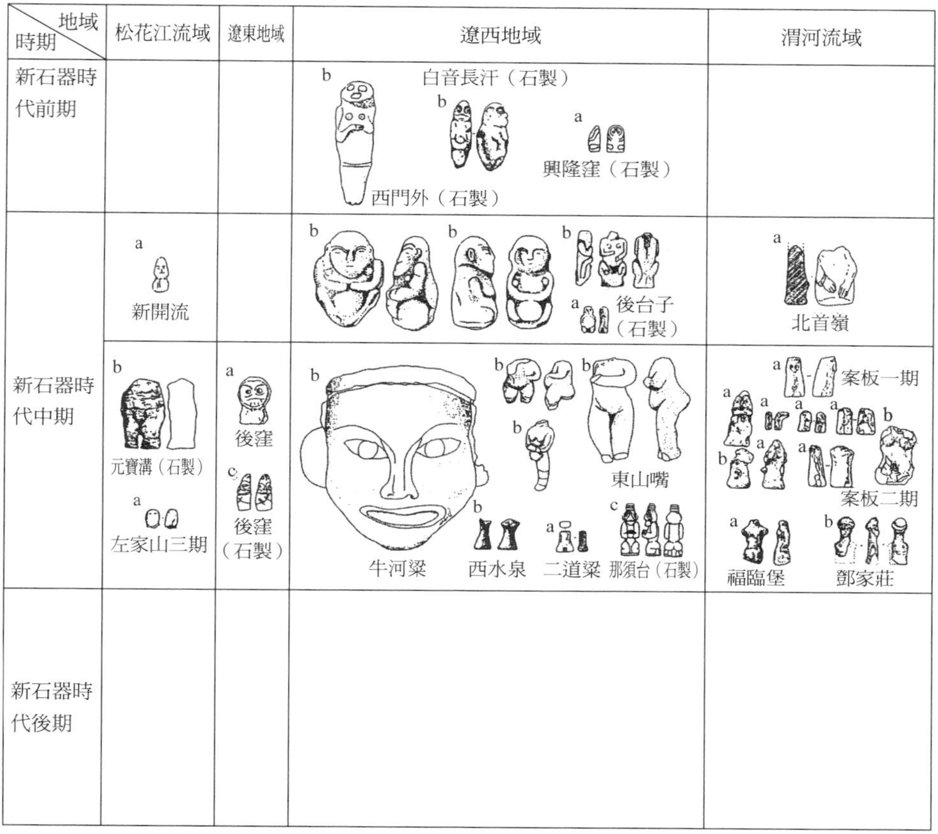

新石器時代的全身偶像的地域變遷與時代變遷（今村2002製圖）　沒有性別表現的是a類，性別明確的是b類，變形的、脫離人類形象的是c類。遼西地區常見女性像，之後擴散到渭河流域。

繩文文化，也和遠東位於相同的基礎上。

此外，從渭河流域到黃河中游流域或黃河下游流域的陶器，以畫在陶器上的人物像或動物像為特徵。例如：在陶器上貼附人臉的人物像，常見於渭河流域到黃河上游流域。在陶器上繪製魚或鳥的圖案，則存在於渭河流域到黃河中游流域。同樣出現於陶器上的圖案，黃河下游流域可以看到有火燄圖案的大口尊。

像這樣，代表著一定的人物或魚、鳥等動物圖

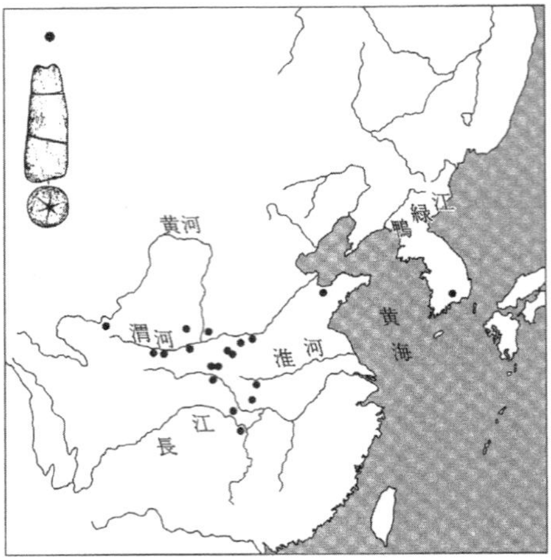

陶祖（男根偶像）的分布（甲元・今村，1998年）。

案的繪畫，顯示區域社會的精神生活範圍，也顯示了社會群體的社會單位。例如渭河流域新石器時代中期前半出現的魚紋，甲元真之先生就認為魚紋表示再生觀念，是以區域群體內部的獨特信仰為背景所發展出來的圖紋。

模仿動物形狀的動物塑像，也同樣能顯示區域群體的一體性。新石器時代中期後半，鳥形動物像見於黃河中游流域，豬形或狗形等動物像，則集中於黃河下游流域（山東）。

雖然是同樣的黃河流域，中游和下游的動物形像並不相同。新石器時代後期，豬形、狗形的動物像從黃河下游流域（山東）擴散分布到長江下游流域。這顯示了，山東和長江下游流域於該時期的交流。

人物或動物形象的不同表現形式，顯示出以宗教或信仰等精神世界為背景的社會群體單位的存在。很明顯的，黃河上游流域、渭河流域、黃河中游流域、黃河下游流域等，各區域的區域群體並不相同。

在這樣的情況下，渭河流域的區域群體和黃河上游流域與黃河中游流域的區域群體，會分別進行交流。在第五章提過，個別的區域發展出不一樣的文化形態，這就是存在著不同社會群體的證明。

從偶像的表現形式，也可以看出各個區域社會的特殊性。例如新石器時代中期的長江下游流域，內陸部分的淩家灘文化，可以在玉器上看到獨特的偶像表現；而新石器時代後期的長江中游流域的石家河文化，則發展出獨特的人物像或動物像的塑像。

能顯示從渭河流域到黃河中游流域的精神文化區域特性的，是陶祖（男根偶像）的表現形式。從渭河到淮河上游流域，以男性直系親族的父系血緣組織為單位的社會構造，出現於新石器時代中期。第五章說過了，在新石器時代後期，以這個單位為基礎，階層化構造走向複雜化。並且，這個區域比長江中、下游流域，更早達到以父系血緣組織為單位的群體組織的階段。

新石器時代中期的渭河流域以父系血緣組織為單位，如在姜寨遺址發現的祭祀祖先的再葬行為，和表現在陶祖上的精神文化，就是父系血緣組織的社會觀的由來。

階級化與儀禮的出現

從新石器時代中期後半到後期，是各地的社會階層構造變得明確，階層差距逐漸擴大的階段。組成階層構造的單位，在黃河、下游流域與長江中、下游流域，都是父系血緣組織。

從墓地的變遷得知階級社會的出現

能夠清楚地表現出社會階層分化的，就是出現在墓葬上的等級差異，而墓葬的等級差異，可以

大汶口墓地的變遷　越到後期，墓地的規格差距就越明顯；大型墓與小型墓的分布也明顯地逐漸不同。

從被葬者是否被高規格地埋葬看出來。高規格的埋葬表現在墓中陪葬品的多寡、陪葬品的內容，或被葬者有無棺木的安置、安置棺木的墓壙的大小等等事項上。還有，這種差距是以群體為單位發生的呢？還是以個人為單位發生的呢？在推測一個階段的社會狀態時，不同條件的設定會產生不同的結論。

舉一個有階層分化的社會的實例，例如黃河下游流域從新石器時代中期後半到後期前半的大汶口文化。我想從墓葬的比較來看社會階層；還想探討在社會的階層分化過程中，做為安定階層分化，屬於精神生活的儀禮問題。

山東省泰安縣大汶口遺址因大汶口文化而有名。大汶口遺址因為大汶口河，而被分為兩個部分。河川南側的調查時間是一九五九年，北側的調查時間是一九七〇年。南北兩側都是墓地遺址，但北側是從北辛文化到大汶口文化前期的遺址，南側是大汶口文化中期到後期的遺址。從每個時期來看，一九五九年調查南側墓地時，可以看出墓地有一些變遷。

存在於西元前四千二百年到西元前二千六百年的大汶口文化，可以單純地分為前、中、後等三個時期，而每個時期的存續時間大約是五百年。

大汶口文化中、後期的這個墓地約存續了一千年，以這個時間單位來看墓葬變遷時，會發現這裡的墓並沒有那麼多，也不是很集中，或許並不是所有聚落成員都葬在這裡。可以想像這裡是「被選中的人」的墓葬之處。

然而，從墓地變遷的角度來看時，會發現這些墳墓的配置空間分為若干個區塊，看起來好像是一個個族群的組合。如果說那些區塊的形成，是以被葬者之間的關係為背景的，那麼家系等血緣關係，很可能就是被葬者之間的背景。

再從時期的角度來看變遷，就能看到大型墓隨著時期的前進在增加。中期前半時，大型墓的存在並不明顯，但到了後期，大型墓卻明顯變多了。另外，即使到了後期，仍然有小型墓的存在，這表示墓葬的規格大小擴大了。

墓葬的大小就像已經說過的那樣，挖掘墓壙時須要大量的勞動人口，越大的墓壙須要的勞動人口越多，就越能反映出被葬者的社會身分。

相對於中期前半的墓看不出有太大差距的情況，後期的墓則出現了相當大的差距，這也顯示了大汶口文化社會內部的階層差距，在後期時擴大了。觀察後期的墳墓時會發現，大墳墓在空間配置上呈個體的分布，而小墳墓則是呈群體的分布，而且被安置在與大型墓不同的場所裡。

先前已經說過了，墓葬空間的配置以被葬者的血緣單位——也就是家系為基本，那麼，在這個原則之下，社會的階層差距在後期階段，確實在群體單位間擴大著。也就是說；以家系為單位時，被葬者的階層差很可能在生前就已經決定好了。

從不同種類的陪葬品，了解儀禮活動的實際情形

以這樣的家系單位作為社會階層差距的身分秩序，表現在日常生活中的就是禮儀活動。

能表現出儀禮的，是墓中的陪葬品。大汶口墓地的陪葬品中，被認為最不可少的，就是陪葬陶器。大汶口文化的陶器有彩陶、紅陶、褐陶，還有黑陶；到了後期時，還有使用高嶺土製作的白陶。比起用陶器的機能來區分的陶器器種，以陶器製作方法為分類，更能顯示出成品的顏色與質地的不同。也就是說，以東西的形狀區分器種時，上面所說的區分是橫切的區分。例如紅陶的器種有鼎、壺、豆（高杯），有時也會有紅陶的杯、鬹。

至於白陶的使用，則限定於鬹或盉等特殊的器種，可見在陶器的使用上，是有規格差異的。幾乎所有的器種，都可以用紅陶或褐陶來製作，是庶民性的陶器。也就是說，即使是相同的器種，感覺上黑陶比紅陶或褐陶的等級高，而彩陶之後的白陶，等級又高於黑陶。另外，陶器的器種上，有分日常使用的雜用陶器與舉行儀禮活動等正式場合時使用的陶器，兩者之間存在著很大的社會性差

異。對照這些器種與墳墓內的陪葬品時，會發現很有意思的事實。

大汶口文化的墓裡陶器陪葬品的器種，基本上都是鼎、壺、豆（高杯）等烹煮用、貯藏用或用餐時的器具。但有些墓裡除了上述的日常用品外，還有杯、鬹、盉或尊等器種。鬹、盉是傾注液體用的陶器，杯是盛裝液體飲用的器具。

一般都會認為這樣的器種是酒器，是喝酒時使用的器具。還有，大型的尊被認為是釀酒、貯藏酒的酒甕。

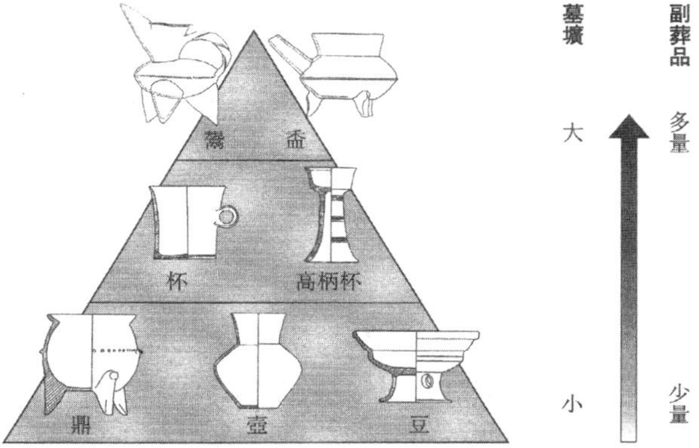

大汶口文化的階層構造與陪葬陶器　墓葬規模與陪葬品數量可以顯示階層的差異。陪葬陶器的器種內容，也嚴格地反應出身分的差別，顯示出禮制的原形。

把這些器具當做酒器時，這些器具就是特殊的陶器，是日常生活中非必要，只用於正式儀禮活動中的器具。這樣的特殊器具，就像今日日本人在正月時用來喝屠蘇酒的專用飲酒器皿。

特殊的陶器陪葬品並非所有的墓內都有，而只見於階層上位者的墓中。就像能從墓葬的規模越大，投入的勞動力越多，表示被葬者的階層越高，或從墓內陪葬品的多寡，可以衡量出被葬者階層的高低一樣，上圖所顯示的，也可以從陪葬陶器的器種內容，反應出階層上的差異。

鼎、壺、豆（高杯），是一般庶民的陪葬陶器，陪葬品中除了這些器種外，如果還加了杯這個器種，表示被葬者的身分高於一般庶民，是上位階層者。如果再加上鬹或盉，那麼就可以對照到最上位的階層者了。

對照身分秩序與陶器的器種內容，而不單看陪葬陶器的多寡，就可以從特殊陶器的陪葬，對照出被葬者的社會身分，顯示出社會規範與社會秩序。而且，如果墓中的特殊陪葬品是酒器的話，就意味著被葬者是擁有行使祭禮等儀禮活動的特權階層者。

正因為可以從祭儀道具對照出被葬者的身分，所以能了解儀禮活動是為了維持社會秩序，擁有精神性規範機能的產物。

刻在大口尊上，比甲骨文字更古老的記號之謎

在上位階層的被葬者墓中有些酒甕，也就是有些大口尊的口緣部位上，被刻畫著某種記號。那些記號通常只存在於大口尊的口緣部位附近，而且都在相同的位置上。

林巳奈夫先生認為那些大口尊口緣上的記號，是太陽神的形象。另外，山東省莒縣陵陽河遺址的大汶口文化的大型墓裡，在陪葬的尊上，則刻畫著不同的記號。

我覺得只在群體墓地內的首長墓出現的記號，應該是象徵同一群體的徽記。後來的商代青銅器上，就可以看到被稱為族徽的氏族記號。做為族徽而被記錄下來的銘文記號，會鑄刻在青銅彝器的內面，而這個畫在尊上的記號，恐怕就是青銅彝器內面銘文的祖形吧？

然而，相當於青銅銘文出現之前的二里崗上層文化後半（白家莊期）的河南省鄭州市小雙橋遺

址，與鄭州商城屬於不同的城址，是舉行祭祀活動的遺址。因為是舉行祭祀活動的遺址，果然出土了酒甕大口尊，大口尊的口緣部分外面，也刻畫了紅色的文字記號。那是比甲骨文更古老的文字，目前還無法得知其意。

那些刻畫著文字的陶器與文字的位置，與大汶口文化的酒甕上的文字記號，與殷墟時代的青銅彝器的族徽記號，是否有所關連呢？

殷墟期的族徽，是象徵同一群體的徽記，代表著祖先的意思。如果說小雙橋遺址紅色文字記號與大汶口文化的記號，都是代表祖先的同一血緣群體的象徵，那麼會有什麼結果呢？

做為階層秩序身分標識的儀禮活動，與代表形成社會秩序的血緣群體——也就是氏族的記號或文字，都是在以支持祭祀祖先的階層社會中，發揮維持與安定階層秩序的基本精神力量。

在大汶口文化成立的階層秩序與其相關的陪葬品構成，一直持續到龍山文化期。但是期間的內容還是有稍許變化。這顯示了儀禮活動的變化。其基本變化就是黑陶變成了陪葬品的主要陶器，這意味著使用黑陶的儀禮活動儀式化了。

大汶口文化前，鼎、壺、豆等日用陶器，是一般階層墓的基本陪葬陶器，階層上位者會在這些基本陶器陪葬品上，增加酒器等特殊陶器陪葬品，藉此增加權威感。

然而龍山文化的墓葬中，卻可以見到下層階級的被葬者，也會單獨以酒器中的杯做為陪葬，大汶口文化所見的日用陶器的陪葬概念，消失不見了。還有，一旦成為上位階層，除了基本的陶器陪葬品之外，還會多了酒器的高柄杯和用餐器皿如豆（高杯）、或盆、壺等陪葬品；若階層再往上

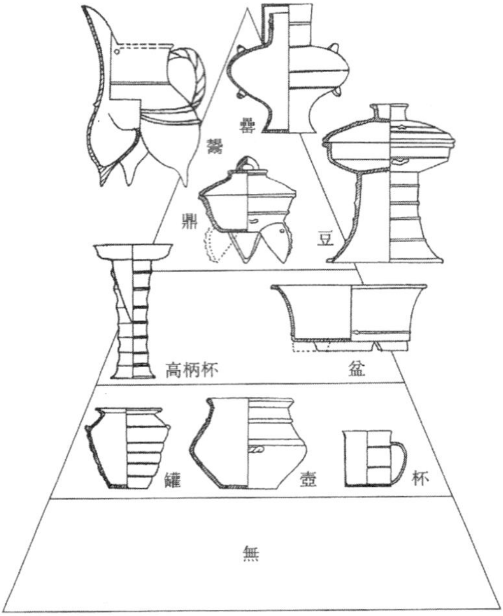

山東龍山文化期的陪葬陶器與階層關係 本圖以朱封1號出土的陶器為例，顯示出陪葬品的陶器器種與階層的對應關係，在最下層的被葬者完全沒有陪葬品。

升，那麼，還會加上酒器中的鬹，或烹煮時用的鼎（甗）、貯藏酒的罍等陶器。

以酒器為中心的陪葬品陶器種類，固定化地對照被葬者的階層，顯示確立以酒器為中心的儀禮規範。

最高階層的墓是山東省臨朐縣朱封二〇三號墓，墓內有鼎、鬹、杯、罍、盆、豆（高杯）等器種的陪葬物，其中鼎與鬹是紅陶，其餘是黑陶製品。

必須注意到的是，鼎、鬹、杯、罍等儀禮用的陪葬陶器，在未來成為商周社會，青銅彝器成了禮儀活動的基本器種。

二里崗文化、殷墟文化的青銅彝器由鼎或甗、爵、或盉、罍等構成，就像是把山東文化階層上位者的陪葬陶器調換成青銅器。

就像問鼎輕重這句成語般，確立了包含鼎在內的陶器是身分秩序代表的時期，是山東龍山文化時期。值得注意的是，在山東龍山文化裡看到，以身分秩序為背景的儀禮活動，正是商周社會儀禮的基本精神。

原因就像後面會提到的，因為成為二里頭、二里崗文化母胎的河南龍山文化裡，並不存在這種儀禮秩序。

玉器與祭祀

玉琮的中空部分是「神域」

新石器時代的玉器中，有名的是紅山文化、良渚文化，但石家河文化或山東龍山文化裡也有玉器。就像第六章所說的那樣，紅山文化的玉器在新石器時代中期時，獨自發展的東西，它一邊以遠東的文化傳統為基礎，一邊從農耕文化的發展中獨自誕生出來。當時地域首長不僅獨占玉器，並讓玉器成為社會群體內的權威象徵。除了紅山文化，良渚文化、石家河文化、山東龍山文化的玉器，都在新石器時代中期末到新石器時代後期時，正式地進入發展的階段。

擁有卓越而發達玉器文化的良渚文化，在玉器的系統上，屬於長江下游流域同樣區域地盤的前階段文化，也就是崧澤文化。崧澤文化裡做為身上裝飾佩件物的璜等玉器十分發達。

良渚文化裡的玉器中，最具有代表性的，就是玉琮。而玉琮被認為是從玉器中的手鐲發展而來的。從形態系統來看，玉製手鐲確實是原形沒錯，但是從玉器代表的意義及使用方法上來看，玉琮與手鐲可以說是全然不同。手鐲是身上的裝飾器物，也是某種形態的威信財；但玉琮已經超越單純的威信財階段，它帶有強烈的祭祀意義。

隨著玉器的發展，玉器與祭祀的關係變得越來越不可分。

玉琮外方內圓，外側是磨去棱角的方柱體，內側是挖空的圓柱體。通過中空的部分，可以與天上和地上的神溝通，所以玉琮是相當於「神域」般的地位。做為「神域」的玉琮上，有精巧的神人獸面像雕刻，如果把神人想成是月神，獸面像想成是太陽神，配置在旁邊的鳥想成是鷹，那就是神的使者了。

還有玉璧。玉璧被認為是表示神統治的世界觀或宇宙觀。首長擁有這樣的玉器，就能憑著玉器與神交流，藉神的威力來支配群體，維持自己地位。

我稱這樣的首長權力為神政權力。良渚文化中，階層上位者的首長，獨占這些玉器。玉器裡的玉琮是祭祀器具，玉璧代表的是神政權力，而從武器中選擇出來，象徵軍事權力的，就是玉鉞。

掌管祭祀與軍事的是良渚文化的首長，而能象徵其權威的，就是玉器。就像第五章說過的，玉器被大量地陪葬在首長墓中，而埋葬首長的墓是土墩墓。

土墩墓原本是祭壇。一般認為首長的墓是由方形的周溝區劃出來舉行祭祀的神聖空間——也就是祭壇再利用而成的。這樣的祭壇出現於崧澤文化階段，在良渚文化時發達起來。

大約是在崧澤文化階段時，以統合群體為目標的祭祀活動，到了良渚文化階段時，變成了確定首長家系是社會上位階層地位，讓這個地位能在社會內安定存在，可以想像首長藉由玉器，行使神政權力。

良渚文化的土墩墓原本是做為祭祀空間的祭壇，後來成為首長家系群體的埋葬地，這與祭祀祖先的行為有關係。因為首長持有能與神交流的祭祀器具——玉琮，所以能借用神的威力，來確保首長的社會性權威。而這裡的神，就是精細地雕刻在玉琮上的神人獸面紋。

林巳奈夫先生認為獸面紋的由來是河姆渡文化的太陽神；在河姆渡文化中出現的崇拜太陽的象形，後來經由馬家濱文化、崧澤文化，轉化成良渚文化的神人獸面紋。

我也贊成這種看法，並且認為良渚文化的首長強調自己擁有與太陽神的關係，藉此成為社會領導者。不難想像太陽神與農耕祭祀有著不可分的關係，而良渚文化是以稻作農耕為基礎而發達起來的文化，關係再密切不過了。

之前的黃河中游流域並不是玉器發達的地方，假設那裡應該有別的祭祀形態。但是，到了新石器時代終末期，隨著山東與長江中、下游的玉器擴散過程，岡村秀典先生認為中原龍山文化或齊家文化，也發展出了獨自的玉器。

例如；黃河下游流域的山東龍山文化期流行的玉刀或玉璋等大型玉器。玉刀是玉製的石刀形狀的大型玉器，稱為石刀形玉器。玉璋是長條詩箋形，左右不對稱的玉製品，並且底部有齒牙狀的凸起；其來源可能是河姆渡文化或馬家濱文化的土木工具骨製鋤，所以也被稱為骨鏟形玉器。

從大汶口文化到山東龍山文化時，在被稱為玉牙璧的圓盤形玉製品的正中央挖孔，周圍雕刻成齒狀的玉器形態也很發達。

這樣的山東龍山文化玉製品逐漸擴散到黃河中游流域，並且變成可以在地生產的東西。在二里頭文化時，這樣的生產尤其發達。另外，玉璋以西漸的形式，擴散到四川的三星文化堆，更擴散到廣東或越南北部。因為發源於山東的玉製品，各地也會自行生產，可見思想上的影響是很重要的。因為接受了與玉器相關的思想，並且產生思想上的模仿，所以出現在地生產的情形。

另外，根據林巳奈夫先生的看法，出現在良渚文化的玉琮上面的獸面紋的起源，是河姆渡文化太陽神。即使太陽神的圖像發生變化了，還是出現在山東龍山文化的兩城遺址玉器上，以及石家河文化的玉器上。那些是以太陽的強烈光芒形成日暈為原形的神人形象，搭配其旁邊的鷹的形象，被認為與河姆渡文化的太陽神是同一性質的圖案。

起源於長江下游流域的太陽神，在精神文化上屬於山東龍山文化與石家河文化所共有。因此，我們不得不認為，這是受到以良渚文化為中心的精神基礎的擴散結果。前面已經說過，良渚文化的玉琮、玉璧，是首長顯示神政權力的象徵。在新石器時代終末期的龍山文化後期，玉琮與玉璧擴散到黃河中游流域或黃河上游流域，並且在各自的區域裡自行生產。這樣的各自生產並非單純地模仿玉器的形狀，更重要的是為了隱喻在玉器內的神政權力思想體系。

林巳奈夫先生以前就指出，商周青銅器的基本紋樣饕餮紋的原形，是良渚文化的獸面紋。我的理解是：玉琮等玉器文化，與玉器上的紋樣一起往黃河中游流域與上游流域擴散，隱喻在玉琮或玉璧上的神政權力這種精神基礎，也被新石器時代終末期的黃河中游流域重新吸收，並且在二里頭文化之後蓬勃發展。

犧牲與樂器

新石器時代前期的河南省舞陽縣賈湖遺址發現了樂器骨笛，而新石器時代中期各地都出現了被稱為「響」的樂器，那是形狀類似現在逗弄幼兒玩耍的陶製鈴鐺。關於這些樂器的發展由來，例如賈湖遺址的骨笛，是從狩獵用具發展而來的；而新石器時代中期以後的鈴——也就是「響」，可能與農耕祭祀有關。不過，樂器在山東半島以陪葬陶器的形式出現，與儀禮的身分秩序產生關聯的時間並不長。

農耕祭祀的犧牲是動物，社會化祭禮的犧牲是人類

樂器和階層秩序產生連結的例子，最早出現於山西省陶寺遺址的群體墓地。如前面第五章敘述過的，新石器時代後期的陶寺墓地，有明顯的金字塔型階層分化，存在著以父系血緣為主體的世襲性首長權力。在這個墓地群內的最高階層上位者的男性首長墓中，有著豐富的陪葬品，其中也出現了名為鼉鼓與石磬的樂器。

鼉鼓是用揚子鱷的皮製成的鼓，石磬是商周時代與編鐘經常被使用的編磬的祖型，但石磬是單一件的樂器。這裡要注意的是：這些樂器不會出現在階層低於首長的被葬者墓中，而且還要是男性首長才能擁有的陪葬品，也就是說，樂器是顯示男性首長權威的器物。

在後來的商周時代，樂器與身分秩序相連結，以「禮樂」的形態，成為封建社會的社會秩序。這個意思就是：陶寺遺址的男性首長以「樂」來顯示自己的身分，並以此舉行祭祀活動，整合群體。

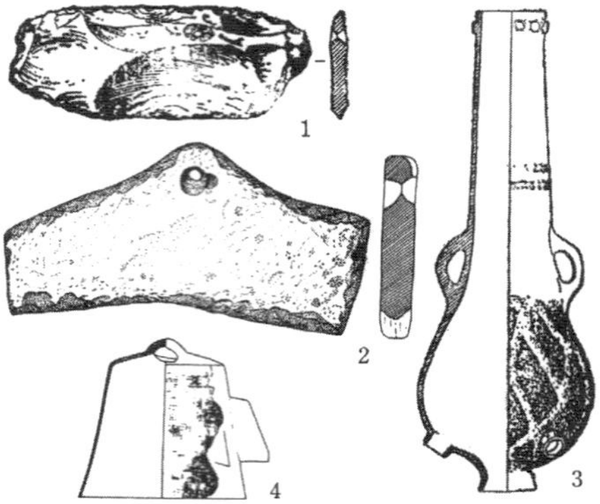

陶寺文化與二里頭文化之樂器比較 1、2 石磬 3 陶製鼓 4 銅鈴（1 陶寺遺址13015號墓，2 二里頭遺址K3號墓，3 陶寺遺址3002號墓，4 二里頭遺址22號墓）

還有，商周時代典型的祭禮器具之一的「俎」，和鼉鼓、石磬一起，也是首長墓中的陪葬品。如戰國時代的禮書《禮記》所述──「諸侯之祭社稷，俎豆既陳」的那樣，俎是重要的祭神禮具之一。俎做為商周時代青銅器與漆器形成的禮器之一，也是貴族墓或王族墓中的陪葬物品。

在陶寺遺址的首長墓中所發現的俎，上面有菜刀形狀的大型石刀，看起來就像今日砧板與菜刀的組合。可能是在祭禮開始時，烹調食物是一件重要的事吧！而且，這個首長墓的陪葬品中，還有木製的豆（高杯）。《禮記》中所記載的祭禮用具，在陶寺墓地的首長墓中都有了。首長獨占了祭神的儀禮。陶寺墓地不僅能找到「樂」，還發現了「祭禮」的開始。

陶寺遺址墓地內陪葬品的多寡，與階層構造相對應，但是卻看不到山東大汶口文化或山東龍山文化所看到的，藉由陪葬陶器組合顯示出來儀禮。後來出現在商周社會裡，顯示社會秩序「儀禮」的青銅彝器的器種規範，原本也不存在於黃河中游流域。

另外，這個區域很早就開始重視「樂」與「祭禮」，並且被視為社會秩序的基礎。之後的商周社會在「樂」與「祭禮」上，吸收了來自黃河下游流域的「儀禮」，進一步發展之後，完成了「禮樂」，這是中國禮制的基本。

前面說過，中原地區原本沒有玉器的發展。玉器和隱喻在玉器上的神政權力，是到了龍山時代，才從黃河中游流域朝上游流域擴展，然後形成獨自的玉器文化。從這個現象來看，似乎可以認為黃河中游流域在這個時期以前，除了祭祀祖先的墓葬以外，幾乎看不到任何祭祀儀禮。

然而，以動物為犧牲的祭祀行為，其實很早就有了。其中最古老的例子出現在第五章提到的，做為新石器時代農耕發達例子的河北省武安縣磁山遺址的貯藏穴中。在多達八十八座的土坑裡，存放了大量的粟，因此判斷土坑是貯藏穴。其中有些土坑內，還埋葬著豬或狗。

五號、十二號、十四號、二六五號土坑的底部，埋有一至二頭的豬，一〇七號土坑的底部，埋著一隻狗，牠們的上面都堆積著粟穀。把動物埋在土坑底部後，再堆上粟穀貯藏的話，腐化的動物屍骨會汙染上面的粟穀，所以這樣的土坑應該不能說是貯藏穴了。而且土坑內的動物屍骨，是用硬土特意掩埋起來的。這些土坑原本也可以是貯藏穴，但是埋葬了動物後，就應該視為祭祀土坑！這意味著做農耕祭祀的祭禮已經開始了。

把豬或狗埋葬在土坑中，利用牲畜當作供品的農耕祭祀，在新石器時代前期時，只見於黃河中游流域，黃河下游流域出現這樣的農耕祭祀，是新石器時代中期以後的事，可見以動物做為供品的農耕祭祀的起源地，應該是黃河中游流域。

以動物為祭祀供品的風俗，在新石器時代中期後半擴散到長江中游流域，接著又在新石器時代後期，擴散到長江下游流域，並且一直盛行於黃河中游流域。而且，做為供品的動物，只有極少數的例子是以鹿為犧牲品，其餘全部都是以家畜的豬或狗。以家畜動物做為祭祀供品，才能說是農耕

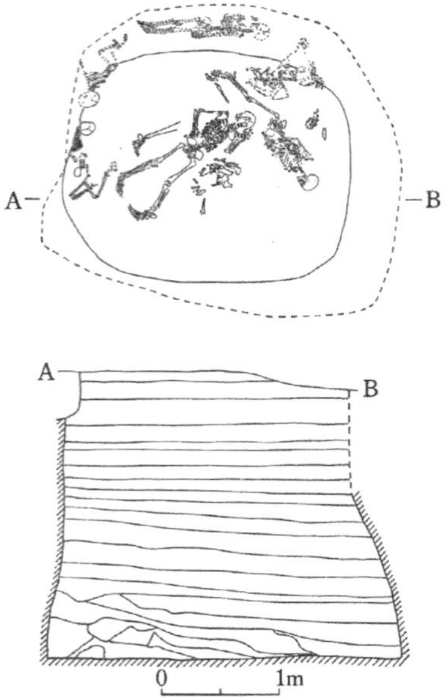

人牲　王城崗遺址龍山文化時期1號奠基坑

祭祀。

新石器時代後期，以西北地區為中心的長城地帶，發展出飼育牛、羊等畜牧動物的生計活動，以動物為供品的情形反應了這個現象，西北地區開始有牛、羊的祭祀供品，連黃河中游流域也在新石器時代終末期把牛、羊加入供品的動物中。還有，不僅動物會成為供品，連人也會成為祭祀行為中的犧牲品，稱為人牲。

例如河南省登封縣王城崗遺址的城址遺址，在建設建築物時，會打造以人做為供品犧牲的奠基坑。像這樣的人牲，在新石器時代後期的中原地區黃河中游流域尤其發達。供品祭祀被認為是用來維持群體的團結，形成促進社會發展的精神基礎。

如果說動物供品是用於農耕祭祀，那麼，人牲就是為了統合人類群體的社會性祭禮。以動物或人為供品犧牲的行為，在後來的商代社會尤為發達，而動物犧牲的活動，更是延續到周代社會，是周代社會的基本祭祀。商代發達的大規模動物供品，是為了王室祭祀而進行，岡村秀典先生以此為祭儀國家的特徵。動物供品或人牲，是發達於黃河中游流域的獨特祭禮。

開啟動物供品的黃河中游流域，從新石器時代前期起，就可以見到以動物陪葬的行為。那是豬的下顎骨或牙獐的牙。新石器時代前期的渭河流域與黃河中游流域（漢水上游流域），都可以見到這樣的風俗。之後，到了新石器時代中期，這種風俗也擴展到黃河下游流域；新石器時代中期後半到新石器時代後期，這一風俗也擴散到長江中游與西北地區，與動物供品的擴散情況相同。

最初以豬的下顎骨或牙獐的牙陪葬，為被葬者避邪的意味濃厚，但漸漸的，用豬的下顎骨陪葬的情況增加，這種陪葬的行為轉化成被葬者富有的象徵。就這一點來說，動物陪葬與動物犧牲的意義並不相同。

卜骨與祭祀

使用羊、牛的骨頭做卜骨

新石器時代前期開始有豬與狗的動物供品，可見豬與狗在新石器時代前期是非常普及的家畜。但牛是在新石器時代中期時，在黃河中游流域被家畜化的。

至於羊的飼養，確實可知的是從新石器時代中期，在西北地區開始的，但到了新石器時代後期以後，飼養羊的行為普及到包含西北地區在內的長城地帶。同樣的新石器時代後期，黃河中游流域也出現羊被家畜化的情形，但不如西北地區興盛。時至今日，黃河下游流域仍少見羊的畜牧，而淮河以南的華中或華南，則是沒有羊的畜牧業。

以牛、羊、豬等家畜動物，或鹿等動物的肩胛骨來進行占卜，藉由燒烤過的動物骨頭上所出現的裂痕，來判斷吉凶，這就是所謂的卜骨。用卜骨來占卜未來，是一種祭祀的行為，對史前時代的

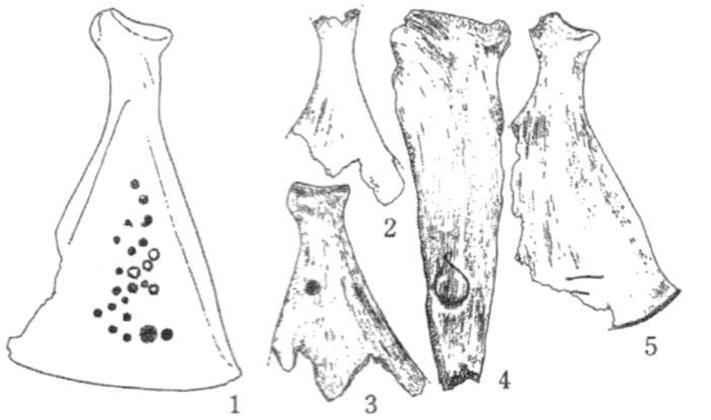

新石器時代甘青地區甘青出土的卜骨　1 大何莊遺址　2～5 傅家門遺址

社會群體來說，是非常必要的事情。成為卜骨對象的動物，以羊最多，其次是豬，然後才是牛，只有少數會用鹿骨進行占卜。這些肩胛骨被使用的動物，大多是家畜動物，這種情況有其背後的含意。況且，除了豬與鹿外，卜骨以牛或羊等畜牧動物為主體，可見卜骨與畜牧活動的關係密切。

關於畜牧，已在第七章做過敘述，是新石器時代後期，在長城地帶興盛起來的產業。長城地帶與黃河中、下游流域，因此有畜牧型農耕社會與農耕社會之分。

卜骨最早發現於馬家窯文化的甘肅省武山縣傅家門遺址，起源地很可能就是畜牧型農耕社會的西北地區。這裡的卜骨有新石器時代的特徵，是用商代出現的鑽子或鑿子來鑽孔或鑿孔，而不是用火燒。不過，被燒過的羊肩胛骨的反面上，刻著一些記號，彷彿是甲骨文字的原型。

再來看卜骨分布的情形。新石器時代後期的龍山文化期，黃河上游流域、渭河流域、內蒙古中南部、山西省中南部、河北省南部、河北省北部等地方都可以見到卜骨的蹤跡，到了二里頭文化期時，還擴散到黃河中游流域、遼西地區。從卜骨的分布領域看來，基本上都屬於以畜牧為生計基礎的區域，發展出使用畜牧動物，如牛、羊的骨頭來占卜吉凶的祭儀，應該是可以想像得到的。

成為卜骨的動物，會因為地區的不同而有差異。長城地帶的西北地區，卜骨以羊為主；以太行山脈東麓的河北省南部為中心的後崗二期文化，卜骨以牛為主。另外，因為長城地帶以東或其周邊區域的畜牧活動並不發達，所以使用鹿骨或野豬骨為卜骨。日本彌生時代以後，從朝鮮半島到日本列島上也有卜骨的蹤跡，其來源應該也是來自上述的擴散行動。

然而，因為卜骨的分布與鬲的分布重疊，所以可以認為兩者在文化上有相當緊密的連結。不過，就像第七章說過的那樣，鬲是畜牧或窖洞式住屋區域發展出來煮沸器具，與這些區域接觸的華北地區也積極地吸收了鬲的文化，到了後來的商或周的時代，鬲還成為陪葬陶器的器種之一，鬲因此受到過高的評價，很多時候甚至被認為是顯示商周文化領域或其文化母體的東西。不過，就像前面說的，卜骨與鬲都是起源於長城地帶或其接觸地帶。而且，它們出現的時間正好是新石器時代後期，是呼應自然環境變動與社會變動的現象。

如果畜牧的出現地是西北地區，那麼為了要呼應寒冷乾燥化的自然環境變動，農耕祭祀活動因此而產生的可能性很高。西北地區的農耕是原本粟黍農耕，後來也加入了小麥與大麥等農作，成為雜穀農耕並且伴隨著畜牧活動的區域。基本上在新石器時代後期，這個區域就已確立並擴散了旱田農耕與畜牧上的祭祀活動。那些祭祀活動的擴散範圍，與鬲這個新煮沸器具或窖洞式住屋的擴散範圍相呼應，在相同的生態系範圍上擴散。

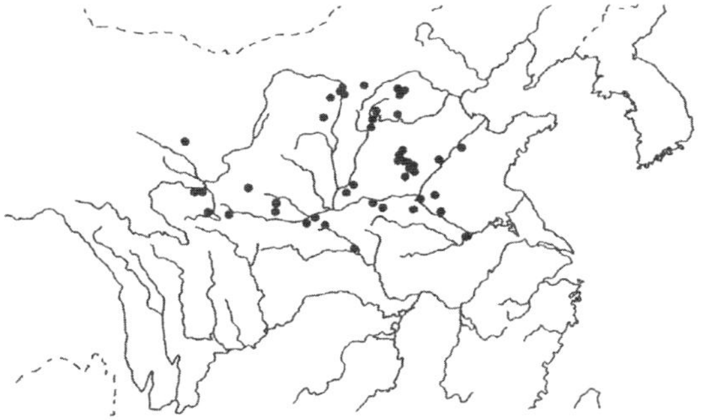

新石器時代的卜骨分布圖（今村2004製圖）　卜骨的分布僅限於有畜牧活動的長城地帶與華北。

商王朝以擴散到長城地帶或其接觸地帶的卜骨文化為本，結合了王權體制，促成了卜骨或甲骨文的發達。之後，因農耕祭祀而穩定發展的卜骨祭祀經由朝鮮半島，在彌生時代擴散到日本列島。

從祭祀、儀禮到夏、商文化

政治性的群體統合不可欠缺的，就是共有相同的信仰觀念

黃河流域與長江流域，可以大致區分為粟黍農耕社會的華北與稻作農耕社會的華中。這兩個生產基礎內容不同的農耕社會的交流，隨著時代的進展而逐漸活潑化，並且走向統合之路，這是從新石器時代終末期到商周社會的變動期的態勢。關於這個過程，前一章已經略有述及。不過，在關注地域間的交流過程與地域統合的過程時，還應注意精神文化面的發展情況。也就是說：應該注意存在於各個地區的精神文化及其變化過程，同時也要注意越過各個地區範圍的精神文化的融合過程。

前面說過，新石器時代的農耕社會，各個區域有其各自的祭祀形態。大致說來，粟黍農耕社會的黃河中游流域以父系血緣組織為中心，盛行的是祭祀祖先的活動。這個祭祀祖先的活動含有維持群體組織的機能。另外，這個區域也盛行有動物犧牲的農耕祭祀，和群體組織化的人牲。

新石器時代後期的陶寺遺址，發現了「樂」是讓首長的統治權正當化的東西，被首長所獨占。另外，同屬粟黍農耕社會的黃河下游流域的山東，在以父系血緣群體為中心的氏族基礎下，進行了階層構造的分化，而維持這個階層構造分化機制的，就是可以從陪葬品內容看出來的嚴格社會規範。我認為那是可以在墓葬行為中看到的儀禮，而儀禮的規範正是維持社會階層的精神基礎。

也就是說，粟黍農耕社會中，不管是祭祀祖先還是舉行儀禮，都是成立群體的核心性習俗或制度，也是部族社會邁向首長制社會，維持階層分化的基本構造。相對於黃河流域，長江下游流域稻作社會的太陽神崇拜習俗，也往山東或長江中游流域傳播。

長江下游流域藉由玉器發展祭祀活動，這個發展在良渚文化時開花結果。良渚文化中舉行群體祭祀時的神聖場所——祭壇，在祭祀結束後被利用為統治者一族的墳墓，而首長墓中的大量陪葬品有代表祭祀權的玉琮或玉璧，及代表軍事權的玉鉞。

良渚文化是以良渚遺址的群體為中心，聯合太湖周邊的諸群體，進行結盟後的政治統合。這是包含玉器的分發，首長們會合時也藉由玉器來進行宗教性統合，最後進行政治性統合的文化群體。其意義在於玉器不僅是身分象徵或顯示財力的威信物，更扮演了完成神政權力政治性統合的精神基礎。其中彫刻在玉琮上的神人獸面紋的太陽神信仰，更成為統合群體的羈絆。因為共有相同的信仰觀念，是政治性的群體統合所不可少的事情。

如上述，在各個區域所見的各別的祭祀形態或精神基礎，到了新石器時代後期，開始了區域間的交流。這種交流尤其顯現在玉器上。

例如良渚文化的玉琮或玉璧，擴散到華南石峽文化的新稻作農耕分布區。但是，這個時候並不是良渚文化內部生產的玉琮被分發到石峽文化。在石峽文化見到的玉琮，與良渚文化的玉琮稍有不同，很可能是石峽文化內部自家生產的玉琮。若是如此，那麼玉琮的擴散分布，並不是玉琮本身的擴散分布。這意味著相互交流的兩地會製作相同的玉琮，並且共有相同的神政權力。

良渚文化的玉琮或玉璧不只傳到了石峽文化，也傳播擴散到以前不以玉器做為祭祀器具的黃河中游流域或黃河上游流域。

然而，按岡村秀典先生的看法，與其說那種傳播擴散是玉器本身的移動，不如說是黃河中游流域的河南龍山文化依自己本身的需要，生產了符合本身要求的玉琮、玉璧。同樣的情形也發生在黃河上游的齊家文化，齊家文化接受了玉琮、玉璧的形態後，也生產了屬於自己的玉琮、玉璧。這樣的傳播過程，相較傳播到石峽文化的情況，玉琮、玉璧的形態變化更明顯，顯示出概念化的文化傳播。

這些區域基於本身社會組織的新必要性，吸收了良渚文化使用的祭祀器具玉琮或玉璧，轉而成為自己的東西。當然，黃河中游流域也有直接來自長江下游流域的良渚文化，或長江中游流域的石家河製作的玉器。例如部分屬於長城地帶的陝西省延安市蘆山峁遺址，就出土了良渚文化的玉琮。還有，陝西省神木縣石峁遺址，也出土了長江中游流域石家河遺址的玉器，顯示了玉器傳播的終結點的面貌。

關於玉琮、玉璧的傳入，當然確實存在著良渚文化玉器的直接流傳，但是，玉器文化傳入之後，在當地生產玉器的情況，似乎更能顯示玉琮、玉璧所隱喻的神政權力的擴散。玉器的信仰概念與其象徵的社會性規範，才是各個區域所需要的吧？

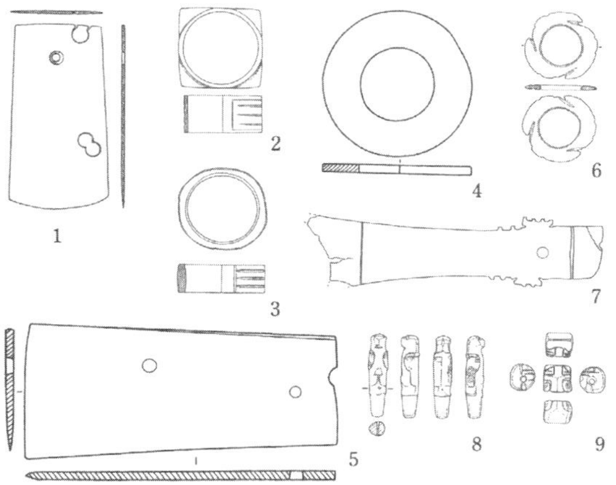

黃河中游流域的玉器擴展　1 玉鉞（陶寺1265號墓）　2、3 玉琮（陶寺3168號墓、1267號墓）　4 玉璧（山西下靳寺13號墓）　5 玉刀（山西下靳寺51號墓）　6 牙璧（陝西石峁）　7 玉璋（陝西石峁）　8、9 石家河文化系玉器（陝西石峁）

之前沒有玉器祭祀的黃河中游流域，從新石器時代後期開始接受了新的祭祀形態，其背景難道不是因為接受了出現於良渚文化中，藉由首長同盟而產生優秀的社會組織精神基礎嗎？這是我的想法。

黃河中游流域在新石器時代終末期完成精神世界的統合，其背景與大汶口文化後期以後，山東的文化性影響溯及淮河，並且往黃河中游流域擴展有關吧！以粟、黍農耕社會的父系血緣組織為中心的祖先祭祀或農耕祭祀，與稻作社會的太陽神崇拜合體，可以說就是二里頭文化以後的文化形態。

已知的饕餮紋源流

繼二里頭文化之後出現，二里崗文化的青銅彝器上，鑄有被稱為饕餮紋的獸面像，這個紋樣是商周時代最具中心性的神形象。就像林巳奈夫先生早前指出的，這個饕餮紋的源流，就是可以在良渚文化玉器上看到的神人獸面紋。看文獻中二里頭、二里崗文化裡的夏文化、商文化，至少從商文化在政治領域上的擴大看來，那是已具初期國家發達度的文明社會。這是一般認定的事實。

但這樣文明社會裡的精神世界重要形象，卻未必出自該區域內部之前的歷史，這不是值得注意的事情嗎？比起黃河中游流域吸收了新石器時代後期出現在農耕社會北方邊緣、畜牧型農耕社會所使用的卜骨，商代社會讓多種祭儀變得可行之事，可以說更值得注意。

又，在山東大汶口文化及山東龍山文化中，為了維持階層構造而出現的「儀禮」，並不存在於新石器時代後期的陶寺墓地。這一點已經在前面說過了。但是，二里頭文化或二里崗文化是把在山東的祭儀陶器器種鼎、鬶、杯、罍等，換成青銅器的鼎、爵、觚、罍等，做為祭祀活動時的基本禮器。二里頭、二里崗文化採用起源於黃河下游流域的「儀禮」，做成了商周社會的基本儀禮。

當然，陶寺墓地已經存在「樂」的觀念了。成立二里頭文化的黃河中游流域，在新石器時代時期已經有祭祀祖、動物犧牲、人牲等「祭禮」的活動，是社會群體穩定團結的區域。這個地方在新石器時代終末期，採納了來自長江下游流域的神政權力，可以說進一步實現了社會組織化。

還有，代表首長身分的「樂」，與來自山東象徵身分秩序的「儀禮」，在二里頭文化之後融合在一起，然後孕育出商周社會的基本秩序「禮樂」。

就這樣，在各個地域獨自形成的精神文化，與精神文化為基礎誕生的制度、習俗，在被稱為中原地區的黃河中游流域，於新石器時代終末期統合化。而就在這個統合化的過程中，誕生了二里頭、二里崗文化。

被認為是中國最早王朝的夏、商時代，就相當於二里頭、二里崗文化時期。而這個時代，也能稱之為中國的初期國家時代吧！以初期國家之姿所形成的初期王朝，是吸收了新石器時代各地社會組織所必要的精神基礎而成立。

祭祀祖先、供牲、禮樂等事項，是商社會的基本要素，但這些事項卻未必源自黃河中游流域的在地系統，是融合了粟黍農耕社會與稻作農耕社會的各自精神文化而形成的。希望讀者們能夠了解到這一點。接著，我們就來討論初期國家形成期的二里頭、二里崗文化吧！

第十章　邁向初期國家的曙光

二里頭時代的開端

二里崗遺址與夏王朝、殷商王朝的關係

據《史記》所載，中國最古老王朝是夏王朝。傳說中的「五帝」的最後一位帝王舜，將王位禪讓給治水有功的禹。這是夏王朝的開端。根據《史記》的記載，五帝都是因為個人的功德能力足以治國，而取得帝位的。相對的，禹藉著世襲的方式進行之後的王權繼承，所以在《史記》內與「五帝」的記述方式不同。從司馬遷的立場來看，王朝是指有繼承王權統治體制的階段。

如同王朝的字義，王朝是確立了一個王權的階段，而為了維持王權，就有必要藉由世襲來鞏固安定的政權。關於夏王朝是否確實存在之事，因為清朝末年以來疑古派的懷疑，讓推動近代歷史學的歐美或日本歷史學者，也紛紛對此感到懷疑。

無論夏王朝是否確實存在，就如同商王朝的存在已經藉著甲骨文得到證實一樣，除非也有文字能夠證明，否則就不能堅決否定或肯定夏王朝的存在。

戰國時代七雄相互競爭，為了主張自己政權的正統性，會在其編年體的史書中，記載禹或夏王朝的事蹟。關於此事，東京大學的平勢隆郎教授，會在本系列第二本《從城邦國家到中華》一書中，有詳細說明！

禹和夏王朝也和五帝一樣，在戰國時代廣被利用，並被特意地宣揚，所以那些敘述不可全信。不過，《尚書》或《詩經》所記載的禹的事蹟，在北京保利藝術博物館所藏、西周中期的青銅器「盨」上，也有相同內容的記載。春秋時代的「秦公簋」、「叔夷鐘」、「叔夷鎛」上，也有禹與夏王朝的記述。

就像岡村秀典先生也曾說過的，商以前的中原確實存在著夏王朝這個政治團體之事，這應該是不容置疑的事！

有問題的是這個政治團體在歷史上的區分，是否已進入王朝或初期國家的階段。然而，從文獻上似乎無法判斷，恐怕只有藉由考古學的方法，才有可能解決這個疑問。

擺脫歷史記述，用考古學的方法，將殷商以前的文化依年代排列時，就會像右表所示，

時代＼地域		河南中部	河南北部～河北南部
新石器時代		王灣3期文化	後崗2期文化
夏代		新砦文化（二里頭文化 1 期） 二里頭文化2期 二里頭文化3期 二里頭文化4期	先商文化
殷代前期		二里崗下層文化1期 二里崗下層文化2期 二里崗上層文化1期	
殷代中期	中丁	白家莊期（二里崗上層2期）	
	盤庚	洹北商城前期 洹北商城後期	
殷代後期	武丁～紂	殷墟文化1期 殷墟文化2期 殷墟文化3期 殷墟文化4期	

新石器時代終末期到商代的文化編年。

中原出現二里頭文化、二里崗下層文化、二里崗上層文化、殷墟文化等。

這裡所說的文化，是指顯示了綜合各陶器器種的樣式變化，非常一般性的考古學編年單位。顧名思義，殷墟文化期指的就是河南省安陽市殷墟遺址存續時期的文化單位，是商朝的盤庚遷都以後，商朝的最後首都時代的文化。關於這一點，後面會再稍微詳細敘述。

二里崗下層與二里崗上層的設定，以河南省鄭州市二里崗遺址的文化層為基準，但這個時期與鄭州商城的存續時期相呼應。關於鄭州商城，後面會再詳述，一般都會拿鄭州商城與殷商的最初首都「亳」做比較。

殷因為《史記．殷本紀》而成為王朝名，但是甲骨文或金文裡，同樣的王朝卻記載為「商」。所以中國學界一般以「殷商」、「商」來稱呼此一王朝，不過，本書沿用日本傳統使用的稱呼，以「殷」來稱呼此一王朝。（譯注：此指日本版）

商朝是湯王建立的朝代，而湯王的都城是鄭州商城。關於這一點，一定要在後面詳加敘述，因為二里崗下層文化以後，就是商王朝了。二里崗下層以前是二里頭文化，自然而然地被認為相當於夏王朝的時期。但是，這一點一直是引起學術爭論的焦點。

其實，要對照考古學文化與夏王朝或商王朝的實際年代，是相當困難的作業。因為首先要整理二里頭文化的編年問題，與一直以來和二里頭文化相關的學說，然後才能把二里頭文化放在正確的歷史位置上。

二里頭文化繼承了存在於黃河中游流域的河南龍山文化系統，並與其中的王灣三期文化系統直接相連。河南龍山文化也能從陶器的樣式內容——尤其是從器種的構成上，做地域性的區分。如左圖所示的地域性區分。

這個地域性區分，也能顯示出王灣三期時，在政治性區分下的社會群體居住範圍。因為這個時期已經進入首長制社會的政治性群體統合的階段，相當於生活樣式相同或信息共有的群體，進入政治性統合或重組的階段。

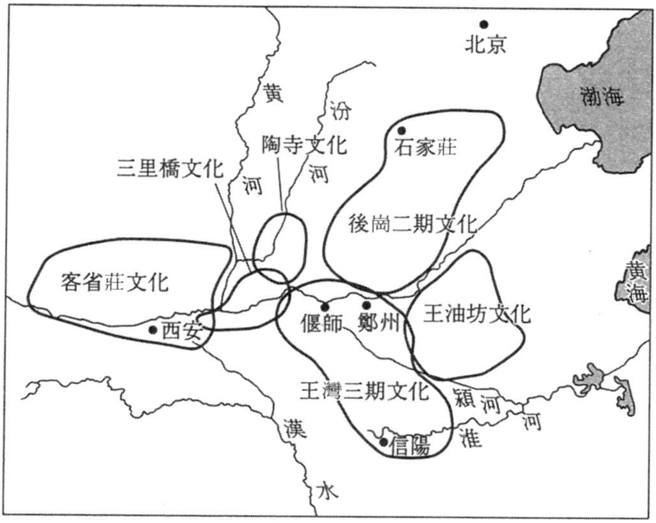

王灣三期的區域文化樣式（董琦2000年）。

上圖是依中國國家博物館的董琦先生的想法製成的，顯示出在王灣三期文化的範圍內，嵩山南北兩側的陶器樣式有所差異。

嵩山南側的文化有較濃厚的山東龍山文化的陶器要素，也吸收了長江中游流域的石家河文化要素。意思就是：位於較東邊的河南龍山文化王油坊類型的山東龍山文化要素變強的原因，是因為地理上的文化領域相連接的關係；這是一般都能理解的狀況。就這點來說，王油坊類型所顯示出來的，是河南龍山文化與山東龍山文化的折衷性文化樣式，至於要把它歸在河南龍山文化中的文化類型，還是山東龍山文化中，很多時候與研究者的現代地域意識有關，並不具有太大

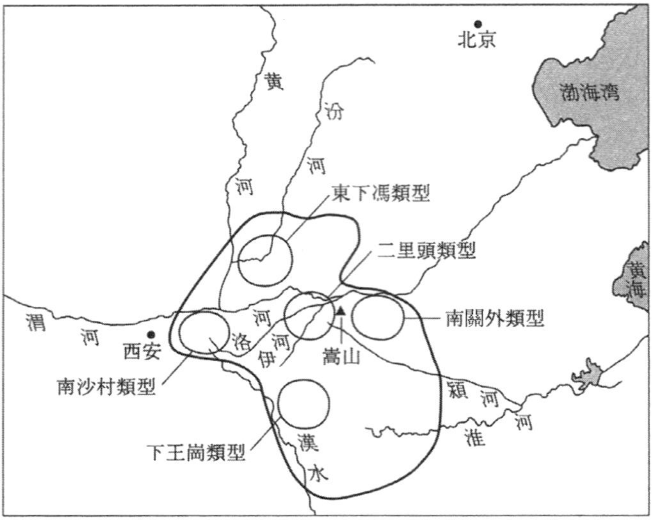

二里頭文化的文化樣式（董琦2000年製圖） 同樣被視為二里頭文化樣式的範圍內，還可區分為五個區域文化單位。嵩山南側將來還有可能再增設一個文化單位類型。

的意義。

如第五章所述，去討論山東龍山文化的樣式擴散，或討論山東龍山文化不僅對山東半島有影響，還擴散到河南省東南部的淮河上游流域、長江下游流域的上海附近，才是更有意義的事。而且，東龍山文化因為與王灣三期文化的嵩山南側的王油坊類型相連，也和長江下游流域有交流與影響的關係。

王灣三期文化基本上也是以在地的陶器樣式為母體，逐漸變化而來的，但也接受了鬹、單耳杯、高柄豆（高柄高杯）等起源於山東龍山的器種。就像在新石器時代終末期吸收玉器文化一樣，黃河中游流域總是非常積極地引進來自其他地域的文化要素，顯現出能夠吸收各種信息的特色，這就是二里頭文化以來，能在這個區域見到多樣化文化要素的泉源。

廣域範圍的信息區在這個時期形成於長城地帶，並在長城地帶和與長城地帶的區域內，促成鬲和窰洞式住屋擴散的現象。同樣的，在廣域範圍內的物質或信息移動的時代性趨勢，也反映出社會進化階段的現象。

東京大學的大貫靜夫教授注意到從王灣三期文化，轉移到二里頭文化階段的嵩山周邊遺址分布的變化。相對於王灣三期文化階段遺址，散落地分布在各個河川流域的情形，二里頭文化期以後，遺址密集分布於洛陽周邊；而且，與王灣三期文化階段相比，還會發現以二里頭遺址為中心，其周圍的大型聚落呈現等距排列的情況。

也就是說，聚落間存在著中心聚落，中心聚落的周圍是衛星聚落，形成整齊的聚落網。在王灣三期文化階段，如上述那樣的聚落間階層秩序，相對於山西省南部的陶寺類型的進化，洛陽平原王灣三期的社會進化顯然是比較落後的。不過，陶寺類型並沒有順利維持社會進化上的領先地位，到了二里頭文化以後，反而是洛陽平原的區域文化，在社會進化上超前了。

也就是說，在二里頭文化階段，以二里頭遺址為中心的向心性聚落網形成了。二里頭文化不僅在洛陽平原，它被區分為原陶寺文化的東下馮類型、三里橋文化的南沙類型、王灣三期文化的嵩山南側部分的下王崗類型，形成了文化樣式上的廣域地域圈，這是令人深感興趣的情形。一邊以別種文化為母體，一邊又形成了二里頭文化圈這個廣域的文化信息帶。這並不表示二里頭遺址是政治統合體的頂點，而是說二里頭文化是一個共通的文化樣式。關於二里頭文化期社會統合的具體內容，且在後文敘述。

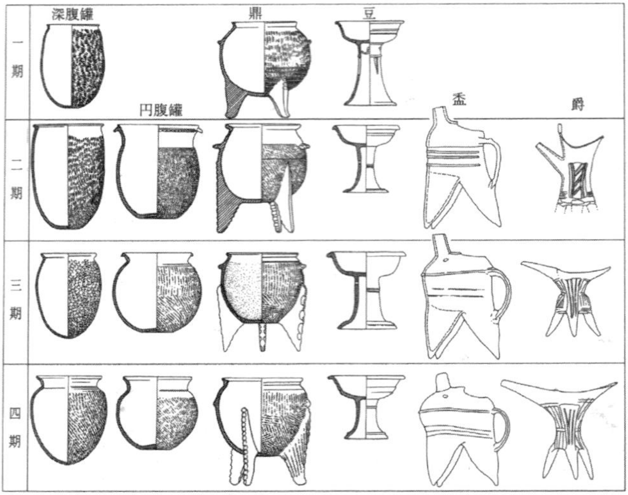

二里頭文化的陶器編年 各器種明顯出現連續性的器形變化。出現圓腹罐、盉、爵等新器種的二里頭文化二期，是重要的劃分期。

尋找二里頭文化的淵源

在思考二里頭文化成立的問題時，不能不注意到河南省新密市的新砦遺址。二里頭文化是從河南龍山文化的王灣三期衍生出來的，這已經是一種常識了。但是，二里頭文化是直接來自王灣三期的嗎？關於這一點，意見就有些分歧了。

二里頭文化基本上分為四期，問題在於二里頭文化第一期與王灣三期的關係。例如駒澤大學的飯島武次教授認為：二里頭文化第一期與王灣三期文化終末期的媒山二期，有相同的陶器樣式，所以二里頭文化第一期，應該包含在龍山文化之內。然而，一方面他也認同前面提到的新砦遺址是王灣三期與二里頭文化第一期的聯結點。

最早提出這個論述的人，是中國社會科學院考古研究所的趙芝荃先生。趙先生認為龍山文化的王灣三期通過新砦，形成了二里頭文化。其後，北京大學等調查團隊發掘了新砦遺址，設定新砦二期，並在挖掘新砦遺址時，從層位關係，判斷出王灣三期、新砦二期、二里頭文化，是一個有連續性的變化過程。而且，以新砦二期為新砦文化，是包含了二里頭文化一期的階段性文化，其變化的順序應為王灣三期、新砦二期、二里頭文化。這是中國社會科學院考古研究所的杜金鵬先生的看法。

說到這裡，已經是陶器形式的定義與其分期的問題了，但這屬於專家的專門領域，在此我只想以王灣三期、新砦二期、二里頭文化的挖掘調查為背景，探討其連續性的變化過程。總之，王灣三期與二里頭文化之間，很明顯地還存在一個新砦期的時期，而新砦文化期也包含了一部分的二里頭文化一期。

在新砦文化期中，也可以看到後來成為二里頭文化中心的伊河、洛河區域（洛陽平原）與淮河上游流域的潁河、汝河流域在陶器形式上的地域差別。

其中還有一個重點，那就是在潁河、汝河流域的新砦遺址，發現了擁有三層環壕的城址。這個城址的城牆從龍山文化終末期到新砦文化期都一直存在，但到了二里頭文化早期時被廢棄了。這個城牆的北牆長九二四公尺，東牆的南側被破壞，只有一六〇公尺，西牆也只剩下四七〇公尺，南側的城牆則被雙洎河破壞了。被城牆圍繞起來的部分，面積推測可達七十萬平方公尺。城牆的外圍，是沿著城牆的壕溝，而這個壕溝的外側，還有東西長達一五〇〇的外壕。另外，位於城址內部的西南部分，地勢較高的地方有內壕；這個部分的中心位置上，有一座東西長五〇公尺，南北寬一四．五公尺的大型建築物。

在二里頭文化之前的新砦文化期，潁河、汝河流域就存在著這樣的大型聚落遺址，這表示這個階段的這個區域的社會文化的中心地，就是後來在潁河、汝河流域形成的二里頭遺址中心性聚落。

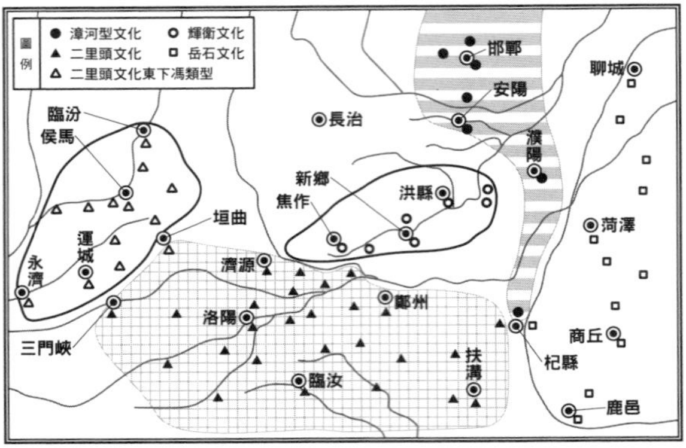

二里頭文化與先商文化（張立東1996年製圖）

在此之前，二里頭遺址這個中心聚落的成立就非常引人注意了，但是，更得注意的是：在黃河中游流域，像陶寺遺址。新砦遺址、二里頭遺址這樣，隨著時期的更迭，大型聚落移動到不同地點的情形。

進一步說的話，這個期間的社會性或政治性中心地是不固定的，而且是流動性的，這是值得注意的。還有，新砦文化期的中心在潁河、汝河流域，而這兩條河流位於淮河上游流域，所以新砦文化有地利之便，能透過淮河上游流域的河南龍山文化王油坊類型，與山東龍山文化進行交流。由此可知，在新砦文化期與二里頭文化期，得以汲取來自東方的文化要素，是有很大原因的。

二里頭文化與二里崗文化

二里頭文化以鼎為主體，二里崗文化以鬲為主體

在出現二里頭文化的社會性發展的階段裡，二里頭文化周圍也存在著陶器樣式不一樣的文化類型。從河北省北部到河南省南部，是繼承了龍山文化後崗類型龍山文化（後崗二期文化）系統的先商文化（下七垣文化）；與在二里頭文化與先商文化的中間地帶，存在於輝河、衛河流域的輝衛文化，及與二里頭文化的東側鄰接，從淮河流域到山東半島的岳石文化。

給先商文化這個文化名稱命名的，是北京大學的鄒衡教授。鄒衡教授依地域性，將先商文化細分為漳河型、輝衛型和南關外型。而鄒衡教授的弟子——北京大學教授李伯謙先生，又把其中的漳河型與輝衛型合併在一起，稱之為下七垣文化。之後，張之東先生將輝衛型的稱呼改為輝衛文化，把先商文化漳河型改稱為漳河文化，將兩者做了明確的區分。在此，我把下七垣文化稱為先商文化，有了先商文化的基礎後，二里崗文化形成了。

相對於二里頭文化以鼎為煮沸器具的主體，二里崗文化的煮沸器具主體是鬲。鼎出現於新石器時代前期，足部是實心的三足煮沸器具。至於鬲，第七章已經說過，鬲出現於新石器時代後期，足部是空心的三足煮沸器具。鼎與鬲出現的時期與地區並不相同。以鬲為基本煮沸器具的是先商文化，在先商文化的擴散過程中，二里崗文化在二里頭文化的分布區域，以取代二里頭文化的形式，建立起二里崗文化。也就是說，先商文化不斷發展，其分布的領域發生變化後形成了二里崗文化。

意思就是：以鄭州為中心，鄒衡教授所說的南關外型，可以說是二里崗文化的前身。另外，二里崗文化是一邊直接承接了先商文化的系統，一邊又吸收了二里頭文化的要素與鄰接的岳石文化的要素而形成的。因此二里崗文化才是以二里崗下層、二里崗上層、殷墟文化的順序延續的陶器樣式，是相當於殷商王朝的文化。這已成為一個公認的事實。

二里頭文化與二里崗文化的接點，近年來根據河南省偃師商城的調查，已經明確化了。偃師商城是二里崗文化的遺址，但是二里崗文化的中心城址，則是鄭州商城。

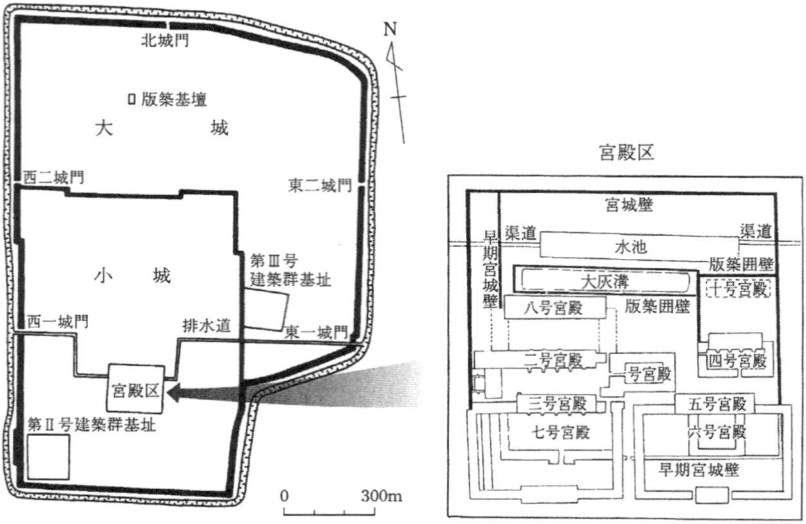

偃師商城與宮殿區　由小城變大城，宮殿區也經過數次的擴張。

關於偃師商城與鄭州商城何者是文獻上的都城，主要的判斷觀點有三個。

第一個觀點是：偃師商城的建設階段比鄭州商城更早，有學者認為這裡就是商王朝首代君王湯的建都之處——西亳。

第二個觀點：偃師商城與鄭州商城是同時期存在的兩個都城，鄭州商城是西亳，偃師商城是別都太甲桐宮，也有一說為偃師商城是同時期的副都。

第三個觀點：認為偃師商城的建都年代稍晚於二里崗上層文化時期，出現的時間比鄭州商城晚，比安陽殷墟早，是盤庚遷都的所在地——亳殷。

近年在偃師商城裡發現了小城與大城，很明顯的小城較古老，大城較新。這種情形應該是小城建設之後，利用小城的西牆與南牆和東牆的一部分，擴建而成大城的。

問題是小城與大城的創建時代。從陶器形式來看，可以將偃師商城劃分為三期七階段。第一階段是與二里頭文化第四期後半並行的時期，第七階段相當於二里崗上層文化白家莊期。小城的建期被認為是在第二階段，相當於二里崗下層文化開始的時期。這個時期不僅已經開始使用宮殿，城外還有青銅鑄造場所的遺址。

而將小城擴建成大城的時間，是第三階段的時期。那是二里崗下層二期前半的階段，宮殿被大規模地擴建成新宮殿，宮殿的北側有堆積石塊而成的水池，說明庭園水池的存在。第五階段的二里崗上層一期前半時，增建了三號宮殿與建設了五號宮殿。第六階段的二里崗上層一期後半，宮殿被廢棄，到了第七階段的二里崗上層二期（白家莊期），偃師商城走向結束。

此時再度成為問題的，就是偃師商城與鄭州商城之間的關係。根據杜金鵬先生的解釋，偃師商城第二階段時的小城建築是重點。

偃師商城第一階段相當於二里頭文化第四期，二里頭文化的母體與二里崗文化的母體，存在著不同的政治勢力。鄭州商城在偃師商城第一階段時，已經開始有人居住，這個時期相當於二里崗下層文化初始之期。鄭州則如鄒衡教授所指出的，在二里頭文化期時，因為河北省南部先商文化（下七垣文化）的影響，吸收了二里頭文化與鄰接的岳石文化的要素，存在著南關外型文化。南關外型是被稱為先商文化的商王朝的前身文化，與被認為是夏王朝的二里頭文化勢力，處於相對立的關係。

偃師商城被建於夏王朝的中心地二里頭遺址附近，而且建築的時期接近二里頭文化四期。杜金鵬等學者認為這是值得注意的事。

《史記．封禪書》中有「昔三代之居皆在河洛之間」的記述，如果說夏的都城斟鄩是二里頭遺址，商的都城亳是偃師商城，周的都城是洛陽城（成周），那麼這幾個地方都在洛河附近。還有，就像《漢書．地理志》中，班固注裡有「偃師，屍鄉，殷湯所都」的記述，《書序》鄭玄注有「亳，今河南偃師縣有湯亭」。由以上可知，商王朝的初代君王湯滅夏後，建都亳於偃師附近。因此偃師商城的小城，才是符合上述記載的都城西亳。

還有，商的基礎在二里頭文化期的河北省南部的先商文化（下七垣文化），其政治性領域擴張到鄭州附近，形成了鄒衡教授所說的南關外型。商王湯從據點鄭州，消滅了夏王朝的都城二里頭遺址，也就是文獻中的斟鄩，建都城於鄰近的偃師商城，並命名為亳。同一時期，鄭州商城作為商的王都，也被建設起來。也就是說，關於偃師商城與鄭州商城，這裡與上述第一到第三的觀點不同，有了新的解釋。

這正是歷史記述與以物質文化資料為對象的考古學解釋有了一定程度的一致的階段，相當於本書「從神話到歷史」這個標題的階段。

夏王朝、殷商王朝的紀年年代

如第二章已經敘述過的，現在中國把考古學、歷史學、天文學、文化財科學等多種領域聯合起來，為了確定夏王朝、商王朝、周王朝三代的實際年代，組成了夏商周三代斷代工程專題組，以國家性的研究計畫來進行。

中國最古老的正史《史記》中的「表」裡，記載著事件年代，其中最早記載的年代是西元前八四一年的共和元年，在這之前的年代沒有明確的記述。因此，例如商朝被周朝滅亡的正確時間，就無從斷定，所以關於這件事的時間，也就誕生了很多種說法，有董作賓的西元前一一一一年說、陳夢家的西元前一〇二七年說，還有東京大學的平勢隆郎先生最近提出的西元前一〇二三年說。

關於商王湯打敗夏王桀，建立商王朝的年代，如果《竹書紀年》中「湯滅夏以至于受，二十九王，用歲四百九十六年」的記述確實可信，那麼從商滅亡的年代往上溯四九六年，就是商王朝成立的年代。依照前面說的，那就是在西元前一六〇七年到西元前一五一九年之間。

二里頭文化已經達到王朝的階段了嗎？

夏商周三代斷代工程專題組現在已經進行到能對這樣未知的年代，提出一定程度假設的階段。尤其是放射性碳定年的測定，近年來使用了測定精準度有突破性成長的AMS法（加速器質量分析法），即使是甲骨文字出現以前的二里頭文化或二里崗文化的年代，也變得能夠斷定出來了。藉由從前的放射性碳定年與樹木年輪年代學，校正放射性碳定年的國際性基準成立了，確立了以此為基準，隨機顯示校正年代的方法。根據這樣的AMS放射性碳定年，去思考未知時期的實際年代，這是近年出現的學術動向。以下簡單說明，夏商周三代斷代工程專題組所提出的實際年代。

首先來看周武王敗商紂王於牧野，建立周王朝的年代。根據一九七六年出土，名為「利簋」的青銅器上的銘文上，有「克殷」的記載，同時也有木星的記載，而根據《國語》記載的克殷時的木星位置，從天文學的角度來推斷，那時應是西元前一〇四六年。至於甲骨文字的出現，就像後面會提到的，應是在殷墟建都的武丁之後的事。甲骨文中有五次月蝕的記載，與天文學進行年代對比後，可以認為最後兩次的月蝕時間是西元前一一八九年與西元前一一八一年，都是祖庚治世的時代。從武丁到商朝最後的帝王紂王的時期，大約是西元前一二五〇年到西元前一〇四六年。往前推算商朝建立的年代，依據放射性碳定年法，大約是西元前一六〇〇年。《竹書紀年》中又說「自禹至桀十七世，有王與無王，用歲四百七十一年」，可知夏王朝的治世時間合計為四七一年，所以說夏王朝的開始時間，可以認為是西元前二〇七〇年。

關於夏王朝的開始年代，由於夏王朝的治世時間的根據並不明確，所以不在此多做敘述。另一方面，關於成為年代定點的克殷時期，東京大學的平勢隆郎先生對夏商周三代斷代工程專題組提出的說法，有詳細的評論，並且提出了克殷的時間應為西元前一〇二三年的說法。本系列第二冊將會有詳細的討論，請讀者們參考。

我個人無法確定克殷時期的諸多說法中，何者是正確的，但我認為大概是西元前一〇五〇年左

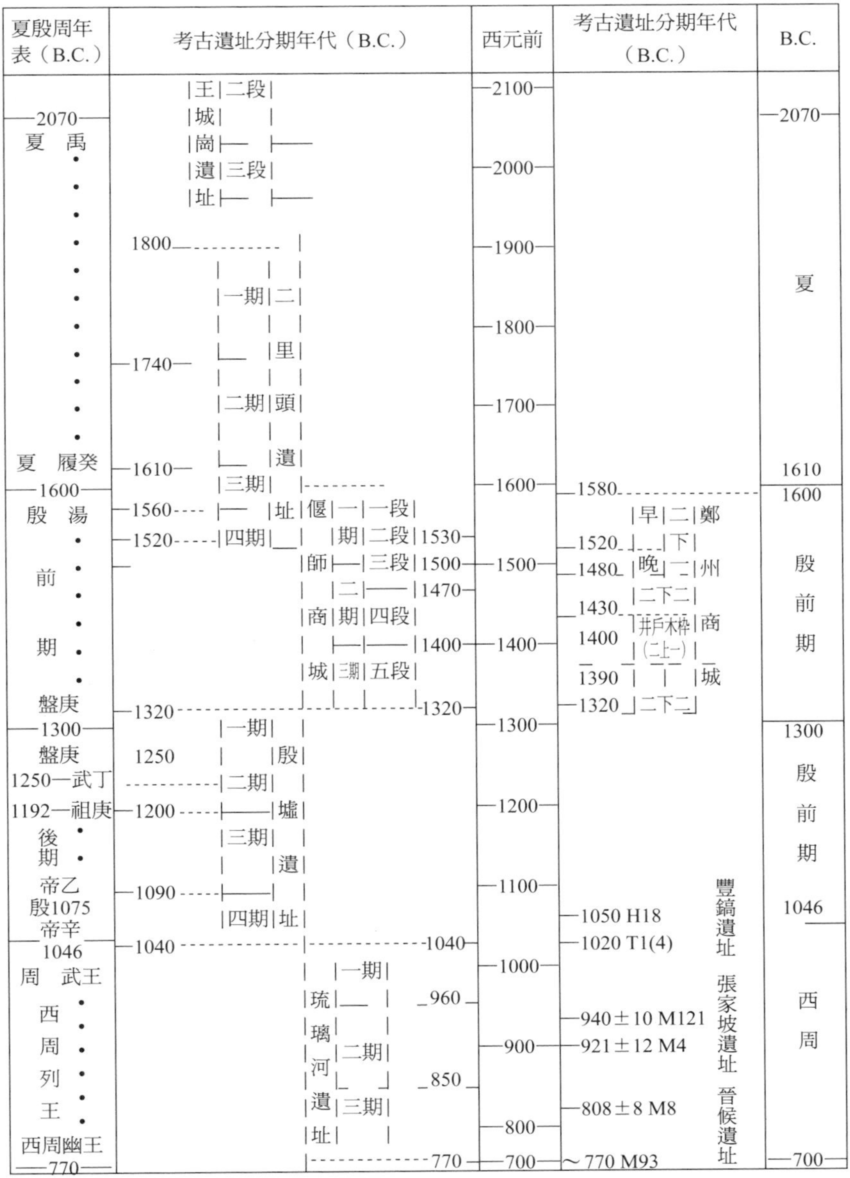
夏殷周年表（B.C.）
考古遺址分期年代（B.C.）
西元前
考古遺址分期年代（B.C.）
B.C.
2070
夏 禹
夏 履癸
1610
1600
殷 湯
前
期
盤庚
1300
盤庚
1250—武丁
1192—祖庚
後
期
帝乙
殷1075
帝辛
1046
周 武王
西
周
列
王
西周幽王
770
王城崗遺址
二段
三段
1800
1740
1610
1560
1520
一期
二期
三期
四期
二里頭遺址
偃師商城
一期
二期
三期
一段
二段
三段
四段
五段
1530
1500
1470
1400
1320
1320
1250
一期
二期
三期
四期
殷墟遺址
1200
1090
1040
1040
琉璃河遺址
一期
二期
三期
960
850
770
2100
2000
1900
1800
1700
1600
1500
1400
1300
1200
1100
1000
900
800
700
1580
1520
1480
1430
1400
1390
1320
早
晚
二下一
二下二
井戶木枠（二上一）
鄭州商城
1050 H18
1020 T1(4)
豐鎬遺址
940±10 M121
921±12 M4
張家坡遺址
808±8 M8
~770 M93
晉侯遺址
2070
夏
1610
1600
殷
前
期
1300
殷
前
期
1046
西
周
700

夏商周三代斷代工程。

右吧！這應該是沒有問題的。

再說商朝開始的年代，不管是從放射性碳定年法，或以「克殷」為起點來計算商王朝存續時間的《竹書紀年》來看，商朝開始於西元前一六〇〇年左右，應該沒有太大的問題。這樣的年代觀與放射性碳定年法為基礎的考古學性的文化年代，可以從本書三〇五頁圖所顯示的內容，獲得大致上的了解。

總之，就像前面提到的，偃師商城與鄭州商城的先後關係問題一樣，偃師商城內的小城，是二里頭文化四期以後創建的，很可能就是商的湯王滅夏的桀王後，在夏的都城斟鄩附近建立的都城「亳」。而從這個階段起，正好就是考古學裡二里崗下層文化開始的時候，也可以說是歷史上商王朝開始的時候。大約是在西元前一六〇〇年左右。

至此，從考古學上的相對性年代關係，或綜合文獻史學、天文學、放射性碳定年法，了解紀年年代，可知商王朝的前階段，就是二里頭文化。

從西周時代的金文資料，可以知道比殷商王朝更古老的階段裡，有夏王朝這個有別於殷商王朝的政體。從編年學上來看，這個夏王朝也相當於二里頭文化。如此說來，二里頭文化就是夏王朝，因此夏王朝是確實存在的朝代。

但是，討論夏王朝是否確實存在的問題，我個人並不認為有什麼意義。與其強調二里頭文化相當於文獻中的夏王朝，或是夏王朝確為初期王朝時期之事，更需要客觀討論的是，二里頭文化是否已經到達王朝社會進化的階段。更應該與在二里頭文化以前的新石器社會中已顯示出先進的階層構造的陶寺文化、良渚文化以及山東龍山文化進行比較，以探討二里頭文化與這些文化的社會進化內容是否相同，以及是否已經進入到社會系統發達的階段了，這些才是更需要討論的問題。

夏王朝的發展

開始宮廷儀禮的二里頭文化

文獻史料上所說的夏王朝，指的就是二里頭文化，這一點已經很清楚了。但是，須再三強調的是：雖然說夏王朝就是二里頭文化，但文獻史料上記載的夏王朝內容，卻未必得到證實。況且，二里頭文化是否已經完成王朝政治系統了呢？要從文獻史料的內容證實這一點，可以說是不太合理的。

因為被認為是證據的文獻史料，是以戰國時代以後的歷史觀為背景，所寫出來的歷史，與根據殷商王朝的甲骨文或金文資料等的同時代的文字資料來證實的歷史，有著相當大的差異。

還有，如夏商周三代斷代工程專題組提出來的，殷商王朝始於大約西元前一六〇〇年左右，《太平御覽》第八十二卷引用了《竹書紀年》中，夏禹到桀有十七代，共四百七十一年的記述，因此認為禹在西元前二〇七〇年創建了夏王朝。因此，夏王朝的開始是相當於考古學文化中的河南龍山文化王灣三期，還是相當於新砦文化期等的相關議題今後將開始被討論。然而，這些議題還是無法超越設定範圍吧？所以必須從考古學處理的物質文化資料，去判斷這個時期的歷史性性格。

因為被稱為「夏王朝」，所以讀者們的腦中，難免會對這個時期持有文明化王朝的既定印象。

但希望讀者們不要有這種既定印象，因為夏王朝本身就是個謎。

在考古學上，二里頭文化分為四期。前面已經說過二里頭文化一期往上溯是新砦文化期，而二里頭文化的中心就在潁河、汝河流域。二里頭文化期以後，說到聚落據點的話，則位於伊河、洛河流域的二里頭遺址，是最大的遺址，因此可以認為中心聚落發生轉移的可能性。

二里頭文化有一～四期的時期區分，但以什麼做為劃分的界線，或做為歷史性評價的分界點又在哪裡呢？關於這一點，學者們的看法各異。

從陶器樣式來看，我認為二里頭文化二期與從新砦文化到二里頭文化一期之間，有很大分界線，所以我覺得二里頭文化二期，是一個歷史性的區分時期。也就是說，從新砦文化到二里頭文化一期，新砦文化期的社會、文化中心在潁河、汝河流域，但二里頭文化二期之後，社會、文化的中心移到了伊河、洛河流域。比較一、二期的二里頭遺址時，會發現二里頭文化一期時，遺址的面積較寬闊，中心聚落的形態也很清楚，但更重要的是二里頭文化二期，遺址中有宮殿的建築。

二里頭遺址的東西最長達到二千四百公尺，南北最寬可達一千九百公尺，面積相當於三平方公里。而一九九九年時，這個遺址的東端還被發現了寬十公尺的壕溝。當初這個壕溝曾經被認為是防禦用的環壕，但是後來確認這個壕溝是取土之後形成的溝狀遺址。像這樣大規模地挖取泥土用於建築的行為，始於二里頭文化二期。以前，在二里頭遺址裡發現的二里頭文化三期宮殿建築，是一號宮殿基址與二號宮殿基址。但是二〇〇一年，又在二號宮殿基址的下方，挖掘到新的大型建築基址。這個新的大型建築基址，就是二里頭文化二期的宮殿基址，也就是三號宮殿基址。在被南北長一百五十公尺，東西寬五十公尺的迴廊圍繞起來的宮殿基址中，有北院、中院、南院等三個中庭，主殿便位於中院內。並且中院和南院裡有五座中型墓，墓內有銅器、玉器、漆器、白陶器、原始青瓷等豐富的陪葬品。

此外，三號宮殿基址的西側，還有同時期的五號宮殿基址。並且，沿著這些宮殿的基址的，是被規劃得井然有序的完整道路網。也就是說，這個時期已經存在著、用道路來劃分宮殿區的都市計畫了。

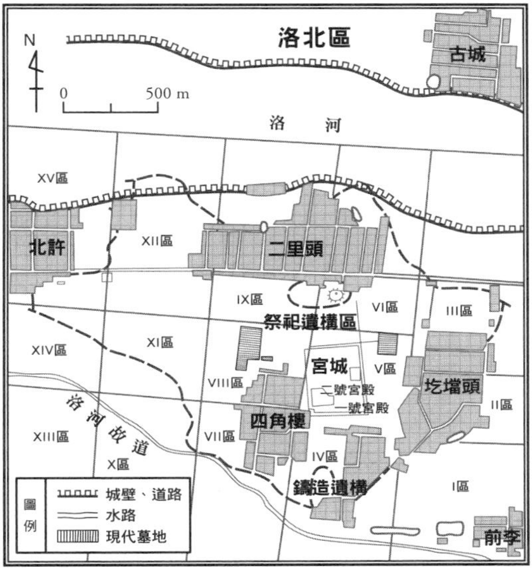

二里頭遺址的遺址分布　沿著區劃出來的道路邊有宮殿區，宮殿區的北側是祭祀遺址，南側有鑄造場的遺址。

從宮殿區劃分完整這點看來，可以認為二里頭文化二期階段是一個大的分界點。二里頭遺址裡除了宮殿區外，還有位於北側，用來舉行祭儀的祭壇。祭壇一般會在直徑五公尺以內的基壇上排放一層到兩層圓形土丘。但VI區八號祭壇的直徑有八．五～九公尺，基壇的中央有一個圓土丘，這個圓土丘被六個圓土丘圍繞，再往外，又有十二個圓土丘，形成了兩層的圍繞。這就是文獻上所謂的「壇」。

此外，這裡也發現了文獻中的「墠」，那是相當於平面長方形的半地穴式建築。在淺半地穴的內部，有用人類的腳踏平變硬的整齊土層，不

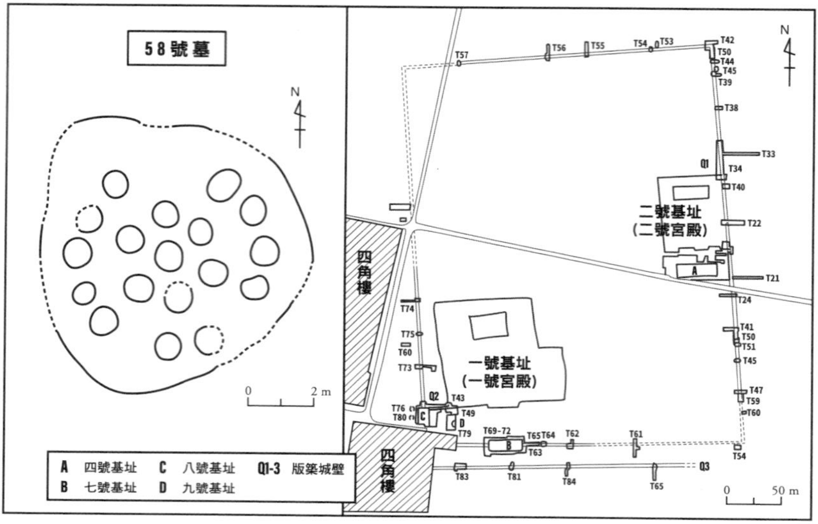

二里頭遺址宮殿區（右圖）：二里頭三期時，有城牆將一、二號宮殿與宮殿區圍繞起來，形成宮牆。　二里頭遺址的祭壇（左圖）：VI區八號祭壇

過也有燒過的土層地面。「壇」也是舉行祭祀活動的場所。祭儀的具體內容到底為何，目前尚不清楚，但祭祀用的空間是固定的。還有，宮殿的南側有鑄造場的遺址，那是青銅鑄造工坊區。如此看來，這是一個在政治的中心性空間裡，也存在著祭祀空間與專業化工人組織，有著平等區分，形成共同存在都市空間。

以沿著二里頭文化三期的一號宮殿、二號宮殿的形式，被區畫出來的道路網上，發現了城牆的痕跡。圍繞著宮殿區的城牆具有防禦性的功能，與現在北京的內城紫禁城城牆相同，也就是所謂的宮牆。

那是東西約三百公尺，南北約三百六十到三百七十公尺的長方形城牆。從有城牆這點看來，比起二里頭文化二期，二里頭文化三期的都市機能性更高了。從都市的特徵來看，相對於後來商王朝的建築物對準正北而建，二里頭遺址的建築，則是朝著

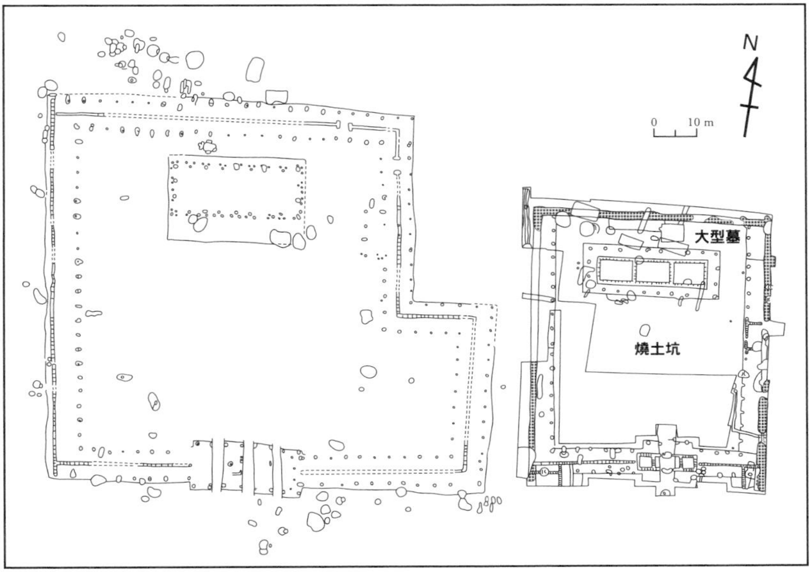

二里頭遺址一號宮殿（左）與二號宮殿（右）。

磁北偏西約五到十度為基準而建的。像這樣可以稱之為都市計畫的規格，在二里頭文化二期階段，就已經存在；而二里頭文化三期的宮牆，可以說都市計畫更加發達了。

在一號宮殿南北長一百公尺，東西長一百零八公尺的基壇上，有迴廊圍繞，中心軸的位置上列有門與殿堂，兩者呈一直線，並且中間有中庭。另一個二號宮殿的基壇，南北長七十三公尺，東西長五十八公尺，規模比一號宮殿小，位於一號宮殿東北側一千五百公尺的位置上，其構造與一號宮殿幾乎相同，但是在南迴廊上的主門與殿堂，並不在同一條軸線上。

殿堂的北側與北側的圍牆之間，有一座大型墓。遺憾的是這座大型墓已被盜墓者破壞，無法得知墓中有多少豐富的陪葬品。不過，根據調查所見，這個墳墓應該與二號宮殿是同一時期的東西。從墳墓的角度看向主門，兩者的中心軸是一致的。

林巳奈夫先生認為應該視二號宮殿為大墓的附屬建築，是舉行儀式用的始祖廟，與祭祀祖先、舉行儀禮活動有關。這顯示，宮廷儀禮已經開始了。

如果從這個觀點看的話，二里頭文化二期的三號宮殿，很可能也是墓葬的附屬建築，是擁有同樣機能的宗廟，舉行儀禮活動的場所。

這樣的宮廷儀禮，可以說是為政者在始祖廟行使權力，將其權力正當化的儀式吧！很難不把這種儀禮的存在，視為接近王權的狀態。

蘊藏豐富銅礦岩鹽的中條山脈，是二里頭文化的關鍵

二里頭遺址發展到三期後，不僅遺址在發展，二里頭文化也進入社會性蓬勃發展的階段。前面說過，二里頭文化一邊以伊河、洛河流域為中心，一邊又分為山西省南部的東下馮類型、渭河下游流域的南沙類型、往嵩山南側散開的下王崗類型。這些類型的陶器樣式雖然大致類似，但是不能確定它們是否已經形成一個社會群體的政治性區塊。

陶器樣式的統一，未必等於政治群體的統一單位。這個道理也同樣適用於生活樣式相同或信息共有的區域吧！即使是今日，就算使用相同語言，卻不屬同一國家的地方也很多；相反的，也有使用不同的語言或過著不同的生活形態的族群組合，形成一個社會群體國家。讀者們對這種情況應該都很了解吧！只因為生活形態類似，就歸為同屬一個政治性的社會群體，這不是這麼簡單的事。

二里頭文化中令人注意的伊洛系陶器，是伊河、洛河流域的特徵性陶器。而伊洛系陶器是如何傳入周邊地域——例如二里頭文化東下馮類型的分布地域的呢？京都大學的秦小麗女士進行了這方面的調查。假設，伊洛系陶器的流傳，是因為生活在以二里頭遺址為中心的伊河、洛河人們的遷移行為。

鄰近伊河、洛河流域的中條山脈南麓，很早就有伊洛系陶器的傳入，而在二里頭文化二期之後，傳入的程度更加明顯。商王朝成立後才築城的垣曲商城遺址中，伊洛系陶器占所有陶器比例的百分之八十四；被稱為先商文化輝衛型地域的河南省焦作市府城遺址，也差不多是那樣。府城遺址始於二里頭文化三期之後，主體陶器是伊洛系陶器，而不是輝衛類型陶器。還有，這個遺址在二里崗下層期時，曾經被殷商王朝做為城郭之用。

根據前面所說的假設，可以解釋為住在伊河、洛河流域的人們，遷移或往來的行動是政治上的聯繫。甚至可以更進一步地說是二里頭文化範圍內，伊河、洛河流域的直接統治領域，在二里頭文化三期時的擴展行動越過了黃河。更可以解釋為二里頭文化時期，伊河、洛河流域的人們遷移的場所，在殷商王朝成立後，對征服者殷商王朝而言，是軍事性的據點，形成殷商王朝的城郭。

另外，河南省輝縣孟莊遺址作為龍山文化期的城址而為人所知，但是二里頭文化二期在龍山文化的城址上築了城牆，成為少見的二里頭文化城址。根據秦小麗女士的研究顯示，把這裡當做城址使用的二里頭文化三期，伊洛系陶器是主要的陶器系統。

伊洛系陶器在鄒衡先生與張立東先生提出的先商文化輝衛型（輝衛文化）分布範圍內，比重是

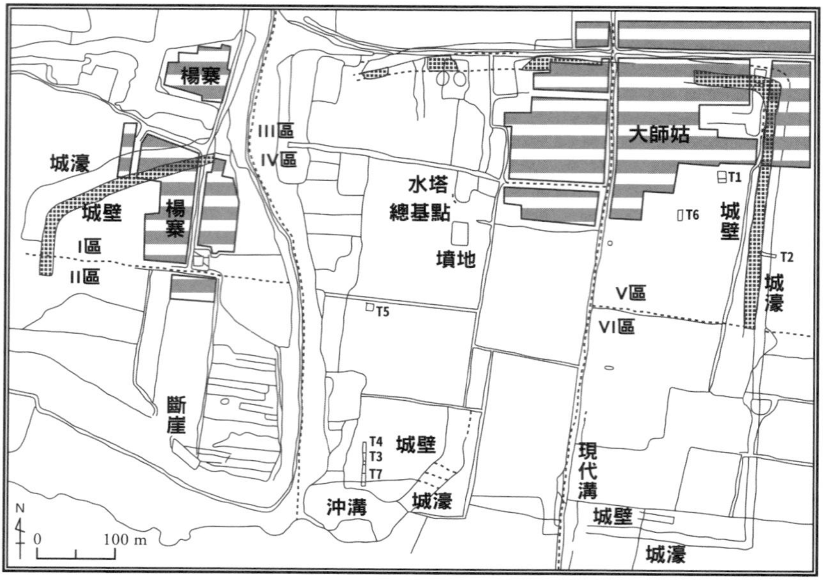

大師姑遺址　二里頭文化中少數的城址遺址，位於二里頭文化區域的邊界，是軍事要塞。

高的。而且從這裡建造了二里頭文化期少見的城址這一點看來，這個地方很可能擔任著二里頭文化的前線基地角色。也就是說，當時政治領域的擴展，有可能與二里頭遺址的擴大期相呼應。

最近，河南省滎陽市大師姑遺址，也發現了二里頭文化後半期的城址，存在於城牆周圍的環壕南北長六百二十公尺，東西長九百五十公尺，是稍微有點變形的長方形城址。這裡的城牆築於二里頭文化二期，並在二里頭文化三期時增建。這個大師姑遺址的位置在二里頭文化的伊河、洛河流域東端，也可以說是二里頭文化的東端，是二里頭文化的前線基地要塞。

然而伊洛系陶器越過黃河往北擴展的現象引人注意的原因，就在中條山脈。中條山脈蘊藏著豐富的銅礦和岩鹽，為了所需的青銅和鹽的原料，二里頭文化於是展開社會範圍的擴展行動。

前面的假設，其意思不就是：二里頭文化的人們為了得到原料，而展開遷移與往來的行動嗎？這是以哈佛大學張光直教授的想法為基礎，澳大利亞拉籌伯大學的劉莉女士與中國社會科學院考古研究所的陳星燦先生所發展出來的見解。也就是說：二里頭遺址是消費地，與提供原料給消費地的供給地，是存在著有政治性的地域間關係。我覺得這是個耐人尋味的見解。

但是，到了二里頭文化四期，伊洛系陶器的擴展動作卻快速地收縮，孟莊遺址的城址也在這個階段停止使用，伊洛系陶器的比例也減少，先商文化輝衛型的陶器占據了主體的位置。在這個階段裡，先商文化輝衛型與先商文化漳河型的分布，範圍變得明顯，伊洛系為主體的分布範圍，縮減到中條山脈以南的伊河、洛河流域。在此之後的發展，如敘述偃師商城的成立時所說的，先商文化漳河型系統出現，與商王朝的成立息息相關。

青銅器的出現

重視酒器的二里頭文化

如同第七章已經做過的說明，純銅與青銅等的銅鑄造技術，在新石器時代中期階段以後，就擴展到以中國西北部為中心的黃河中、下游流域。漸漸的，中國西北部、內蒙古中南部、遼西地區等地方的長城地帶，醞釀出有同一性的青銅器特徵。相對長城地帶的青銅器，二里頭文化生產了與長城地帶不一樣的青銅器。二里頭文化一期裡，只發現了兩枚青銅刀的殘片，青銅器真正出現在二里頭文化的階段，應該是從二里頭文化二期開始的。二里頭文化二期裡除了出現了青銅的刀、錐等工具外，還出現了青銅鈴。

但青銅器正式興起的階段，則是二里頭文化三期。在這個階段裡，除了二里頭文化二期可見的青銅刀，還有斧、鑿等工具，以及青銅鈴及牌飾、圓形器、圓泡等豐富的裝飾性器物。不只上述的東西，戈、鉞或鏃等青銅武器也出現了，還出現了與長城地帶的青銅器，基本上不同形態的青銅容器。

這些被稱為青銅彝器的禮器，例如二里頭文化三期的爵。爵是三足的飲酒用酒器。爵或鈴與禮器以外的武器、工具、裝飾器物不同，在鑄型上是由內模與外模構成的「複合范」，這是長城地帶所沒有的高度鑄造技術。而且爵是酒器，鈴是樂器，兩者都是用在禮樂上的器具。就像前面說過的，長城地帶的青銅器以隨身裝飾器物與武器為主，在這個階段時，還沒有與祭祀或儀禮有關的青銅製器具。這一點是二里頭文化青銅器的獨特性與特色。

到了二里頭文化四期，除了爵之外，還有斝、盉等酒器，並且有了青銅器的鼎。隨著青銅彝器的日漸齊備，二里頭文化青銅彝器中的酒器最被重視。但，酒器為什麼最被重視呢？

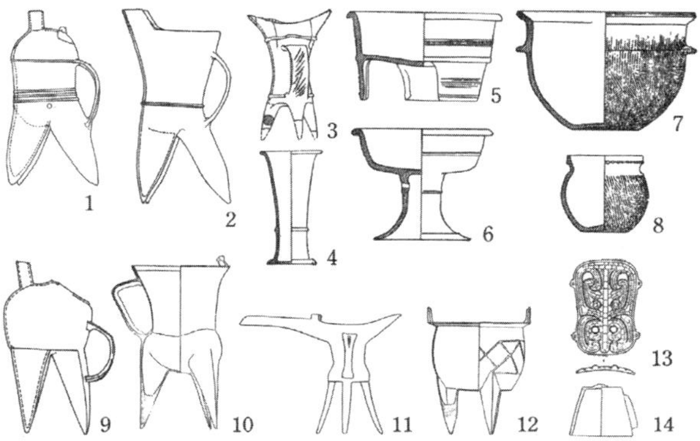

二里頭文化的墓葬陪葬陶器（1～8）與青銅器（9～14）的比較　陪葬品從以酒器（盉、爵）的陶器為主，轉換成青銅彝器。（1、9盉，2白陶鬹，3、11爵，4觚，5三止皿，6豆，7盆，8罐，10斝，12鼎，13銅牌飾，14鈴。）

從陪葬品的內容可以了解死者生前的社會階層和身分地方

要了解酒器被重視的原因，就必須注意墓葬中的陪葬品。從新石器時代的墓葬解讀階層構造時，就會注意到陪葬品的內容組合與墓壙的大小；想解讀二里頭社會時，也可以相同的觀點去試著了解。然而，二里頭文化至今還沒有發現相當於王墓的大型墳墓。是原本就不存在那樣的大型墓呢？還是存在著那樣的大型墓，只是還沒有被發現而已？這個問題會大大的影響社會構造的評價。現在暫且不碰觸這一點，就先從別的角度來探討問題吧！

青銅禮器出現在二里頭文化三期前的二里頭文化一期與二期的階段，社會階層是什麼樣的呢？因為二里頭文化一期的墓葬資料比較少，所以就把探討的主體放在二期上，從墓葬的構造與陪葬品來了解階層構造，分析其中可以分成幾個等級。從陪葬品的內容組合看來，至少區分為以下的五個等級。

沒有陪葬品的，或只有極少數陪葬品的，是最下面的等級；其次是有鼎、罐、盆、豆（高杯）等基本日用陶器陪葬的等級。再上面一點的等級則是除了有上述的日用陶器作為陪葬，或沒有那些日用陶器當陪葬，都有

	青銅器				玉器	漆器	土器		硃砂
	爵・斝・盉	牌飾	鈴	武器			鬹・盉（白陶）爵	其他	
A	○○○	○○○	○○	○	○○○○	○○	○○○○	○○○○	○○○○
B					○		○ ○	○	○
C							○○ ○	○○	○○
D							○	○○	
E									

二里頭文化的階層構造　從陪葬品的內容與墓壙的大小等情況，分為五個等級。

爵與盉、鬹等酒器陪葬。爵與盉、鬹是注酒的酒器，與像杯子一樣的觚是飲酒器。和上述的墳墓比起來，更上一層等級的墳墓不僅墓壙比較大，還使用了木棺，棺內也會撒有朱砂。至於最高等級的上位階層者的墓，除了擁有上述的種種陪葬品外，還有玉器、銅鈴等陪葬品。以上，共有五個等級的階層差。

從最上位的等級往下，且用A、B、C、D、E級來稱呼。從這樣的階層表，可以看出酒器扮演著重要的角色。就像在第九章已經說過的，山東大汶口文化已出現用酒器來表示社會階層與社會秩序的現象了。

在二里頭文化的階層秩序裡，階層下位者有鼎、罐、盆、豆（高杯）等日用陶器，階層上位者還可以擁有酒器，這樣的區分比山東新石器時代的龍山文化，更接近較早階段的大汶口文化的身分標識。這或許是因為二里頭文化的分布是以王灣三期文化為母體的，而王灣三期文化則接受了大汶口文化後期的文化影響。總之，同樣是黃河中游流域的龍山文化陶寺遺址並無這樣的身分秩序，由此可見，二里頭文化為了維持社會階層秩序，於是導入了源自其他地區的禮制系統與宗教系統。

還有，在河南省洛陽市東馬溝遺址與河南省伊川縣南寨遺址裡，使用的是白陶製的酒器盉、鬹。這種白陶酒器也和白陶一樣，是帶有附加價值的東西，與大汶口文化的情形一致。像這樣屬於C級的墳墓，二里頭遺址以外的大規模聚落裡也有發現。

另一方面，在陶寺遺址也可以看到的，只有階層最上位者才能擁有的鈴，以銅鈴的形態被保持下來了，這是因為繼承了地域性傳統的關係嗎？或許鈴在陶寺遺址所在的山西省南部，也就是二里頭文化東下馮類型的領域裡，代表社會組織或政體中的精神基盤。從這一點來看，目前只在二里頭遺址中發現有A級的墓葬，就可以看出其意義。以二里頭遺址為頂點的社會秩序，已經發展出來了。

能夠明確地顯示二里頭文化三期階層構造序列化的，就是二里頭遺址墓地中酒器的青銅製品專門化。青銅爵在這個時期出現了。話說至此，讀者們對二里頭文化，或者說是中原地區的青銅器的意義，應該多少有些了解了。中原青銅器是身分的標識，也是發展禮制與禮樂的工具。

清代的金石學書籍《西清古鑑》裡，有青銅製鬹的記載。因為實物已經不存在，所以無法具體的了解，不過，應該是把陶製的鬹，轉換成青銅製的東西。從這一點可以明白，二里頭文化的青銅器生產，已經發展到超越位階標識的更高方向了。而且，代表階層秩序上位者的青銅禮器，只見於二里頭遺址。可以說在二里頭文化二期階段顯現出來的，以二里頭聚落為中心的階層構造，更加明顯化了。從二里頭遺址裡有鑄造場所這一點看來，顯示二里頭文化的首長在禮制上也進行了一元化的管理。這樣的首長不是接近於王權擁有者嗎？

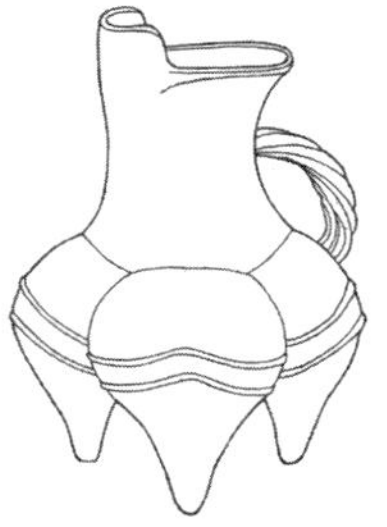

青銅製鬹　清代的《西清古鑑》中的青銅製鬹的圖示。

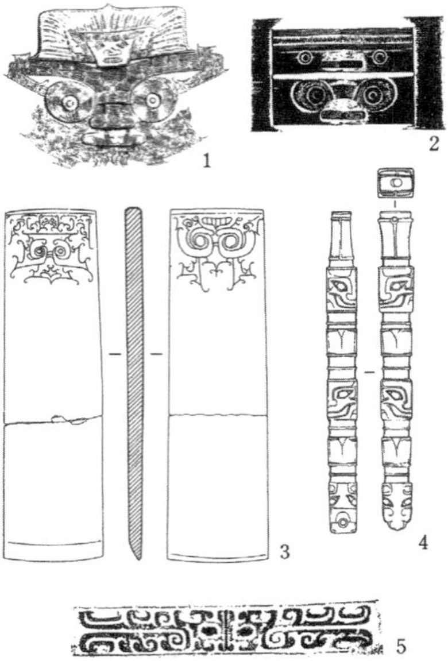

獸面紋的比較　良渚文化（1反山12號墓出土玉琮、2瑤山2號墓出土玉琮），山東龍山文化（3兩城鎮遺址出土石鏟），二里頭文化（4二里頭遺址K4號墓出土玉柄），二里崗文化（5盤龍城王家嘴1號墓出土銅鼎饕餮紋）。

不過，到了二里頭文化四期，二里頭遺址範圍以外的地方，似乎也出現了青銅禮器。例如河南省滎陽市西史村與高村寺、河南省新鄭望京樓、安徽省肥西等地方，就發現了爵、斝、鈴等二里頭文化的青銅器。這意味著到了二里頭文化四期時，使用青銅禮器的階層秩序範圍，在空間上擴大了。以二里頭遺址為中心的伊河、洛河流域以外的區域群體，感覺上也因青銅禮器而被編入階層秩序中。看起來就像是發展出更廣域的統治結構了。

另外，起源自山東龍山文化的玉璋、柄形玉器及獸面紋銅牌上的獸面紋，有重要的意義。也就是說，玉璋或獸面紋是吸收自其他區域的祭器與祭祀表現。二里頭遺址中屬於A級的人們，擁有柄形玉器或獸面紋銅牌的陪葬品，而其上面的獸面紋，繼承了來自長江下游流域的玉琮上的神人獸面紋系統。獸面紋在商王朝的二里崗文化期時，被定型化為饕餮紋，但是，二里頭文化中，柄形玉器或獸面紋銅牌裝飾獸面紋的目的，或許是想和良渚文化一樣導入神政權力。只是，如圖表148所顯示的，良渚文化的神人獸面紋，是透過山東龍山文化的獸面紋，直接與二里崗文化的饕餮紋相連結。而二里頭文化的獸面紋不管怎麼看，都覺得類似長江中游流域石家河文化的人面紋。

不管真偽如何，二里頭文化的分布區域吸收了許多來自其他地域的精神象徵，讀過第九章的讀者們應當已對此有所了解了吧！

這是利用多樣的地域精神基礎與信仰，迴避之前社會組織發展中的矛盾，以達成社會進化的手段。從各個地區的新石器時代社會，吸收多種的階層系統維持裝置，或許就能超越之前的首長制社會，確立王權的社會。

起源於西北的卜骨，在二里頭文化期也常被拿來使用，這應當也是當時引進的多元性祭祀的一環。不過，以保證階層系統的儀禮為基礎建立的位階制雖以二里頭遺址為中心逐漸形成，但廣域性的位階系統，究竟是否被二里頭文化全體接受，還存在著疑問。從都市機能與儀禮系統來說的話，二里頭文化二期以後，尤其到了三期時，已經很明確的，擁有被稱為初期國家的條件了。然而，這是否真的已經到達初期國家的階段了呢？

殷商王朝的出現

最新發現的大型都城遺址

前面已經說過，二里崗下層文化以後，就是殷商王朝的階段。殷商王朝的時間約有五百五十年，其間並非一直以鄭州商城和偃師商城為中心。之前以鄭州二里崗為中心的陶器編年，和以殷墟為中心的陶器編年之間，存在著型式上的隔閡，要說明它們的連續性是個問題。二里崗編年分為二里崗下層、二里崗上層，然後上、下層又各有一、二期之分。其中二里崗上層二期相當於鄭州白家莊期。

至於殷墟方面，也以墓中的陪葬陶器為中心，進行了陶器編年的分期。目前，殷墟文化基本上分為四期。殷墟因為出土了甲骨文而聞名，而根據董作賓先生從甲骨文的字體與內容，將甲骨文大致分為五期。從甲骨卜辭上記載的王名，甲骨文的五期分別為：Ⅰ期是武丁，Ⅱ期是祖庚、祖甲，Ⅲ期是稟辛、康丁，Ⅳ期是武乙、文武丁，Ⅴ期是帝乙、帝辛。用陶器編年來說的話，甲骨文Ⅰ、Ⅱ期相當於殷墟文化二期，甲骨文Ⅲ、Ⅳ期相當於殷墟文化三期，甲骨文Ⅴ期相當於殷墟文化四期。

《古本竹書紀年》裡有「盤庚旬自奄遷於北蒙，曰殷」，與「殷在鄴南三十里」、「自盤庚遷殷至紂之滅，二百七十三年間更不徙都」的記述，還有《史記．項羽本紀》的「洹水南殷墟上」的記述看來，殷墟就是商朝自第十九代的盤庚遷都的殷。但是，從殷墟出土的陶器，有一大半是第二十二代的武丁以後的器物，可見這中間存在著必然的年代差。這樣的矛盾要如何解釋才好呢？確實是有些爭議。

不過，近年來又發現了兩處大規模的遺址。其中一個是離鄭州商城西北約二十公里的鄭州市石佛鄉小雙橋遺址。小雙橋遺址的總面積有一百五十萬平方公尺之大，考古人員在這裡發現了大規模的版築基壇、青銅器鑄造場所、人牲坑、動物供品坑等祭祀遺址。關於小雙橋遺址，也有學者認為這裡是與鄭州商城不同性質的都城，或者是鄭州商城的副都，是用於舉行祭祀儀式的空間。但是，從小雙橋出土的陶器屬於比二里崗上層一期更晚的階段，是鄭州商城衰退後的產物。

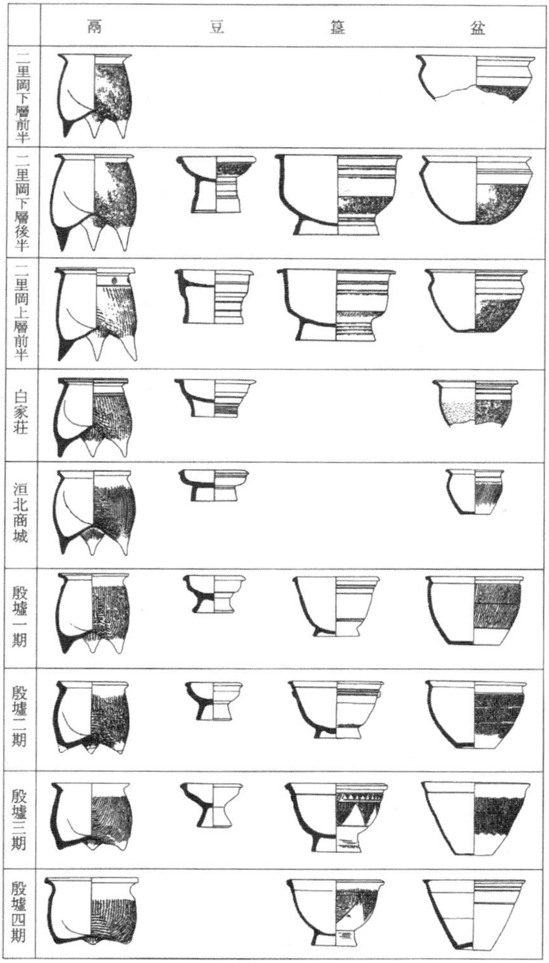

商文化的編年　從這個圖表可以明白地看出各種陶器的器種從二里崗文化到殷墟文化期的連續性變化。

另一個大規模的遺址是河南省安陽市洹北商城。這是位於殷墟一・五公里的新都城。殷墟與鄭州商城等地不同，因為沒有城牆，所以很自然地被懷疑不是商朝的首都。但緊鄰殷墟，位於殷墟北側的地方，發現了東西長約二千一百五十公尺，南北長約二千二百公尺的城牆，並且城牆的內部還存在著宮殿的都城。

在這個都城裡發現的陶器，其形式延續了小雙橋遺址的陶器形式，也與殷墟第一期的陶器形式相連結。也就是說，之前存在於鄭州白家莊下層期與殷墟文化第一期之間的陶器形式年代空白階段，相當於在這個遺址裡所發現的陶器形式。

社會科學院考古研究所的唐際根先生等人，依這個事實將從二里崗下層到殷墟的商代，分為三期。這三期就是早商期、中商期和晚商期，這三期也分別相當於圖表132所示的鄭州商城（二里崗下層～二里崗上層一期）、小雙橋遺址（白家莊期）與洹北商城、殷墟。

依殷商王朝的世系來看的話，早殷商期相當於天乙（湯王）—太丁—太甲—太庚—太戊的五世代九王期，中殷商期相當於中丁—祖乙—祖辛—祖丁—小乙的五代十二王期，晚殷商期相當於武丁—帝辛的七代九王期。而第十九代王盤庚遷都於殷，殷就是洹北商城。應該把洹北商城到殷墟視為一體，而這個一體也就是殷。

還有，在中殷商期的中丁～小乙的期間，《史記．殷本紀》有如下的記述：「帝中丁遷于隞。河亶甲居相。祖乙遷于邢。……自中丁以來，廢適而更立諸弟子，弟子或爭相代立，比九世亂，於是諸侯莫朝。」可見這是一個經常遷都，不安定的王權階段。這意味著小雙橋遺址，很可能就是第十代的中丁遷都的隞。

總之，殷商王朝的政治中心，從鄭州商城依序移動到小雙橋遺址、洹北商城、殷墟，在此試將各個都城時期的歷史性變遷做個還原。另外，本書將以殷商前期、殷商中期、殷商晚期，來代替唐際根先生等人所使用的早殷商期、中殷商期、晚殷商期的稱呼法。

殷商朝的第一代湯王滅夏，在曾經是夏的中心地伊河、洛河流域建偃師商城為都。以此地為都城的用意，除了表示占領之外，更重要的是要監視、管理夏的子民。此外，同一個時期裡，鄭州商城是殷商的南進據點。鄭州商城是由南北長一千八百七十公尺，東西長一千七百公尺的城牆圍繞而成的。現在河南省省都鄭州市這個大都市的中心部，還殘存著巨大的城牆。現在還能看到三千六百年前的都城，是令人感到非常震撼的事情。

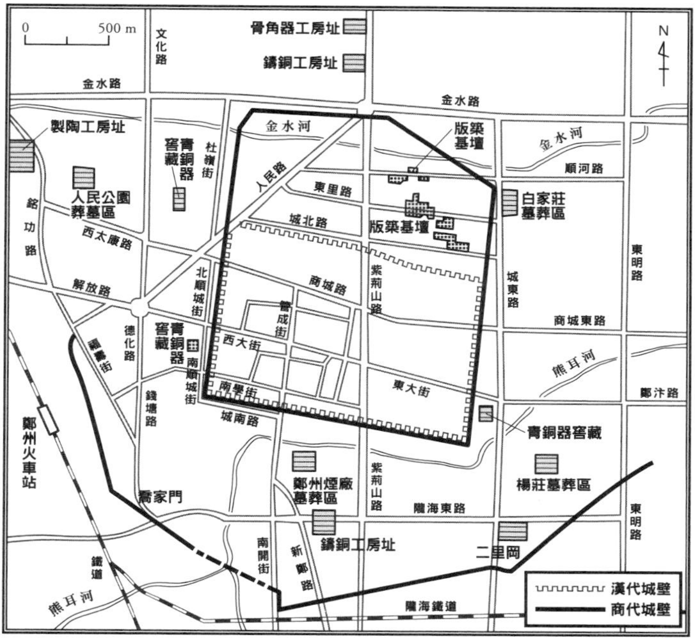

鄭州商城

鄭州商城是南北較長的長形都城，其中心地區位於城內的東北角，這裡的宮殿區與偃師商城一樣，有宮殿也有園池。宮殿裡有園池是東亞都城構造的原點，也是王權的象徵。

從都城的大小看來，鄭州商城比偃師商城大，所以可以說鄭州商城才是殷前期的中心地，是王都。另外，鄭州商城在二里崗文化下層期，在現在還殘存著的城牆的外側，還築有外城。從南城牆往南約一公里的地方，發現了東西長約五公里的外城牆。這個外城牆的建造與偃師商城從小城擴建為大城，可以說是相同的動向，不過其規模更大。從這一點看，也可以看出這個階段的中

城郭名	所在地	規模（東西×南北）m
鄭州商城	河南省鄭州市	1700×1870
偃師商城小城	河南省偃師縣	740×1100
偃師商城大城		1240×1770
府城	河南省焦作市	276×277
垣曲商城	山西省垣曲縣南關	350×400
東下馮	山西省夏縣	1辺370
盤龍城	湖北省黃陂縣	260×290

二里崗文化的城槨規模。

心都城是鄭州商城。

然而，二里崗下層期，除了鄭州商城、偃師商城外，還有山西省夏縣東下馮、山西省垣曲商城、河南省焦作市府城、湖北省黃阪縣盤龍城的築城。這些城的規模如上表所示，如果說鄭州商城是第一級的話，偃師商城是第二級，其他商城是第三級。鄭州商城光是內城就比偃師商城的大城還要大，而且內城的外面還築有外城，與其他商城的規模差別一目了然。還有，這些城址都建築在二里頭文化聚落的上面，存在於二里崗下層期與上層期，而在鄭州白家莊期前後失去其機能，這大致上對應了鄭州商城作為城址機能時期的動態。

第三級的府城中心宮殿是擁有中庭的四合院建築，但其規模比鄭州商城、偃師商城的宮殿區簡單樸素。從這樣的都城出土的陶器，有別於周邊的在地性陶器，是屬於二里崗下層、上層期的陶器群，呈現出殷商朝人移居到殖民地所建的前線基地樣貌。只從這樣的商朝都城擴建，就能看出商王朝政治面上的擴展，也就是統治領土的擴展情形。和二里頭文化期相比，可以看出商朝的政治系統有了飛躍性的革新。

另外，東京名譽教授松丸道雄先生從甲骨文與金文的資料分析中，認為王朝的首都「大邑」之下，有氏族邑的「族邑」做為從屬，並且「族邑」之下還有多數的小「屬邑」，這些「邑」形成了金字塔型的累層構造關係，所以松丸道雄先生將這種情況的國家命名為「邑制國家」。就像第八章說過的，從聚落的規模看到的階層構造，已經出現在新石器時代後期的各地了。松丸道雄先生將新石器時代後期的聚落間階層構造，歸納為「大族邑」與「小族邑」這樣的累層性關係。

關於這一點，一般認為商王朝的王城，是為了統合「大族邑」以下的聚落而被建立起來的。其模式為以大邑（王城）（數百公頃）、大族邑（數十公頃）、小族邑（數公頃）、屬邑的階層構造構成邑制國家。但這種從聚落的規模來看階層分化的情況，其實是相當任性而不明確的。

說大邑（王城）就是二里頭文化期的二里頭遺址，並無不可。但如此說來，二里頭文化期是已經處於邑制國家的階段了嗎？那麼，以擁有巨大城牆而自豪的新石器時代後期的山西省陶寺遺址，也可以說是大邑（王城）了。所以，要設定歷史性的時代劃分點時，超越原有的區域群體範圍，統合聚落構造的階段是很重要的。二里頭文化期之前的聚落間階層構造是明確的，但是，那是在舊有的文化領域範圍內，聚落間的相互階層構造，並沒有顯示出政治上的統合。在此意義上，殷商王朝的城址可以說正轉換到含有政治性意義的大領域多層構造。不得不說，這正好反映了古代國家的邑制國家的情況。

採用商王朝特有墓制的棺槨構造

那麼，這個階段的精神基礎是什麼呢？在二里頭文化期，透過青銅禮器與白陶的位階系統禮制，到了殷商可以說已經定型而確立了。那是藉由青銅彝器展現位階系統的禮制。

因為鄭州商城與偃師商城至今還沒有發現相當於王墓的最高階層墓葬，所以無法在墓葬構造

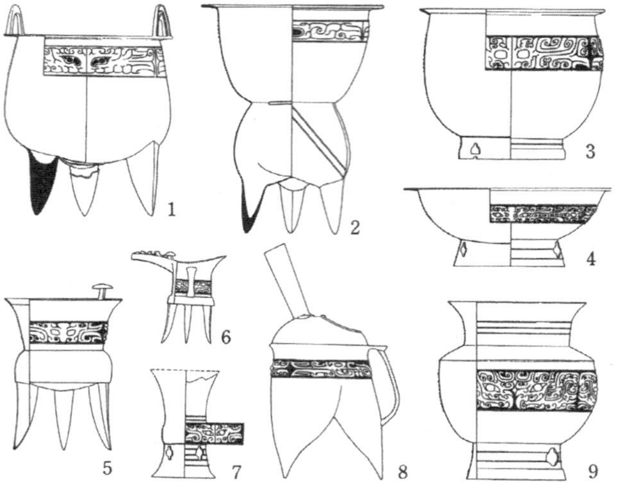

商文化的青銅彝器　以二里崗的青銅彝器（盤龍城李家嘴2號墓出土）來顯示商文化的青銅彝器。青銅彝器有煮沸器具（1鼎、2甗）、盛食器具（3簋、4盤）、酒器（5斝、6爵、7觚、8盉、9尊）等。商中期以後，盛酒器卣變得普遍化。

上，正確地表現出階層構造的複雜化，不過，可以看出相同規範位階系統的層面性擴展。這是能藉由青銅彝器的組合，了解同一位階系統的位階表示法。如同「問鼎輕重」的典故般，在中國古代，鼎的數量與是否擁有其他青銅彝器，是貴族層身分秩序的表示。

中國國家博物館館長俞偉超先生，以周代用鼎制度這個名詞，簡單明瞭地敘述了上述的制度，但以青銅彝器為位階制度的制度化階段，就是殷商王朝期。夏王朝期的青銅彝器，即使在二里頭文化的樣式之中，也只僅限出現在二里頭遺址的周邊。而在該周邊區域，是藉由白陶，以酒器為中心來表示位階的區域，還不能擁有青銅彝器。而且，二里頭文化中的青銅彝器，也幾乎只限於爵、斝、盉等酒器。到了後來的二里頭文化終末期的二里頭文化四期時，青銅彝器也已擴散到淮河上游流域，以二里頭文化性的禮制，進行政治支配的情況擴大了，可以說原有的二里頭文化領域，幾乎全被納入在內了。

然而，到了二里崗文化以後的殷商王朝，即使位處相當偏遠的地區，例如湖北省黃陂盤龍城與河北省藁城縣台西遺址中，也可以看到使用同樣規範階層標識的青銅彝器，而且採用了二里頭文化所沒有的棺槨構造墓葬。禮制在廣大的區域被執行，並將殷商王朝帶到了頂點，表示這個時期存在著比二里頭文化時期，擁有更大領域的組織性集團，而這個領域就是政治性的領域。

還有，當我們去注意顯示階層構造的陪葬器種時會發現，在二里頭文化期的器種構造階層化方式，類似於山東大汶口文化期的方式。也就是階層上位者獨占爵與斝等酒器的方式。

另一方面，二里崗文化期以後的商王朝青銅彝器中，鼎、罍是顯示階層構造上位者的器種。階層下位者只能用觚等酒器做為陪葬。這種身分標識的方式已經在第九章敘述過，是接近山東龍山文化期的方式。理解了禮器出現變化的同時，就能知道其理念背景是不同的。

以夏王朝來說，大汶口文化的身分標識是其禮制的背景，但是，成為夏王朝母體的黃河中游流域，在大汶口文化後期時，受到強大的大汶口文化影響，在這樣的背景基礎下，朝王灣三期及二里頭文化期推進，這是在自己的區域裡發展、醞釀出來的禮制。至於商王朝的情況，商王朝一邊吸收了二里頭文化的精神文化，一邊又以山東龍山文化期的東西為新的禮制樣本。由此顯示出來的，是商王朝開啟先商文化下七垣類型，吸收了鄰接的山東龍山文化的禮制規範吧！從商代開始出現的饕餮紋，如圖表148上所做的比較，與其說它來自二里頭文化，我覺得它與山東龍山文化的獸面紋，更有直接的系統關係。

殷商王朝因為吸收了多元性的精神基礎，所以變得能夠管理更加廣闊的地域文化與人類群體。也就是說，能夠統理廣闊領域的這個背景，成為了吸收各個區域的固有精神基礎，並且擁有在其上

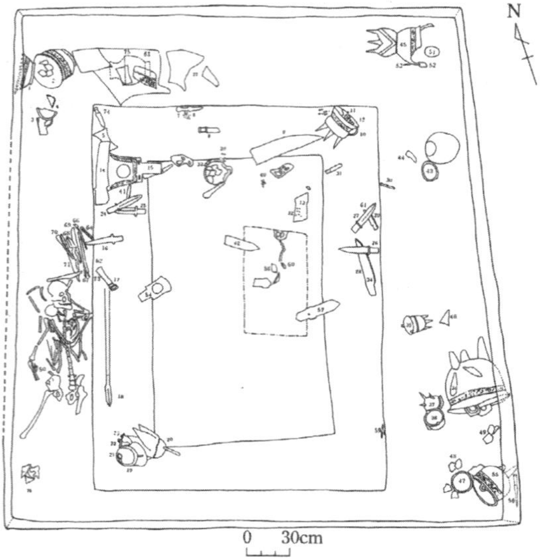

盤龍城李家嘴2號墓　盤龍城是二里崗文化期往南方發展的前線基地，這裡發現了棺槨墓。

位處，藉由新的精神基礎，形成社會秩序的必要性。

以這樣的觀點來看青銅彝器以外的事物時，二里頭文化裡所沒有的，在二里崗文化以後，殷商王朝領域內的墓制所採用棺槨構造，尤其引人注意。在地面下築成被稱為槨的空間，然後把棺木放置在槨這個空間裡，棺槨構造是新石器時代被山東地區的大汶口文化與龍山文化，用來做為位階標識的墓制。商王朝在墓制上採用了棺槨構造，並且也以此做為位階的標識，表明了採用其他地區的禮制秩序的事實。這一點也暗示了在與山東地區的關聯上，商王朝比夏王朝更密切。

就是因為有這樣的背景，所以在殷商後期時，山東省青州市蘇埠屯墓地，出現與殷商王朝關係密切的地方首長墓。根據以上這點，可以說殷商王朝已經處於獲得王權的階段了。

廣域的地域統治方面，青銅器的原料流通這一點被注意到了。在分析青銅器的方法中，有一種利用螢光X射線的鉛同位素比值分析法。這是從鉛的同位素比值，來鑑定產地的方法。因為銅礦石裡含有鉛，鉛同位素比值所顯示的產地，也就是銅礦石的產生。日本別府大學的平尾良光教授就在進行這種分析研究。

根據這種分析的結果，相較於二里頭文化的青銅器原料來自華北與黃河下游流域，二里崗文化以後的商王朝的青銅器原料，很明顯地來自華北與黃河下游流域以外的地區，是四川省等長江上游流域的南方銅礦石。殷商王朝的青銅器原料來自更遙遠的區域，這表示殷商王朝所統治的領域是更廣闊。

同樣的情況也出現在貨貝上。貨貝也是二里頭遺址裡的墓葬陪葬物品，但到了殷商王朝時，這種以貨貝為陪葬物品的墓葬更多了。根據熊本大學的木下尚子教授等人的研究，那些貨貝極可能採集自中國的東南沿海。

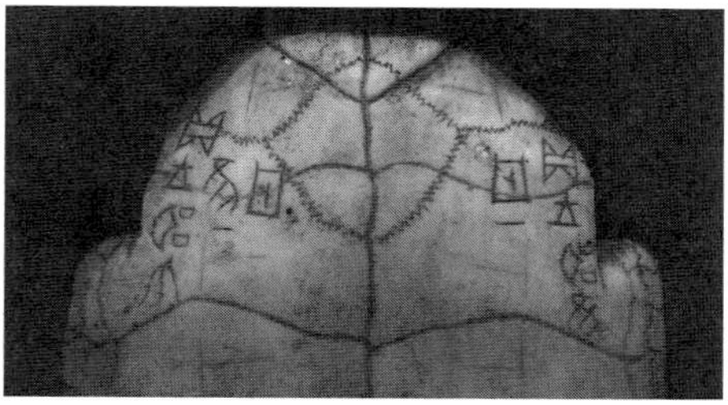

甲骨文　從西元前1250年的商朝後期所使用的文字。刻畫在龜甲或牛的肩胛骨上的細線文字。

殷商後期的王都是殷墟，但殷墟卻出土了許多並非棲息在其周邊的禽獸類骨骸。例如殷墟西北崗三十五號墓便出土了象的骨頭。其他還有烏蘇里熊、虎、豹、犀牛等動物，都是來自別的地方，獻給商王的東西。

銅礦石或貨貝等是經過什麼管道，進行流通的呢？這當然是個問題，而殷商王朝又是以什麼為交換財，來和這些原料產區進行交換的呢？總之，藉由與殷商王朝有政治關係的區域首長進貢的王權系統，物資聚集到王都的說法，應該是很恰當的解釋。握有這樣的資源的王，實現了統一性的青銅器生產，這樣才能統一地分配作為禮制之鑰的青銅彝器給屬下。

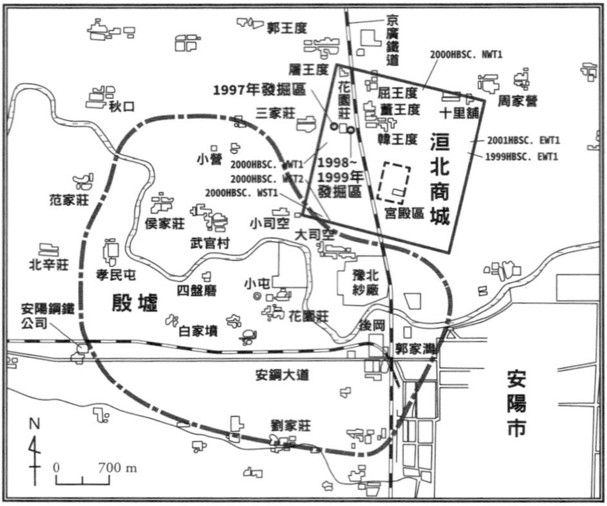

洹北商城

支撐王權的種種供品祭禮

那麼，支撐這樣的王權社會系統，就只是前面所述的制定身分標識的禮制嗎？殷商中期的二里崗上層二期的白家莊期的小雙橋遺址裡，發現了為數不少的牛或人的犧牲坑，可見此一時期的供品祭祀活動頻繁。供品祭祀已經被認為是新石器時代以黃河中游流域為中心的祭祀行為，到了殷商王朝，這種祭祀正式化了，尤其是殷商後期，也就是殷墟期的供品祭祀坑更顯凸出。

祭祀祖先是顯示王權正統性的宮廷儀禮，供品祭祀是誇示王權力量的儀禮，兩者都是殷商王朝的王權之鑰。另外，殷商王朝盛行的卜骨，會將祭祀的內容記載在卜骨上的甲骨文，也是與王的祭儀相關的東西。祭儀也是支撐殷商王權的重要社會系統。京都大學的岡村秀典先生以此為依據，稱商王朝為祭儀國家。我認為這個名稱相當恰當。

被認為是盤庚遷都所在的洹北商城，被東西長約二千一百公尺，南北長約二千二百公尺的城牆圍繞，宮殿區就在其中央部位。目前已被發現的是一號宮殿與二號宮殿，一號宮殿是東西長一百七十三公尺，南北長九十公尺的大型建築物。迴廊與主殿連結，環繞著中庭，呈「口」字形，這是所謂的四合院。主殿的前面與門的附近有人牲或動物犧牲的祭祀坑，而中庭是舉行祭祀祖先等宮廷儀禮的地方。

殷墟位於洹北商城的南側。洹河和環壕圍繞著王宮與宗廟，其西北是王陵區，王宮與宗廟附近有後崗墓地，其西南有郭家莊墓地，再往南有三家莊墓地，西側還有西區墓地，均以王宮宗廟為中心。殷墟就是宗廟與墓地的組合，呈現出祭祀城市的樣貌。殷墟在武丁期之後正式被使用，而盤庚之後的十二位商王中，除了最後一位商王辛帝外，其餘十一位很可能都葬在西北崗的王陵區。誠如王墓被稱為亞字形墓般，方形的墓壙有墓道往四個方向延伸。墓壙內是棺槨構造，應有豐富的陪葬品，但王墓大半都已遭受盜墓者的竊取與破壞。

西北崗的大墓全部都不是亞字形墓，但正好相當於十一位王，這裡共有十一座墓基，分為東區四座墓基，西區七座墓基。商王以十干為名，以丁和乙為名者，分為丁組與乙組。哈佛大學的張光直教授認為：盤庚以後的乙組七王相當於西北崗的西區，武丁以後的丁組四王相當於西北崗的東區。這種情形可以認為曾經存在著丁組與乙組兩個王世系。張光直教授依此情況，把位於西北崗西區最古老的墓一〇〇一號墓，設定為盤庚的墓。

這是一個相當有意思的設定，但是，從現在的分期觀點來看時，一〇〇一號大墓出現的時間相當於殷墟文化期的二期，是武丁的墓的可能性更高，所以張光直教授的設定，顯然不成立。一〇〇一號大墓的墓壙南北長十九公尺，東西長二十一公尺，有十公尺之深。以武丁夫人之墓而聞名的婦好墓沒有墓道，是五．六公尺×四公尺的小墓壙。婦好墓因為沒有受到盜墓者的侵擾，所以可以看

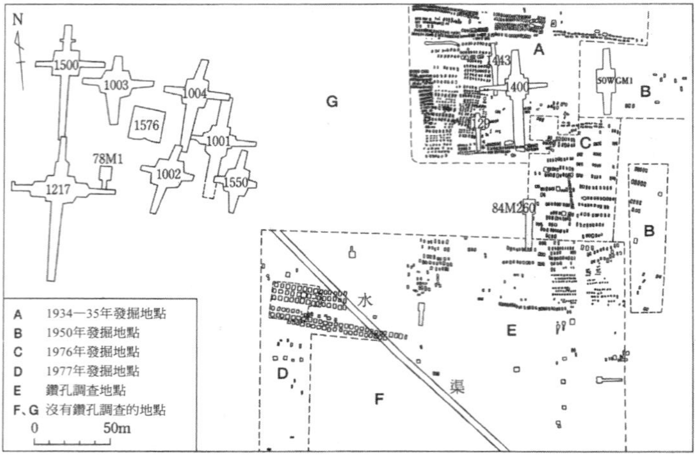

西北崗王陵區與祭祀坑。

到四百六十件青銅器、五百七十七件玉器，如此豐富的陪葬品。可以想像做為王墓的一〇〇一號大墓，一定有更了不起的驚人陪葬品。

一〇〇一號大墓的木槨周圍，發現了十二位殉葬者，而且還在南墓道上發現了五十九具被砍首的人骨遺骸。這些人骨遺骸，應該都可以視為人牲。王墓不僅陪葬品多，一般認為也會有不少殉葬者與人牲。

西北崗王陵區的王墓群分為東西二區，東區的王墓周圍分布了一千一百一十七座陪葬墓與祭祀坑，西區則有一百零四座，兩區合起來共有一千二百二十一座，其中可以確認的有一百三十一座是陪葬墓，另有人牲坑五百一十座，馬牲坑二十座，象牲坑二座等的祭祀坑。

人牲坑是同時埋了許多人的祭祀坑，其中有無首的人骨遺骸，也有沒有手腳的人骨遺骸。

甲骨卜辭中，有捕獲被稱為「羌」的人群，用為供品的記述。「羌」是以畜牧為生的族群，居住在與殷商鄰接的黃土台地。我認為「羌」指的就是生活在長城地帶的北方系青銅器社會的人。人牲就是以異民族為犧牲，藉此促進自己群體內部的團結，同時提高王權的東西。隨著王權的發展，仇視異民族的情況也開始了。仇視異民族與歧視異民族的這種情緒，可以在維持社會組織時，產生機能性的作用。

禮制是為了維持以王權為中心的社會組織，顯示出王權正統性與權力的祖先祭祀或供品祭祀，這都是在新石器時代的各區域內已經存在的現象，為了維持這樣的社會組織，藉由吸收、統合宗教或祭祀，建立起能夠廣域地統合諸群體的王權。而那樣的王權，就是整合各地域的邑，並進行序列化，藉由祭儀讓邑制國家團結在一起。

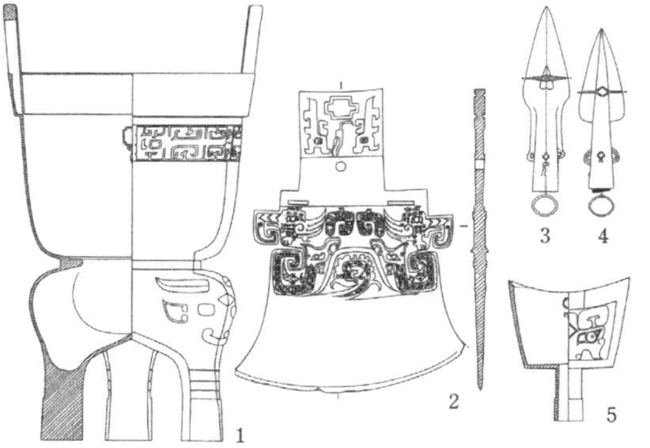

殷墟花園莊54號墓的青銅器　銘文中鑄有「亞長」的字樣（1甗2鉞3、4矛5鐃）。

另外，在殷商王朝時期蓬勃發展的青銅器，也成為把武力做為統治手段的王權的維持工具。殷墟不時會發現有數量豐富的青銅武器陪葬品的墓。那些青銅武器是鉞、戈、長刀、矛、鏃等等，在墓葬中的青銅彝器有「亞」這個銘文。「亞」這個字被認為是殷商王朝的武官職稱。擁有這麼多武器做陪葬的墓，已為人知的有殷墟的花園東五四號墓與郭家莊一六〇號墓等，這些墓被認為是武官階層的貴族墓。這顯示了以王權為背景的整齊軍事組織。

自古以來，就像所謂的國家大事就是軍事與祭祀，殷商王朝便是憑藉著祭儀與軍事來支持王權。這是建立了古代王權的初期國家最合適的階段。並且，為了記錄王權與神的交流，文

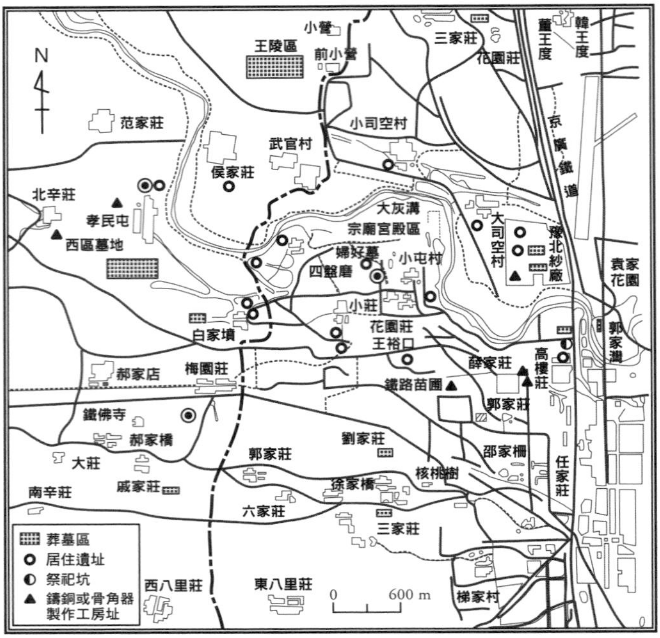

殷墟的遺址分布。

字因而誕生，從此進入歷史時代。

在殷墟所見的群體墓地所表示的，就是各區域的邑制國家的邑單位。例如，殷墟中階層最低的墓地群，也就是西區墓地，在墓葬的分布上呈現區塊狀，而且，根據陪葬陶器的器種組合與被葬者的頭位方向，可以分為幾個集團。這是韓建業先生的調查結果。可以假設這些個集團，是以父系血緣關係為基本的氏族。

還有，由複數的氏族單位形成的西區墓地內墓區，氏族之間果然還是有血緣的關係，這個血緣關係就是構成宗族的原因吧！商後期的青銅彝器上，出現了可以被稱為族記號的銘文，這是祭祀共有祖先的氏族徽記，可以說是族徽。

在殷墟內形成的宗族單位墓地，其分布的情形如前面所說，以西北崗的王陵區為頂點，其次是如後崗墓地那樣的階層第二級的宗族墓地。宗族單位的墓地位置，反應了以殷商王為頂點的金字塔式階層構造。

在空間上距離王陵較遠的氏族墓區，可說是家系上離王族較遠的氏族，也可以說是在宗族中屬於階層較低的氏族。這些氏族與宗族在殷商王朝領域內各有統領的城邑，並且上貢統領城邑內的物資給王或王都。殷商代都城所在的殷墟，是支持王權的氏族與宗族們群聚之地，也是舉行祭祀祖先的城所，是一座誓言維持群體一統的祭儀都市。

夏王朝與殷商王朝的擴展

想像夏王朝的文化領域與統治範圍

南山大學的西江清高先生將二里頭文化的主要分布區域，也就是王灣三期文化以來的文化領域——嵩山南北一帶，視為畿內區域，又把有別於二里頭文化的東下馮類型、南沙類型、下王崗類型，稱為二次性區域。到了殷商王朝時，從河北省南部到河南省北部的先商文化領域——太行山脈東麓，以及取代了二里頭文化領域的鄭州與洛陽一帶，都成為畿內區域。而位於畿內區域外側的區域，例如山西省中、南部，與山東省西部、長江中游流域北部、陝西省關中平原東部，則被稱為二次性區域。西江先生本人來說，這個畿內性區域或二次性區域的區分，也都只是一種假設，其區分背景與社會性或政治性並無明確關係。我要在此借用這種區分，用更簡便的領域觀名詞來稱呼這兩個區域，以畿內來稱呼畿內性的區域，畿外稱呼二次性區域。畿內與畿外指的是政治性統治的領域，前者是直接統治領域，後者是間接統治領域。

前面已經討論過了，二里頭文化相當於夏王朝，但是，夏王朝的領域是一個問題。至少青銅禮器或藉由白陶的禮制所顯示出來的階層秩序，只限於畿內的，尤其是通過青銅禮器的階層秩序，在二里頭文化三期之前，其影響的範圍只限於畿內的中心地帶——伊河、洛河流域，但到了二里頭文化終末期，影響範圍擴大到畿內的整個區域。

而畿內與畿外之間的關係，又是什麼情況呢？畿外是承襲了二里頭文化之前的河南龍山文化以來的區域群體的系統，是由區域群體的首長所持續統治的地區。那樣的區域首長與畿內的王，雙方一邊維持著一定的聯繫關係，一邊又保持著互不干擾的關係。基於青銅禮器禮制的君臣關係，並沒

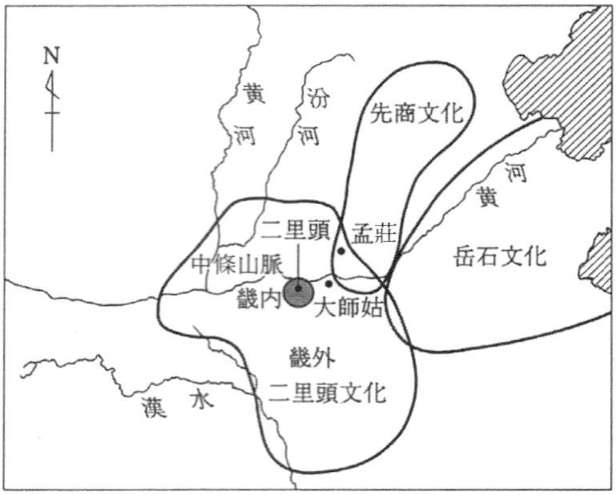

二里頭文化的統治模式　中央陰影部分是直接統治的畿內，其外周圍是二里頭文化的間接統治領域，也就是畿外。畿外往外擴展，與鄰接的先商文化、岳石文化領域的區域群體做接觸。

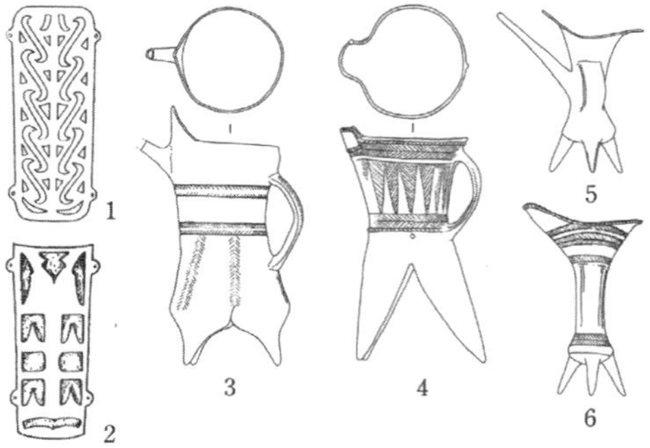

三星堆遺址的銅牌飾與大甸子遺址的盉、鬹、爵　1、2.銅牌飾　3.盉　4.鬹　5、6.爵

有出現在與畿外地區的交流上。

不過，例如畿外地區的中條山脈藏有銅礦與鹽礦等原料，而畿內又不生產玉器的玉材，所以就像玉器的原料來自畿外般，這裡應該存在著，原料由畿外集中到畿內的進貢系統。

二里頭文化越過畿內，擴大了盉、爵等特殊陶器的範圍。例如四川盆地與遼西地方，都有盉、爵的發現。四川盆地在二里頭文化並行期的三星堆遺址的二期時，出現了盉這種有嘴的酒器，這是受到了二里頭文化的間接影響。這個階段裡，這個區域還出現了帶有二里頭文化特徵，鑲嵌著松綠石的鏤空銅牌飾。

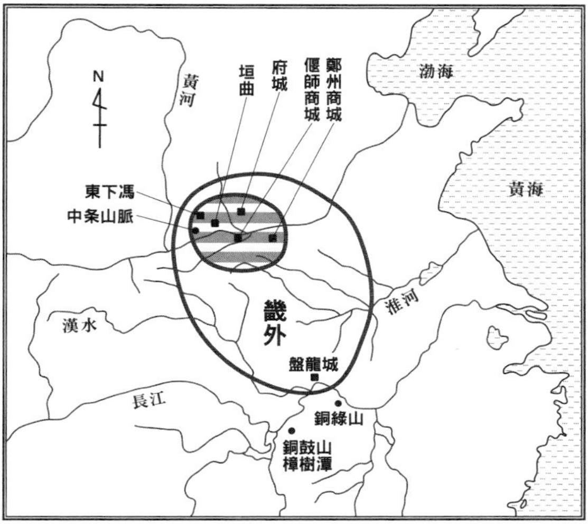

商前期（二里崗文化）的統治模式　中央陰影部分是直接統治的畿內，其外圍是間接統治的領域，也就是畿外。

至於遼西這邊，在夏家店下層文化的內蒙古敖漢旗大甸子遺址的墓裡，就發現了模仿爵與盉、鬹等二里頭文化陶禮器的陶器陪葬品。以爵與盉、鬹等特殊陶器為陪葬品的墓，在大甸子墓地裡並不多見，從陪葬品的內容與墓的規模看來，擁有爵與盉、鬹等陶器陪葬品的墓，被認為應該是社會階層最上位者的墓。這種情況說明了第八章所述，承襲了二里頭文化系統的陶器，是異文化之間交流的物品；而擁有與異地交流的物品，正是群體內社會性地位的象徵。可見新石器時代的異地交流活動，已經有相當的水準了。承襲了二里頭文化系統的璋，也擴散到了四川盆地，甚至廣東、越南北部，這也可以看出當時交流活動的一面。

殷商王朝前期與後期的統治範圍

殷商王朝時，畿內與畿外及其他周邊區域的關係，比二里頭文化期更擴大了。殷商王朝的畿內，可以說包含了先商文化的範圍與原來的二里頭文化的畿內。畿內裡有王都鄭州商城與副都偃師商城。畿外是在其外側的殷商王朝間接統治領域。弘前大學的島邦男教授曾經從甲骨文的研究中，推斷「侯」或「伯」等，是屬於商王朝的區域首長名稱，並且進行比較，推算他們的位置。

根據島邦男教授的研究，被稱為「侯」或「伯」的區域首長，其位置在河北省北部、中部，山東省西南部，陝西省西南部，山西省北、中部。這些區域相當於畿外，假設這些獨立區域的地方首長從屬於殷商王朝，那麼這些區域首領就有向殷商王進貢的義務。

而且，這些地方首長還在畿內，興建城郭，作為殷商王朝政治、經濟的據點。這些城郭也就是前面所述的東下馮、垣曲、府城。這些城郭的興築為了獲得銅、鉛礦與鹽礦，及輸送這些原料，而且很可能位於重要的交通樞紐位置。這裡也曾經是二里頭文化的人們移居的地點。

另一方面，盤龍城位於畿外的長江中游流域，湖北省大冶市銅綠山遺址就在附近，有生產銅、鉛的礦山，所以盤龍城是這些區域原料的集散地，可說是殷商王朝的一個前線基地。盤龍城遺址裡有鑄造工坊，但是工坊裡沒有製造青銅彝器的痕跡，所以想像工坊可能是製造銅或鉛、錫錠的場

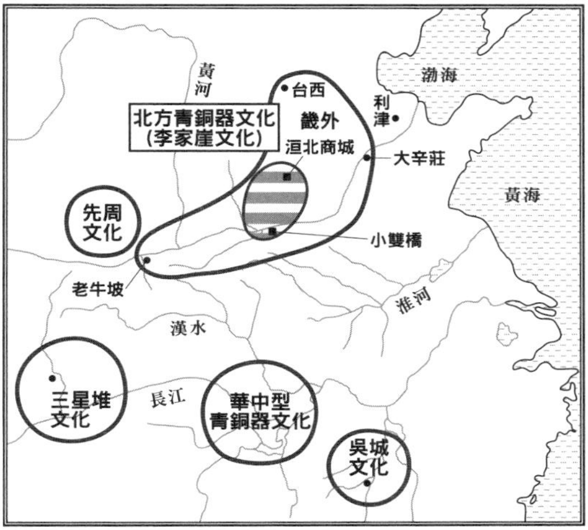

商中期、後期的統治模式　中央的陰影部分是王直接統治的區域，其周圍是擁有政治上君臣關係的畿外諸侯領域，更外圍的是與商王朝有交易網的地域文化。

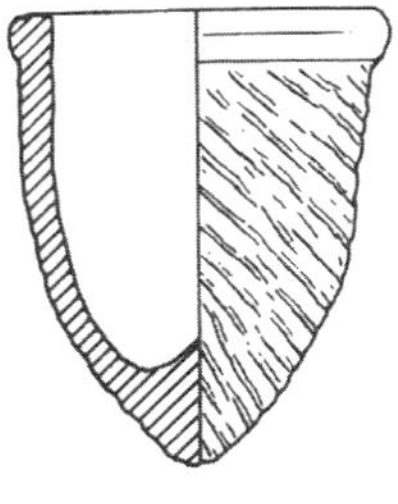

被稱為盔形器的製鹽陶器　山東省利津縣望參古窯址出土。

所。殷商朝的人移居到這樣的城郭，並以這樣的城郭作為獲得青銅等原料資源，並運往王都的據點，因此說這樣的地方是殷商王朝直轄地，似乎也無不可。

上述從屬於商王朝的區域首長，加上如同殷商王朝前線基地般的城郭所形成的據點式統治領域。這樣的統治領域就是畿外。而這些據點式城郭裡，有以青銅彝器為陪葬品的貴族墓，那很可能是從王朝的核心派遣來的殷商朝貴族墳墓，而墓內的青銅彝器是來自商王的再分配。

不過，生產銅資源的銅綠山遺址，及位於鉛礦山附近的湖南省岳陽市銅鼓山遺址和樟樹潭遺址，也出土了二里崗文化的陶器，這可能是受到了殷商王朝的影響或直接與殷商朝人往來的關係。這些遺址位於畿外的外側，屬於周邊地域。因為位於周邊地域，所以有確保資源的功能。而與殷商王朝敵對的區域首長，也會出現在這樣的周邊地域吧！出現在甲骨文中的「方國」，指的就是商王朝的敵對勢力。

從這個階段開始，在二里崗文化的影響下，周邊地域出現了青銅器，或者說開始生產青銅器。京都大學人文科學研究所的淺原達郎教授，以前稱這種現象為二里崗衝擊。我覺得這是相當恰當的形容。周邊地域受到二里崗文化的刺激，完成了自立性的成長。

這樣的統治結構，僅出現在前面說過的殷商前期，相當於鄭州商城繁榮的二里崗文化期。從鄭州白家莊期到洹北商城期的殷商中期時，以盤龍城為始的城郭逐漸衰微而被廢棄，此時為殷商王朝內部混亂，頻頻遷都的時期。

在這個時期裡，與殷商王朝有著直接連繫關係的河北省藁城縣台西遺址、山東省濟南市大辛莊遺址出現了。尤其是後者，被認為與在這個時期出現在渤海灣南岸，山東省利津縣附近附近的特殊陶器燒成窯跡遺址，有相當的關係。

這個特殊陶器，是被稱為盔形器的厚壁尖底深缽形陶器，也是製鹽時煎熬海水的製鹽陶器。大辛莊遺址被認為是渤海灣出產鹽等原料的集散地，也是商朝人移居的據點性遺址。另外，大辛莊遺址也因為是殷墟以外最早發現甲骨文字的遺址而聞名於世。

龍盤城城郭遺址在殷商前期，是商王朝收集南方區域來的物資的據點，但在殷商中期時衰退了。衰退的原因除了商王朝內部政權的問題外，和因為政局的不安定，王都不得不遷都的情形有關係。而且，之前位於畿外的點狀統治區域，也逐漸變成非直接統治的領域。也就是說，以往和畿外或周邊地域接觸的領域，其自主性變強了。這種情形可以視為殷商王朝在北部的統治範圍縮小了。

與周邊地域接觸的這些區域獨立性明顯化，是殷商後期的事，那時也就是殷墟成為王都的階段，或者說是出現甲骨文字記錄的階段。例如以江西省吳城遺址為中心的吳城文化，就是這個階段

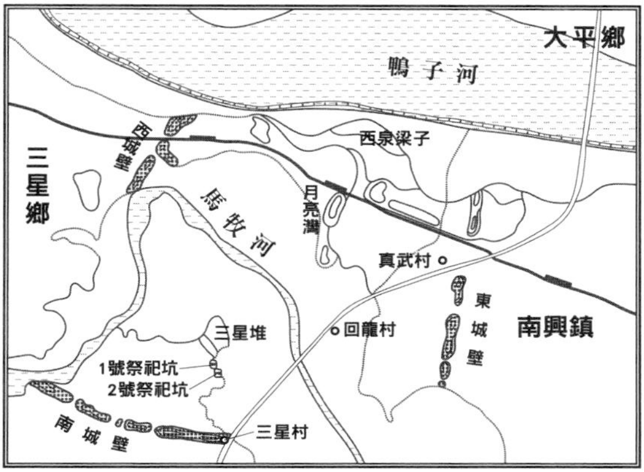

三星堆遺址　1986年，在城郭中央南側的小丘陵三星堆，發現了1號祭祀坑與2號祭祀坑。

的文化。這裡在二里崗文化期受到文化刺激，包含陶器在內的文化受到商王朝的強烈影響，之後，逐漸完成獨立性的發展，甚至完成了自有的青銅禮器。離吳城遺址約二十公里的江西省新干縣大洋洲墓，是與殷墟期並行階段的龐大王墓，墓中有大量帶有地方色彩的青銅禮器陪葬品。

與其說這個區域的青銅彝器是商王朝的贈予，還不如說這個區域提供了原料資源，與商王朝的關係是對等的，是青銅器資源與青銅器製品的交換。還有，像這樣的青銅彝器，與原本的商王朝禮制是不同觀念的威信財，是這個區域的地域首長所需的威信象徵。另外，在與商王朝的交流中，這個區域也獲得了青銅彝器的製作技術，有能力生產具有地方色彩的青銅彝器。新干縣大洋洲墓就是用了這樣的青銅彝器作為陪葬品。

同樣的情況也出現在難波純子女士所說的華中型青銅器。雖然還很難清楚其製作的確切地點，但是可以知道是在長江中游流域製作生產的，並且已轉換成同區域的威信財。雖然與殷商王朝的青銅器禮制系統不一樣，但模仿了殷商王朝的大型青銅彝器，在長江中游流域自行生產了青銅禮器。

從物質文化的變化，看到該區域新的政治性獨立動向的同時，也可以看到這個區域接受了來自殷商王朝的青銅彝器贈予。但是，這種贈予關係其實是一種交換，因為殷商王朝在贈予的時候，也獲得了原材料。

而殷商王朝的西部，又是什麼樣的情形呢？存在於西安附近的陝西省老牛坡遺址，從二里崗文化階段到殷商後期，與殷商王朝的交流密切，被認為是從屬於殷商王朝的區域首長遺址。這個區域也被認為是殷商王朝的畿外區域。這個區域外緣，是被稱為先周文化的地域，也是後來建立周王朝的周人的居住地。還有，從老牛坡到西南陝西省城固縣的青銅器文化遺址群，受到二里崗文化影響，能夠生產帶有地方色彩的青銅器，是擁有獨特地域文化的遺址群。

在這樣的過程中，長江上游流域的三星堆遺址也出現了特異的青銅器文化。以龍山文化期的寶墩文化為母體而發展出來的地域性文化，經過與二里頭文化的交流，再受到二里崗文化的衝擊，在殷商後期形成了獨具特色的青銅器文化。

發展出獨自的青銅器文化的三星堆遺址之謎

三星堆遺址位於四川省成都市北郊約四十公里的地方，是被東西長約一千六百至二千一百公尺，南北長約二千公尺的城牆圍繞的城郭。

這個城郭被建造的年代，是二里頭文化期並行的三星堆第二期，但主要居住年代是相當於二里崗文化至殷墟期的階段，也就是三星堆第三期、第四期的階段。在此期間，此地獨特的青銅器文化蓬勃發展。

西元一九八六年，這個城郭的內部發現了埋藏著大量青銅器或玉器、象牙的兩座地穴土坑。這兩座地穴土坑被認為形成於遺址的終末期，是某種祭祀遺址。被埋在這裡的青銅器之青銅容器，只有尊、罍等大型器種，其原型為殷商王朝的青銅彝器，至於製作的年代，很可能是殷商後期的三星堆第三期、第四期的年代。還有，其中一部分的青銅容器，與長江中游流域在殷商後期獨自製作的青銅器類似。

重要的是，這些符合殷商王朝規範的青銅禮器，是三星堆遺址當地自行製作生產的。而且，與其說這些青銅器的製作規範直接來自殷商王朝，其實更可能的是透過長江中游流域的殷商系統青銅器而來的。

利用鉛同位素比值分析法的推斷，認為殷商時，長江上游流域的銅礦石與鉛礦石有被拿來使用的可能性。而這些銅礦石，則被認為可能透過長江中游流域的區域群體，從四川盆地的三星堆文化地區，帶到了殷商後期的殷商王朝。

三星堆遺址的青銅器（三星堆博物館藏）以凸出的眼部為特徵的巨大青銅面具，是三星堆青銅器文化的代表性青銅器。

太陽形器（三星堆博物館藏）　三星堆二號祭祀坑出土，被認為是模仿太陽的青銅器裝飾物。

這些資源與作為交換物的威信財、青銅彝器之間的交換關係，對殷商後期的三星堆遺址來說，也可以說是長江中游流域與四川盆地之間的關係。還有，這種情形也可以理解為：越過以殷商王朝為中心的畿外，畿外周邊地域的網絡出現了多層性的擴展。

此外，三星堆遺址出現眼睛凸出的特殊面具或人頭像，還有高達二百六十二公分的人物立像、四公尺高的巨大神樹等，形成了極其有個性的青銅器文化。這樣奇怪的青銅器，正是三星堆文化被稱為奇異的三星堆的原因。三星堆文化形成的過程，首先要把三星堆文化放在前面所說的，以殷商王朝為中心的周邊地域網絡中來看，才容易了解。

近年來發現的成都市金沙遺址，被認為是繼三星堆遺址之後，該區域的政治性中心。金沙遺址繼承了三星堆遺址的系統，裡面埋藏了令人吃驚的金製品與大量的象牙。金沙遺址被認為也包含三了三星堆文化之後的十二橋文化，這是在區域文化更加獨自發展的同時，也對照出商周的時代交替下，區域文化的潮流吧！

像這樣，一方面接受了殷商王朝的青銅彝器禮制系統與其影響，一方面又從殷商王朝的政治體系下獨立出來，形成周邊地域的政體。這樣的政體提供物資給殷商王朝，與殷商王朝維持著物流往來的關係，是獨立的區域，而不是朝貢的關係。

這樣的區域位於畿內與畿外之外的位置，處於和殷商王朝擁有一定關係性的網絡位置上。漢代的王畿與諸侯關係，在這裡可以對比為畿內與畿外的關係，而與位於諸侯之外位置的外臣關係，在這裡就是與周邊地域的關係。這樣的網絡擴展，成為後來周王朝的擴展與秦、漢王朝領域擴大化的前提。

結論

初期國家的形成

讀者們讀到這裡，對於商王朝應當已有大致的了解。商王朝這個古代王朝，利用祭儀、更利用身分秩序象徵的禮制，來形成以王權為中心的宗族、氏族組成安定的階層構造；同時以進貢系統為基礎，建立了古代國家。這是新石器時代以前，以農耕社會為基礎的社會組織，逐漸進化的結果。

農耕社會的社會組織單位就是農耕的經營單位，那是以血緣家族為中心形成的。農耕社會原本是男女雙系共同體的單位，但後來轉變成以男系為中心的父系家族體制單位。而所謂的農耕社會基本上指的是在黃河流域與長江流域，各自以粟黍農作和水稻農作為生計的社會。

農耕社會因各個區域自然環境與地形環境的不同，而有數個區域文化之分。這些區域文化都有其原有的特性，也在進化速度上多多少少有前後時間差，但都如上述，在社會進化上從男女雙系共同體，轉變成以男系為中心的父系家族體制階層社會，並隨著父系家族以氏族為母體的首長制的出現，又出現了為使社會階層構造安定的，世襲性的首長制。

而率先出現父系家族體制的黃河中游流域，確立了以祭祀祖先的方式，來穩定社會秩序的宗教祭祀。另外，在農耕祭祀時使用動物供品，以及為了鼓勵社會組織的團結而以人為犧牲的祭祀活動，也開始盛行。

另一方面，同樣是粟黍農耕社會的黃河下游流域，為了維持已經達到階層化社會的秩序，發展出以酒器為中心的禮制，並且創造出祭祀祖先時象徵各氏族的族徽。

至於以長江中、下游流域為中心而發達的稻作農耕社會，在形成以太陽為信仰的共同體基礎下，階層化社會中逐漸確立了把太陽神奉為權威的首長制，首長藉著玉琮或玉璧與太陽神進行溝通，能夠在太陽神的庇護下行使政權。有了借助神的力量行使政權的神政，就能夠讓社會組織或生產組織順利運行。

新石器時代終末期，各地已經發達的農耕社會，擴大相互間的交流關係，除了交換物資外，也開始了精神生活交流的階段。各區域的交流活動除了能夠導入異地域的宗教祭祀、這種精神生活上的社會系統外，更大的作用是促成了社會的進化與複雜化，進而完成諸群體的統合。

還有，就像各個區域興建起大型的建築物般，這是接近古代國家強大王權的首長權出現的象徵，也是物質文化更加發達的表現。也有研究者把這個階段稱為初期國家，不過，我不認為這個階段是可以被稱為初期國家的階段。國家的定義或社會進化的定義是相對的，人類進化的發展法則絕對不會是固定的！

在東亞世界以外的地方，關於世界各區域初期國家形成過程的討論，也是非常活絡的。不過，我覺得藉由和世界其他地域的相對比較，來確認是否存在著社會進化上的要素，這對定義東亞的初期國家來說，是沒有什麼意義的事。我本人對人類學的新進化主義議題深感興趣，在此想從東亞或中國大陸的特殊性中，探討這個問題。

如果從這個觀點來看，新石器時代終末期時，各地域的農耕社會已出現絕對化的首長權，而其社會發展也在此倒塌。因為能超越此前社會單位的首長權並不存在。或者，即使首長權力大到能夠建立巨大建築物的情況，能維持其系統的首長權，並不是維持同氏族的權力，所顯現的只是一種不安定的現象。

這樣的現象可以說是初期國家的階段嗎？不得不說這種現象還是首長制社會階段。

問題是新石器時代之後的階段。之前傳統性時代區分下的青銅器時代開始期，也就是二里頭文化階段，該如何來看待呢？

根據文獻史料，這個階段也就是夏王朝時期；前面已經說過了，文獻史料裡所說的夏王朝，指的便是二里頭文化的政治勢力。

但是，就算文獻史料所說的夏王朝就是二里頭文化，這個社會在歷史性的發展階段裡，是否能夠被稱為初期王朝，還必須慎重看待。二里頭文化期顯示的，是舊有地域社會的、政治領域內的地域統合與地域發展。還有一點很重要，這個階段也是從其他地域吸收精神基礎，來維持農耕社會的社會組織秩序的階段。

農耕社會的各地域，在各區域形成了維持社會體制的宗教祭祀，如果一直不做改變的話，很快就會失去維持社會體制的機能。為了社會組織的進一步發展，就必須統合各區域的社會維持體制，形成新的社會組織系統。關於這一點，二里頭文化可以說是成功的。這個維持系統，應可以視為是社會進化上的新階段吧！而在其發展過程中，引進了禮制，採用了當地大汶口文化的身分標識，也就是酒器；此外，還在其中加入「樂」這種當地的階層標識，形成多層性的禮制。應該可以說這就是商周社會道德觀「禮樂」的開始。

做為身分標識的酒器，使用了當時貴重的青銅原料來製作後，終於完成了革新的階層秩序。

採用這種階層標識與禮樂的祭祀行為，就是新石器時代以來，以祖先祭祀為中心的氏族間，再一次確認為同祖同族關係的儀式。就像在二里頭遺址中可以見到的，其祭祀的空間就設在都城內的固定場所，並與宮殿及墓葬一體化，進行祭祀祖先的儀式。在宮殿內舉行的祭祖行為，成為宮廷禮儀的儀式後，逐漸走上制度化。

這個階段裡，這樣的新社會組織的組織原理成形了，並且吸收了來自其他地域的社會維持體制，被認為是歷史性的劃時代發展。不過使用這種社會維持體制的社會組織範圍，並沒有超越以前的區域社會的範圍。

一般認為河南龍山文化王灣三期的社會領域，就是夏王朝直接統治的基本領域，但除了二里頭文化是被認定的直接統治領域外，其他各個區域的首長都有很強的獨立性，可以想像他們與夏王朝的關係，是有進貢行為的同盟關係。也就是說夏王朝的政治擴展其實是有限的。如果注意到這一點，就會發現夏王朝還沒有達到確立強大王權的政治性社會進化。二里頭社會進化上的界限，就在於此。二里頭文化期是王權的形成期，我想將其定位在初期國家的形成期或萌芽期上。

從殷商王朝的統治開始，中國正式進入初期國家的階段

相對於上述，從二里崗文化到殷墟期的殷商王朝，首先是繼承了二里頭文化以來的社會維持體制，接著又吸收了更廣大範圍的宗教祭祀。可以從青銅彝器上看到禮制的確立，為了祖先祭祀而以動物為供品，由王權代替神的占卜行為，與記錄占卜結果的文字的出現。以祭儀與禮制為基本，以維持社會秩序與群體組織的祭儀國家誕生了。這樣的初期國家階段，正是超越之前的社會框架，進入政治性的統合與統治領域的階段，國家的體制因此成型了。這是歷史性的一個劃時代階段。

如果再看這個領域化的另一面，就會看到商王朝的直接統治領域——也就是畿內，把夏王朝直接統治的領域包含在內，擁有相當大的統治範圍，同時畿內外側的二次性統治領域——也就是畿外的領域也擴大了。

殷商王朝在二里頭文化期的政治、經濟據點上——也就是畿內，設置城郭，也在畿外建設城郭，做為資源的集散據點，並且派商朝人入駐，進行點狀的統治。

商王朝把資源與物資集中在商王之下的方式，就是進貢與再分配的互酬系統，也就是把資源與物資進貢給商王，然後再由商王將青銅彝器作為位階標識，進行再分配，如此確立了對商王的一元性進貢。正是因為有這樣的轉換，各種物資才能夠集中到商王朝的政治領域內，或者說各種物資才能從各個地方，集中到商都。

例如，青銅與鉛是青銅器原料，近年來在鉛同位素比值分析下，已可以分析出被集中到王都的青銅與鉛，來自許多不同的地方。除了有來自夏王朝時的銅礦石產地——中條山脈或陝西省南部的

東龍山附近外，銅綠山等長江中游流域的銅礦山，還有與三星堆的青銅器成分相同的四川省南部的銅礦石，也很有可能被運送到商王朝。

殷商中期以後，殷商王朝的統治權稍微衰退了，畿外的領域縮小、王都搬遷，連殷商前期成立的畿外據點性城郭，也走向廢棄之途。取代這種情況的，是山東大辛莊遺址與華北北部的藁城台西等新的間接統治的畿外區域的擴大。此時出現的，是畿外區域的再組合。

這個階段以後，尤其是到了殷商後期，殷商王對畿外之外的周邊區域的首長贈予威信財，或提供青銅禮器的製作技術，這些舉動可以說是為了確保資源與物資。換句話說，隨著統治權的縮小，殷商王朝與周邊區域的首長保持情誼的目的，是為了確保資源，彼此的關係更接近相對的同等關係。

到了這個階段，受到殷商青銅器文化影響的華中型青銅器、吳城文化（新干縣大洋洲墓）、城固青銅器、三星堆文化等誕生了。

殷商後期，在上述的統治構造的變化中，以同祖同族關係作為王權的基礎，進一步更加被強調，在區域上擁有統治基礎的氏族或宗族，不得不聚居在王都，在祭祀活動中保持成為以王權為中心的組織性樞紐。其結果就是氏族、宗族在殷墟這個祭儀城市中的族墓墓地，被規定在固定的位置上。墓地空間以王墓為中心，中間隔著祭祀坑與宗廟等祭祀空間，氏族、宗族墓以金字塔的構造在其周邊，依照離王墓的遠近，可以看出氏族、宗族與王的關係遠近。

從被序列化的墓地分布，可以看出氏族、宗族間的社會性地位。藉由在殷都的祭祀與送葬行為，來維持社會的進展與再生產，這是中國古代國家的特質。

從以上的特質看來，殷商王朝在東亞，確實被認為是已經處在初期國家的階段了。

以中華為名的想法

以上所敘述的中國初期國家的發展史，正是以粟黍農耕社會與稻作農耕社會為基礎的，先史社會統合化的發展史。換言之，這也可以說是中國農耕社會的發展史。

正因為文字這個能夠維持社會組織的重要社會系統出現，顯現了歷史時代的轉換，讓社會發展進入新的階段。在這樣的社會進化下，在農耕社會所發生的現象，可以說就是維持農耕這種必須組織化的群體勞動形態，與農地之間的不可分關係。然而，這裡必須確認的是：這個社會進化只是農耕社會內的社會進化。

其實，其後的中國社會形成一個初期國家的區域，也就是地理性中心的中原地區，古代國家便在這個區域裡幾經興亡，保護中華這個團體的思想逐漸形成了。這就是尊重自己的來歷，進而再度確認目前的自己；而這種想法對社會組織的再確認與組織的擴大，有極重大的意義。這種想法雖然與近代國家所見的民族主義，在本質與性質上略有不同，但從某種意義上來說，還是有許多共通的地方。

「中華」這種想法開始於商周社會的後期，也就是春秋、戰國的時代；而這種想法變成文化，可以說是戰國時代吧！

另外，「中華」這種想法開始於戰國時代，漢王朝繼承這個想法並且加以確立，但並不能直接與近現代的中華概念重疊在一起。近現代的中華概念是以清朝的國家領域為背景，所形成的國民國家基本概念。在這個意義上，要請讀者們特別注意的是：在中國史中，不能用中原為中心的單一性發展法則，與戰國時代以後正式形成的中華概念——或者說是中國概念，來看之後的中國史。同時，關於本書所述及的時期也一樣，不能把前面說的，從農耕社會發展到初期國家的發展法則，單純地套用在中國大陸或東亞的發展歷史上。

在史前時代的歷史變遷中，農耕是為了適應生活周邊環境領域而出現的現象，絕對不是因為農耕本身是一種先進的表徵，這是本書再三強調的概念。

而且，比起只靠狩獵採集就能生活的社會，初期農耕的生產量遠遠處於劣勢，而且產量也不穩定。

不過，從之後在群體組織化中所看到的農耕社會的發展，就能看出農耕社會與狩獵採集社會已到達明確的水平區分。而農耕社會的北邊區域，從新石器時代晚期起，在農耕社會中誕生了新型態的畜牧型農耕社會。這種畜牧型農耕社會，是以專業生產的方式來經營畜牧的游牧社會。

中國的史前社會，尤其是中國新石器時代，以不同於現在歐亞大陸能見到的、順應生態環境的社會生產性為背景，是人類群體出現差異的階段。

熱帶地區是採集社會，中緯度地區是農耕社會，中緯度北部到高緯度地帶是游牧社會，高緯度地帶到極北區域是狩獵採集社會，現在的這種社會平面劃分，可以說從史前社會就已經開始了。

此後，以物質文化發展為背景的社會進化，或在其社會進化的延長上，由文字記錄下來的歷史，人們經常以農耕社會為中心來了解歷史、思考歷史。前面所說的，中國走到初期國家的歷程，也正是在這個農耕社會裡發生的動態。

不過，我們不能忘記熱帶地區或極北地區的狩獵採集社會的歷史，也存在其中，並且也必須注意到從農耕社會分化出來的畜牧型農耕社會與游牧社會的歷史。

尤其是從農耕社會北邊分化出來的游牧社會的歷史，可說就亞洲內陸的歷史。中國歷史絕非只有農耕社會的歷史，亞洲內陸的歷史與農耕社會，不僅關係密切，甚至可以說是在一起的。從這樣的歷史性發展看來，以中華文明的形成為支柱的中國史觀，變成只是看到某個地域的地域史。對我而言，要討論中國史或整體東亞史時，這是不完全的歷史觀。

從中國通史看兩個文化軸

之前就有學者呼籲，觀看全體東亞史時，日本列島的歷史性變遷也應列入觀察之中。在這樣的情況下，以農耕社會的漢王朝所屬的中華為核心，對比東亞中心和周邊，以這樣觀點來觀看東亞時，會發現兩者是緊密連結成一體的。但是，只從這樣的觀點來看東亞中心與周邊，從而談論東亞史，果真好嗎？或者，全部以中國史，將中華放在核心，觀察與其周邊區域間的關係，這樣會比較好？

然而，就像漢王朝以後的歷史發展非常清楚的那樣，中國史是亞洲內陸諸民族的王朝南下，與漢民族反覆融合的過程。其中主要的亞洲內陸諸民族，舉例來說，就是北魏、金、元、清等。在亞洲內陸經常存在著與農耕地帶不同的社會群體，他們反覆南下，與農耕地帶的群體發生衝突後融合，是歷史上常見的現象。這種衝突與融合所產生的力量，正是中國基本的歷史大動脈。

即便回溯到史前社會，就像已經敘述過的，農耕社會與畜牧農耕社會（游牧社會）的接觸，對其彼此都是社會進化上的重要引爆劑。就像已故的美國漢學家費正清先生（John King Fairbank）在其遺著《中國的歷史》中，在關注中國史的發展時，特別重視漢民族與亞洲內陸諸民族的關係。上溯至史前時代，也應該要注意漢民族與亞洲內陸諸民族的關係，也就是農耕社會與畜牧型農耕社會（游牧社會）的相互接觸情形。

本書所敘述的史前社會，強調舊石器時代以來，中國大陸有北方與南方兩個區域社會文化軸。而且，這兩條文化軸中，北方的文化軸是經常與歐亞草原地帶進行交流，但在南方的文化軸裡誕生的物質文化，就相對地顯得保守與變化緩慢。此外，在兩條文化軸周邊出現的農耕，北方以粟黍農耕為主體，南方以稻作農耕為主體。不過，隨著農耕的發展與擴散，黃河中、下游流域出現了兩種農耕作物逐漸趨向融合的過程。

這種融合並不只是單純生計上的融合，而是以達到維持社會組織精神基本的融合為形式，統合、組織農耕社會的社會群體，結果誕生了夏王朝或商王朝那樣的初期國家，這一系列的過程，出現在中國大陸南方的文化軸上。

另一方面，新石器時代後期以後，位於農耕社會北邊區域的長城地帶，逐漸出現以分離的形式，從農耕社會裡誕生出畜牧型農耕社會。從長城地帶開始的亞洲內陸地區，出現了與殷商王朝不同，以青銅短劍為中心的北方青銅器文化。相對於商周社會，從長城地帶開始的亞洲內陸地區，一直以來都存在著不同的青銅器文化。這種情況應該可以從舊石器時代以來，所見的兩種文化軸來解釋吧！

也就是說，商周社會是南方的文化軸，北方青銅器文化是北方的文化軸。從新石器時代開始到殷商王朝期間，南方在兩種文化軸的交流中，誕生了小麥、青銅器、車馬等物質文化。另外，就如同在第十章敘述過的，殷商王朝這個完成初期國家的王朝，就像其出身母體是二里頭文化期的先商文化漳河型一樣，位於農耕社會與畜牧型農耕社會的兩個文化軸的接觸地帶。

同樣的情況也發生在滅了殷商王朝的周王朝。周王朝成立以前的周族雖然以周原為據點，但其文化樣式也是兩個文化軸接觸地帶的樣式。就如《史記‧周本紀》裡的傳說性敘述般，周族的祖先往來於農耕社會與游牧社會之間。大凡中國古代王朝在建立基礎的階段，大都處在兩種文化軸的接觸地帶位置上，因為接觸地帶正是誕生新社會系統的泉源。

在中國史上，包含史前歷史在內，能夠看到的這兩種文化軸，一直被認為是重要的歷史觀點。我們把目光投向，從農耕社會誕生出來的初期王朝或初期文明時，也應該要看到沒有文字的亞洲內陸文化軸的歷史重要性。這個歷史性的流動經過商周社會，接著在南軸上經過秦朝的統一後，誕生了漢王朝，而北軸上則誕生了匈奴游牧國家。這些相互的接觸，在中國史上有著重要的意義，相信讀者們都非常了解了。

另外，在觀察擁有兩條文化軸的中國大陸時，我認為觀察包含日本列島在內的整體東亞的史前社會與古代歷史，也是非常重要的。

東京大學的西嶋定生榮譽教授從地域間的關係看東亞時，他認為一直以來以中國王朝為中心，將周邊國家或周邊首長視為從屬的情況，是一種冊封體制。也就是說，以中心與周邊的概念，來討論東亞歷史。然而，我認為作為超越這種東亞歷史觀的東亞史前史觀、東亞古代史觀觀，上述的兩極構造式的歷史觀，是非常重要的。

歷史關鍵字解說

禹

被視為夏王朝始祖，傳說中的王。堯、舜治世時，發生了非常嚴重的洪水，禹的父親鯀被任命治水，卻以失敗告終。於是禹接替鯀，投入治水的工作，取得了有效的成果，並且因為治水的神話而有名。春秋時代中期的青銅器「秦公簋」的銘文上，有關於禹的記載，可知春秋時代就已經知道禹的存在。同樣春秋時代的「叔夷鐘」與「叔夷鎛」上的銘文，也出現了禹與夏王朝的記載。不過，這個時代還沒有把禹視為夏王朝的始祖。把禹和夏王朝連繫在一起，及禹的治水神話，是戰國時代各諸侯為了表示自己的正統性而存在的。關於禹的傳說，恐怕是到了漢代，才有了完整性。

湯王

商王朝的始祖湯王，消滅夏王朝的最後之王桀。甲骨文稱其為「太乙」，是確實存在的王。商王湯滅夏王朝後，建都於亳，而一般認為河南省的偃師商城，就是西亳。因此，距離偃師商城僅僅六公里的二里頭遺址，被認為是夏王朝的首都斟鄩。

中丁

商王朝的第十代王。根據《史記》，中丁之後的殷商中期因為王位繼承問題發生兄弟之爭，引發了九代的混亂。在這段期間內，原本從屬於殷商王朝的諸首長也停止了對殷商王的朝拜。隨著殷商王朝的權威衰退，丁中將王都從亳遷於隞。殷商前期的王都亳，被認為相當於鄭州商城。但是，遷都之舉似乎伴隨著某種動亂，而鄭州商城設有三處窖藏，窖藏裡埋有大量的王室祭器，例如巨大的方鼎等青銅彝器。青銅器窖藏有緊急避難的意思，而這些窖藏卻沒有被後來的殷商朝人挖掘出來。另外，關於隞的位置，根據比較推斷後，有學者認為就是被發現於鄭州市郊外的小雙橋遺址。

盤庚

盤庚是第十九代的殷商王，根據《古本竹書紀年》，盤庚遷都於殷。再根據《史記・項羽本紀》的記述與考古學上的研究，殷就是現在的安陽小屯已成定說。另外，從考古學上的年代比較推斷，殷的位置是近年來，在鄰接殷墟的地方發現的洹北商城，這也是一個有力的說法。

武丁

第二十二代的殷商王。殷的甲骨文字，是從武丁的時代開始的。武丁在位時間長達半個世紀，而目前為止發現的甲骨，有半數以上是武丁時代的東西。從其甲骨的內容，可以了解武丁的時代為了壓制西方的異族，發生過戰爭。另外，從甲骨文的內容，也可以知道婦好是武丁的王后。而一九七六年從殷墟內的五號墓裡出土的青銅彝器銘文裡，出現了婦好之名，由此可判斷五號墓是武丁之后、婦好之墓。這是歷史性的實名與考古學性遺址內容一致的難得事例。

新石器時代

十九世紀的英國學者約翰・盧伯克（Sir John Lubbock）將石器時代分為舊石器時代與新石器時代，並把新石器時代的起點，放在最後冰河期的末次冰期的終了，也就是更新世轉換到全新世的時期。此時，存活於更新世的猛獁、大角鹿等大型動物滅絕，生態環境與自然環境有了很大的變化。為了面對這樣的環境變化，人類也以適應新環境為目標，生活方式有了改變。當時，人類提高了對植物性食物的依賴，進入了從移動式生活，改變為定住性生活的社會變化。另外，盧伯克也舉磨製石器的出現為例，做為新石器時代開始時物質文化也產生變化的證明。不過，這樣的基準並不適用於全世界。以東亞來說，做為人類適應新的環境的證明，陶器的出現似乎更有力。

雙分制

指在不同的社會生活中，可以互補的兩個群體或範疇。半族群體是雙分組織的代表性例子。又，男與女、左與右、東與西等，是二元論的象徵，兩兩對立地把人類圍繞在其中，把世界一分為二。

威信財系統

在物質文化中，以特殊的物品為媒介，用以維持社會階層關係的社會系統。起初被認為是地域間的交換財，是社會群體內的特殊物品，而管理特殊物品者的社會地位，也因此獲得保障。之後，這樣的特殊物品——也就是威信財，變成社會地位的表徵，並由首長集中管理。此外，掌握、管理威信財的首長，不只能把威信財賜給下屬、家臣，還能把威信財分配給在其政治保護傘下的其他群體的首長，藉此鞏固彼此的政治關係，安定政治階層構造。威信財在二里頭文化與商文化裡，是相當於青銅彝器或玉器的東西。

首長制社會

由世襲的方式決定的首長，通常握有最高的政治權力，同時也擁有住民們以進貢的形式集中生產物等物資。首長可以把這些生產物資再分配給住民。新進化主義人類學者塞維斯（Elman Rogers Service），把社會進化的過程分成四個階段，分別是：血緣家族社會、部族社會、首長制社會、初期國家社會。首長制社會是平等的部族社會與初期國家社會的中間發展階段。

初期國家

指古代國家剛剛出現時的形態。根據塞維斯的定義，初期國家是以君王為頂點，貴族、平民、奴隸等等階層制度完備，擁有可以維持王權的官僚組織與司祭者，並且也確立了納稅的貢納制度的區域。另外，這個區域的人口規模在兩萬人以上，區域內有都城或宮殿等建築。不過，這樣的定義未必是所有地域初期國家的要素，為了確認各區域的發展階段，解釋初期國家階段在該地域內具體屬於哪個歷史階段，是非常重要的。

放射性碳素年代

空氣中的氮受到放射線的影響，會變化為不安定同位素碳十四。而碳十四每隔五七三〇±四〇年會減少為原有量的一半（早期的半衰期被測定為五五六八±三〇年），這是西元一九四七年美國芝加哥大學威拉得・利比（Willard Frank Libby）的發現。利用這個理論，藉由木炭等有機物的放射性碳十四的半衰率，就可以測出碳素的生成年代。因為生物死亡就會停止呼吸，固定這個階段的碳素，就能測出碳化階段的年代。考古學透過這種方法測定文化層中的共伴木炭與碳化種子，來斷定其文化層的年代。

樹木年輪校正

放射性碳素年代測定，是假設空氣中的放射性碳十四穩定不變，以此來測定年代的，然而這樣的測定方法是有問題的。近年來利用樹木的年輪來測定年代的樹木年輪年代學發達，在使用相同的資料下，樹木年輪年代與放射性年代的測定之間，明顯存在著誤差。樹木年輪校正法是藉由那樣的誤差來校正放射性年代，可以得到更接近實際年代的方法。

AMS

指加速器分析裝置。有了這種裝置，即使是微量碳素，也可以精確地測定出放射性碳素年代。例如從前無法測定的微小碳化種子，現在也能進行測定了。近年來的年代測定，一般都已採用此法了。

周口店遺址

西元一九一八年，瑞典人安特生（本名約翰・貢納爾・安德松Johan Gunnar Andersson，安特生為其中文名）發現周口店遺址。北京西南的周口店第十三地點、第一地點、第十五地點，是前期舊石器時代文化層；山頂洞是後期舊石器時代文化層。著名的北京猿人，就是在第一地點的下部更新世層發現的。第二次世界大戰前，步達生（Davidson Black，本名戴維森・布拉克）所調查的化石人骨離奇失蹤。戰後，根據裴文中等學者的調查，再度發現了猿人化石。另外，關於猿人有使用火的痕跡之事，有學者保持疑問的態度，認為或許那是火災的痕跡而不是使用火的痕跡。

裴李崗遺址

位於河南新鄭市，是西元前六千年左右的墓地遺址，沒有發現聚落的遺址。女性墓裡的陪葬品有磨棒、磨盤等粟、黍粉食用器具，男性墓裡的陪葬品有耕作用的石鏟，與收穫時用的石鎌等等。可見此時的墓葬習俗是不同的性別會用不同的陪葬品。裴李崗遺址因為證明了新石器時代前期已存在粟、黍農耕社會而聞名，成為裴李崗文化的標識遺址。

仰韶遺址

一九二一年，安特生在河南省澠池縣發現的遺址，是由彩陶陶器形成的彩陶文化的代表性遺址，也是仰韶文化的標識遺址。安特生認為彩陶起源於西亞，經過中亞的安納烏文化，然後散布到中國，所以他特別注意與中央接壤的中國西北部的甘肅彩陶。但是，現在一般認為甘肅彩陶是受到仰韶文化的影響而形成的，所以中國的彩陶文化起源自中國，是現在中國考古學界的普遍看法。

姜寨遺址

位於陝西省臨潼縣，以仰韶文化半坡類型到史家類型為中心而續存的部落遺址。一九七二~七九年，這個遺址被全面進行挖掘調查，並發現這個遺址可以分為兩個時期。姜寨一期有環壕聚落及其周圍的群體墓。聚落與其周圍的墓域完全被調查的例子，在中國並不多見。一九五四~五七年被挖掘調查的陝西省西安市半坡遺址，與姜寨遺址屬於同一時期，遺址內部的大部分也都被考察了。像姜寨遺址這樣，包含墓域在內的聚落整體情況得以解明的例子，顯得非常有意義。姜寨二期時聚落的痕跡消失了，取而代之的是以群體合葬墓為中心的墓地。

大汶口遺址

位於山東省泰安縣的遺址，是代表黃河下游流域的新石器時代中期文化的大汶口文化的標識遺址。一九五九年，發現、挖掘出大汶口文化中、後期的墓地，大汶口文化的社會特質因此被了解，墓內陪葬品中的彩陶與白陶、黑陶，都極具藝術價值。一九七四年、一九七八年，調查了位於遺址北側的大汶口前期與從這個時期往上溯的北辛文化期的墓地。但被認為存在聚落的遺址中心地，現在是大汶河的水流流經之地，已經無法查明聚落遺址的情形。

城子崖遺址

存在於山東省龍山鎮。因地名的關係，代表黑陶文化而被稱為龍山文化；這點不同於仰韶文化的彩陶文化。一九三〇年，以中央研究院歷史語言研究所的吳金鼎等人為中心，進行了城子崖遺址的挖掘調查，挖掘出城牆的存在，不過，當時並沒有把這個城牆認為是龍山時期的城址。一九七五年，在河南省登封市王城崗遺址發現龍山文化期的城址後，再次進行調查，才確認城子崖是山東龍山文化期的城址。

朱封遺址

位於山東省臨朐縣的山東龍山文化期的大墓。在一九八六年的挖掘調查中，發現一號墓中，在東西長四・四公尺，南北寬二・五公尺，深度一・八公尺的墓壙裡，築有木槨構造的墓室。這是個兩層構造的木槨，木棺被安置在內側。槨內除了木棺外，還有被稱為邊箱或腳箱，可以放置大量黑陶與陶器陪葬品的設施。另外，在二〇二號墓中，木棺內的被葬者的頭部，出土了玉簪。從木槨、木棺等埋葬構造與墓壙的規模大小，及含有玉器等豐富的陪葬品看來，這個墳墓被認為是山東龍山文化期的首長墓。尤其是其中的木槨、木棺的墓室構造，就是後來商周時代貴族墓或王墓的基本構造，因此被視為商周時代貴族墓或王墓的前身。

河姆渡遺址

位於浙江省餘姚市，在一九七三~七四的調查中，這個遺址內發現了大量的稻穀與稻梗，顯示西元前五千年時，這裡就已經有穩定性的稻作農耕了。另外，這裡的住屋構造屬於干欄式高腳屋，是沼澤地附近的聚落住屋構造，不同於其他地區，特別引人注意。因為這裡也是低溼地遺址，所以除了栽培水稻以外，還出土了很多植物的化石與動物的骨骸，這些東西對還原古環境的面貌，有相當大的幫助。此外，因為這裡也出土了漆器與玦狀耳飾，所以常被拿來與日本的繩文文化做比較。

良渚遺址

位於浙江省餘杭市良渚鎮，是良渚文化的標識。一九三六年，浙江省西湖博物館的施昕更先生在此試行挖掘調查，並判斷這裡是黑陶文化的遺址。良渚鎮與鄰近的瓶窯鎮、安溪鎮，形成了良渚文化的複數遺址群，遺址與遺址之間緊密地連結成一體，合稱為良渚遺址群。這個遺址群以莫角山遺址這個巨大的祭壇遺址為中心，分布在這個中心周圍的有反山土墩墓、匯觀山土墩墓、瑤山土墩墓等土墩墓，在其周邊，還分布著製作玉器的工坊等聚落遺址。還有，這個遺址的北側，有為了防洪而堆積起來的土壘。此外，以反山土墩墓為首的各土墩墓，都有玉琮或玉璧、玉鉞等大量的玉器陪葬品。

石家河遺址

這是位於湖北省天門縣，屬於屈家嶺文化期的城址遺址。其城址的規模南北長有一千一百公尺，東西長有一千公尺，是長江中游流域新石器時代城址遺址中最大的。這個城址內有鄧家灣遺址、潭家嶺遺址與三房灣遺址等多個遺址，石家河遺址是這些個遺址的總稱。這是繼屈家嶺文化後出現，石家河文化名稱的由來。石家河文化出現了特殊的成人甕棺墓，甕棺墓內有鷹形玉笄等玉器陪葬品，這些玉器上有人物像或動物像，這是石家河文化玉器的特徵。這些有石家河文化特徵的玉器，之後越過石家河文化的文化領域，擴散到陝西省北部的石峁遺址、二里頭遺址等地方。

陶寺遺址

被發現於山西省襄汾縣，是西元前二千六百年到西元前二千年，河南龍山文化期的大規模城址遺址。當初發現這裡的墓地群時，挖掘到了有石磬、鼉鼓或漆器做為陪葬的首長墓，階層化分布明顯的墓葬令人矚目。後來，圍繞著墓地區的巨大城牆也被發現了，很清楚地可以看出，聚落與墓地區雖然被區隔開，但卻並存於城址內部。從墓地區的分布，可以看出首長的下面還有貴族層的墓，而且，從聚落區內也可以看出，貴族層等社會階層的上位者的居住區塊，與一般居民的居住區塊是被分隔開的。除此以外，這裡也有工坊區，而城址則是從小城的階段開始增建成大城，規模也變大了。城址的規模最大時，南北長有一千五百公尺、東西長有一千八百公尺，是新石器時代最大規模的城址。小城階段時，墓地在城址的外側位置上，但到了大城的階段，墓地則在城內南側，並且還有被稱為觀象台的天文觀測建築。河南龍山文化中期時，這個地方受到暴力性的破壞，城址因此衰微了。

二里頭遺址

位於河南省偃師市西南約九公里的二里頭村。二里頭遺址是河南龍山文化與殷商文化接續時期的遺址，二里頭文化也因二里頭遺址而得名。考古學文化裡的二里頭文化，被認為可能相當於文獻中的夏王朝，至於二里頭文化裡的哪個階段相當於夏王朝，學界也有過一番熱烈的討論。尤其是二里頭三期的一號宮殿址與二號宮殿址的發現，及從墓葬中出土的爵或斝等青銅器的存在，提高了二里頭文化階段相當於初期王朝期的可能性。目前，一號宮殿與二號宮殿的下方，又發現了二里頭文化二期的宮殿，及好像圍繞著一號宮殿與二號宮殿的城牆與道路區劃，由這些發現來推斷，二里頭遺址是具有宮城機能，同時都市構造也相當明顯。

二里崗遺址

存在於河南省鄭州市內的遺址。根據一九五三年的調查，這個遺址的文化內容與殷墟遺址屬於同一系統，但是出現的時期比殷墟更早，所以被命名為二里崗文化。根據後來鄭州市內人民公園遺址的調查，再一次確認這個遺址的文化內容與殷墟期同系統，也就是同屬殷商文化，可以說二里崗文化期是殷墟期之前的重要文化期。從層位上區分時期時，二里崗文化可以分為二里崗下層與二里崗上層兩個時期，而這兩個時期還可以再細分為二里崗下層前半、後半期，與二里崗上層前半、後半期。不過，因為二里崗上層後半期以鄭州白家莊遺址為其標識，所以有學者認為，二里崗上層後半期應該從二里崗文化期中獨立出來，稱為白家莊期。也有學者把二里崗下層到二里崗上層前半期劃分為殷商前期，把白家莊期以後劃分為殷商中期。

偃師商城

位於河南省偃師縣，是二里崗下層期到二里崗上層前半期的城址。這是屬於商代前期的城郭，但因為離二里頭遺址僅六公里，所以學界對其屬性有各種看法。偃師商城也是從小規模的城址，慢慢擴大為大規模的城址的，城址內也分別有小城與大城。小城興建於何時還未有定論，不過多數認為小城興建於二里頭文化四期後半階段的看法比較有力。有些學者基於此一觀點，認為偃師商城就是商王湯所興建的都城亳。總之，二里頭遺址與偃師商城遺址的文化內容有差異，這被解釋為：殷商王朝與夏王朝的興亡，與其遺址的相異性格有關。

鄭州商城

位於河南省鄭州市，殷商王朝前期的都城。於二里崗下層期到二里崗上層前半期極為繁榮，是殷商王都的可能性很高。關於鄭州商城城牆的長度，東、南約一千七百公尺，西城牆約一千八百七十公尺，北城牆有一千六百九十公尺，是大規模的城址，宮殿區在城內的東北部，並且城外還有外城。而在內城的南側和北側，發現了青銅器工坊的遺址；此外，骨角器製作工坊與陶器製作工坊等工坊的遺址，則分布在內城的外側，由此看來，鄭州商城的都市機能相當明確了。還有，內城的外側還發現了三個用以埋藏青銅彝器的設施，從這些埋藏設施裡，出土了不少巨大的方鼎等青銅彝器。埋藏設施的存在，被認為與城址的衰微有關。

盤龍城

位於湖北省武漢市黃陂區，是與鄭州商城大約同一時期的城址。盤龍城的城牆南北二百九十公尺，東西二百六十公尺，是呈現方形的城郭，城郭的內部有大型的宮殿。一般居民的房舍與工坊在城外，城外還散落著數個墓地，墓中有二里崗文化期的陪葬青銅彝器。盤龍城被認為是殷商王朝統治南方區域的據點性都城，也是從南方來的物資的集散地，是供給王都資源的重要都市。殷商王朝可能派遣人員駐在此地，這些來自殷商王朝的人，會使用與殷商文化相同的陶器。

小雙橋遺址

這是位於鄭州市西北約二十公里的、石佛鄉小雙橋村的城市遺址。這個遺址南北長約一千八百公尺，東西寬約八百公尺，面積約一百四十四萬平方公尺，其中有直徑達到五公尺的大規模犧牲坑，用於牛、象、鹿、狗、豬等或人類，除了犧牲坑外，還有很多祭祀用的建築遺址。在建築基壇附近有祭祀用建築，並在祭祀用建築內，發現了鑄造青銅彝器的機構。此外，還發現了窖穴、土坑或火坑等構造的痕跡。小雙橋遺址存在的年代，相當於殷商中期的鄭州白家莊期，這裡因為存在著大規模的版築基壇，並且出土了宮殿建築用的青銅物件，所以被認為可能是殷商中期的都城，有學者認為這裡就是中丁遷都的隞，也有學者認為這裡是鄭州商城的副都。另外，這裡也發現了上面有紅色文字的大口尊，這些紅色文字因為早於甲骨文而受到矚目。

洹北商城

洹北商城位於殷墟的北側，一九九九年被發現前，沒有人知道此城的存在。這裡的東西城牆長約二千二百公尺，南北城牆長約二千一百公尺，是一座呈現方形的城址。現在已知城的中央部位有宮殿遺址，並從城內的花園莊遺址裡發現了殷墟文化第一期的青銅彝器。從這樣的年代觀看來，認為這裡就是盤庚遷都的殷的說法，是相當有說服力的。還有，也有學者把這個時期命名為花園莊期。另外還有一個說法，就是認為這裡是第十二代河亶甲遷都的相。

殷墟

西元一八九九年發現的甲骨文出土地，是河南省安陽市小屯；這個地方被認為是殷商王朝最後的王都，也就是殷，現在被稱為殷墟。沿著洹河的宗廟區、王陵區或王陵的前面，散布著犧牲坑。此外，氏族的墓地分布則以宗廟區為中心。還有，這裡也存在著青銅工坊等工坊的遺址。這個地方是武丁以後的正式王都，是祭儀性格濃厚的遺址所在。

三星堆遺址

位於四川省成都市。三星堆遺址因為西元一九八六年發現了兩個祭祀坑，而讓全世界矚目。這個遺址開始於龍山文化的寶墩文化期，但正式被使用的年代應是二里頭並行期。這個地方在商文化並行期時，興建了東西長一千六百至二千一百公尺、南北長二千公尺的城牆。兩個祭祀坑（一號坑、二號坑）就是在城內的中央南側被發現的，坑內有大量的青銅器與象牙、玉器。在這個地方發現的青銅器非常特殊，有眼部凸出的面具與人物像，以及巨大的神樹等，這顯示此時存在著與殷商文化青銅器不同的、另一個青銅器文化，因此引起世人的注目。關於這些青銅器被埋藏的時期，有多種說法，較被接受的說法是：這些青銅器是殷商晚期到西周初期的東西。這個遺址的結束時期與文物埋藏時期，被認為與商王朝的滅亡有著某種關係。不過，關於被埋藏的青銅器與玉器的主要製作年代，一號坑被認為是殷墟文化一期（盤庚～武丁期）的東西，二號坑是殷墟文化二期（武丁～祖甲期）的東西。

參考文獻

前言

（1）張光直／小南一郎、間瀨收芳譯《中國青銅峙代》，平凡社，一九八九年

（2）蘇秉琦／張明聲譯《新探　中國文明の起源》，言叢社，二〇〇四年

第一章

（3）袁珂／鈴木博譯《中國神話の傳說（上、下）》，青土社，一九九三年

（4）佐藤長《中國古代史論考》，朋友書店，二〇〇〇年

（5）陸思賢／岡田陽一譯《中國の神話考古》，言叢社，二〇〇一年

（6）林巳奈夫《中國古代の神がみ》吉川弘文館，二〇〇二年

（7）松丸道雄〈殷〉《世界歷史大系中國史1　先史～後漢》，山川出版社，二〇〇三年

第二章

（8）宮本一夫〈歐米における近年の中國考古學研究と日本における中國考古學研究〉，《日本中國考古學會會報》第9號，日本中國考古學會，一九九九年

（9）飯島武次《中國考古學概論》，同成社，二〇〇三年

第三章

（10）百々幸雄編《モンゴロイドの地球（3）日本人のなりたち》，東京大學出版會，一九九五年

（11）王幼平《更新世環境與中國南方舊石器文化發展》，北京大學出版社，一九九七年

（12）嚴文明《史前考古論集》，科學出版社，一九九八年

（13）李天元主編《鄖縣人》，湖北科學技術出版社，二〇〇一年

（14）宮本一夫〈農耕起源理論と中國における稻作農

耕の開始〉，《日本中國考古學會會報》第10號，日本中國考古學會，二〇〇〇年

（15）加藤真二《中國北部の舊石器文化》，同成社，二〇〇〇年

（16）甲元真之《中國新石器時代の生業と文化》，中國書店，二〇〇一年

◆就中國新石器時代的生業的地區差異，依據動植物遺存體的集成進行了實證性論述。並從考古學的觀點對其社會性差異進行了探討。

（17）佐藤洋一郎《稲の日本史》，角川書店，二〇〇二年

（18）中村慎一《稲の考古學》，同成社，二〇〇二年

第四章

（19）任美鍔編著／阿部治平、駒井正一譯《中國的自然地理》，東京大學出版會，一九八六年

第五章

（20）杜金鵬〈試論大汶口文化潁水類型〉，《考古》一九九二年第2期，考古雜誌社，一九九二年

（21）宮本一夫〈華北新石器時代の墓制上にみられる集團構造（一）〉，《史淵》第132輯，九州大學文學部，一九九五年

（22）今村佳子〈中國新石器時代の社會構造——渭水流域を中心として——〉，《古代學研究》第136號，古代學研究會，一九九六年

（23）袁廣闊〈閻村類型研究〉，《考古學報》一九九六年第3期，科學出版社，一九九六年

（24）欒豐實《海岱地區考古研究》，山東大學出版社，一九九七年

◆從考古學的角度，對新石器時代山東地區的文化及社會變遷進行了系統性的歸納。

（25）宮本一夫〈長江中・下流域の新石器時代研究〉，《日本中國考古學會會報》第7號，日本中國考古學會，一九九七年

（26）今井晃樹〈良渚文化の地域間關係〉，《日本中國考古學會會報》第7號，日本中國考古學會，一九九八年

（27）今村佳子〈中國新石器時代の土器棺葬〉，《古代學研究》第144號，古代學研究會，一九九八

年
（28）宮本一夫〈中原と邊境の形成——黄河流域と東ジアの農耕文化——〉，《現代的考古學3糧食生產社會的考古學》，朝倉書店，一九九九年
（29）趙輝〈長江中游地區新石器時代墓地研究〉，《考古學研究（四）》，科學出版社，二〇〇〇年
（30）中村慎一〈玉の王権——良渚文化期の社會構造——〉，《古代王権の誕生I東アジア編》，角川書店，二〇〇三年

第六章

（31）秋山進午編著《日中共同研究報告　東北アジアの考古學研究》，同朋舍出版，一九九五年
◆根據在遼寧省進行的戰後首次日中聯合考察的成果寫成的考察報告及論證，從中可了解遼西、遼東的新石器時代以及青銅器時代的特徵。
（32）大貫靜夫《東北アジアの考古學》，同成社，一九九八年
◆總結了從中國東北部到遠東的舊石器時代至青銅器時代的地域特徵以及時期性文化樣式的變遷，並從考古學的角度總結了在相關地區在各個歷史時代的特徵。
（33）楊式挺《嶺南文物考古論集》，廣東省地圖出版社，一九九八年
（34）秋山進午《東北アジア民族文化研究》，同朋舍出版，二〇〇〇年
（35）成都市文物考古研究所、四川大學歷史系考古教研室、早稻田大學長江流域文化研究所《寶墩遺址》，二〇〇〇年
（36）郭大順〈從「唯玉　禮」到「以玉比德」——再談紅山文化的「唯玉以葬」〉，《玉魂國魄》，北京燕山出版社，二〇〇二年
（37）宮本一夫〈朝鮮半島新石器時代の農耕化と縄文農耕〉，《古代文化》第55巻第7號，古代學協會，二〇〇三年

第七章

（38）橫田禎昭《中國古代の東西文化交流》，雄山

閣，一九八三年

(39) 嚴文明〈論中國的銅石並用時代〉，《史前研究》一九八四年第1期，西安半坡博物館，一九八四年

(40) 宮本一夫《中國古代北疆史の考古學研究》，中國書店，二〇〇〇年

◆實證解明了從農耕社會分離的畜牧型農耕社會的成立過程。並針對以農耕社會為基礎的商周社會的成立，從考古學的角度，解明中國北方青銅器文化從畜牧型農耕社會開始形成發展的過程。另外，在論述周王朝的一員燕國與相鄰的塞外地區的關係的同時，探討了燕國統治區域的發展過程。

(41) 田廣金、秋山進午主編《岱海考古（二）——中日岱海地區考察研究報告集》，科學出版社，二〇〇一年

(42) 佐野和美《中國における初現期の銅器・青銅器》，《中國考古學》第4號，日本中國考古學會，二〇〇四年

第八章

(43) 張光直〈中國相互作用圈與文明的形成〉，《慶祝蘇秉琦考古五十五周年。論文集》，文物出版社，一九八九年

(44) 林巳奈夫《中國古玉の研究》，吉川弘文館，一九九一年

(45) 西谷大〈大汶口文化の廟底溝類型系彩陶〉，《國立歷史民俗博物館研究報告》第35集，國立歷史民俗博物館，一九九一年

(46) 宮本一夫〈新石器時代の城址遺跡と中國の都市國家〉，《日本中國考古學會會報》第3號，日本中國考古學會，一九九三年

(47) 岡村秀典《中國新石器時代の戰爭》，《古代文化談叢》第30集（下），九州古文化研究會，一九九三年

(48) 淺川滋男《住まいの民族建築學——江南漢族と華南少數民族の住居論》，建築資料研究社，一九九四年

◆就中國南部地區的住房構造以及居住樣式的地區差別，根據現行民族調查進行了論述，也提

及一部分史前時代的住房構造的地區差異。

（49）Lin Liu 1996 Settlement Patterns, Chiefdom Variability, and the Development of Early States in North China. *In Journal of Anthropological Archaeology* 15,237-288.

（50）李伯謙《中國青銅文化結構體系研究》，科學出版社，一九九八年

（51）林巳奈夫《中國古玉總說》，吉川弘文館，一九九九年

◆就玉器的製作技法、文獻中所見玉器的名稱比較以及新石器時代到商周時代的玉器變遷進行了論述。

（52）岡村秀典〈龍山文化後期における玉器のひろがり——陝北出土玉器を中心に——〉，《史林》第82巻2號，史學研究會，一九九九年

（53）中村慎一編《東アジアに圍壁・環壕集落》，考古資料集25，金澤大學文學部考古學研究室，二〇〇一年

（54）林巳奈夫〈古玉雜考〉，《泉屋博古館紀要》第十九巻，泉屋博古館，二〇〇三年

（55）濱名弘二〈武器形遺物副葬墓の再檢討——有孔石斧副葬の意義〉，《中國考古學》第3號，日本中國考古學會，二〇〇三年

（56）何駑〈陶寺遺址扁壺朱書「文字」新探〉，《中國文物報》二〇〇三年十一月二十八日

第九章

（57）甲元真之〈魚と再生——中國先史時代の葬送觀念——〉，《國立歷史民俗博物館研究報告》第68集，國立歷史民俗博物館，一九九六年

（58）甲元真之、今村佳子〈東アジア出土先史時代土偶・石偶集成〉，《環東中國海沿岸地域の先史文化》，熊本大學文學部考古學研究室，一九九八年

（59）黃展岳／余都木章監譯、佐藤三千夫譯《中國古代の殉葬習俗「人崗樓牲」の研究——／中》，第一書房，二〇〇〇年

（60）岡村秀典〈中國古代における墓の動物供犧〉，《東方學報》第74冊，京都大學人文科學研究所，二〇〇二年

（61）今村佳子〈中國新石器時代の偶像・動物像〉，《中國考古學》第2號，日本中國考古學會，二〇〇二年

（62）林巳奈夫《神と獸の紋樣學　中國古代の神がみ》，吉川弘文館，二〇〇四年

（63）今村佳子〈中國新石器時代におくる占卜の起源と展開についての一考察／〉，《東アジアにおける新石器文化と日本Ⅰ》國學院大學21CEO第一組考古學班，二〇〇四年

第十章

（64）島邦男《殷墟卜辭研究》，中國學研究會，一九五八年

（65）*Kwang-Chih Chang 1980 Shang Civilization.* Yale University Press, New Haven and London.

（66）貝家茂樹編《古代殷帝國》，みすず書房（新裝版），一九八四年

◆從商王朝的發現史話、甲骨文學的歷史以及甲骨文等文字史料總結了商王朝的制度、生業、統治構造等，同時解說了以殷墟為中心的考古學成果。

（67）林巳奈夫《殷周時代青銅器の研究——殷周青銅器總覽1》，吉川弘文館，一九八四年

◆以商周時代的青銅彝器的種類名稱比較為始，從形式學的角度詳細論述了各種青銅彝器的編年系統。通過該書可以了解商周青銅彝器的基本年代觀。

（68）飯島武次《夏殷文化の考古學研究》，山川出版社，一九八五年

◆就二里頭文化的考古學資料作了個別詳盡的探討。並將之總結歸納後，把夏王朝、商王朝的文獻紀錄與考古學的解釋進行了相互對應的論述。

（69）淺原達郎《蜀兵探原——二里岡インパクトと周・蜀・楚——》，《古史春秋》第2號，朋友書店，一九八五年

（70）張芝聖〈略論新砦期二里頭文化〉，《中國考古學會第四次年會論文集》，文物出版社，一九八五年

（71）俞偉超《先秦兩漢考古學論集》，文物出版社，

一九八五年
(72) 林巳奈夫《殷周時代青銅器紋様の研究——殷周青銅器總覽2》，吉川弘文館，一九八六年
(73) 徐朝龍、NHK取材班《謎の古代王國　三星堆遺跡は何を物語るか》，日本放送出版協會，一九九三年
◆從考古學和文獻史學兩個方面對三星堆遺址的性質進行了明易的解說。
(74) 張立東《論輝衛文化》，《考古學集刊》10集，地質出版社，一九九六年
(75) 平勢隆郎《中國古代紀年の研究——天文と暦の檢討から——》，汲古書院，一九九六年
(76) 韓建業〈殷墟西區墓地分析〉，《考古》一九九七年第1期，考古雜誌社，一九九七年
(77) 大貫靜夫《〈中國文物地圖集・河南分冊〉を読む——嵩山をめぐる遺跡群の動態——》，同成社，一九九七年
(78) 鄒衡《夏商周考古學論文集》續集，科學出版社，一九九八年
(79) 徐朝龍《三星堆　中國古代文明の謎——史實としての「山海經」》，大修館書店，一九九八年
(80) 徐朝龍《長江文明の發見——中國古代の謎に迫る》，角川書店，一九九八年
(81) 岡村秀典〈農耕社會と文明の形成〉，《岩波講・世界歷史3中華の形成と東方世界——2世紀》，岩波書店，一九九八年
(82) 秦小麗〈二里頭文化の地域間交流——山西省西南部の土器動態を中心に——〉，《古代文化》第50巻第10號，古代學協會，一九九八年
(83) 難波純子〈華中型青銅　器の發達〉，《日本中國考古學會會報》第8號，日本中國考古學會，一九九八年
(84) 唐際根、難波純子〈中商文化の認識とその意義〉，《考古學雜誌》第84巻第4號，日本考古學會，一九九九年
(85) 張光直／小南一郎、間瀨收芳譯〈中國古代文明の形成〉，《中國青銅時代》第二集，平凡社，二〇〇〇年
(86) 岡村秀典編《中國古代都市の形成》，京都大學人文科學研究所，二〇〇〇年

（87）董琦《虞夏時期的中原》，科學出版社，二〇〇〇年

◆關於河南龍山文化向二里頭文化轉換的過程，從小區域陶器樣式分布圈的認識開始，進而將分布圈按時間軸進行統合，解明了二里頭文化成型的過程。

（88）小川誠《中國古代王朝成立期の考古學的研究》，鹿島出版會，二〇〇〇年

◆在商文化的成立過程中，特別注重名　「鬲」的陶器種類。從龍山文化到二里頭文化、二里崗文化變遷的過程中，隨著文化自北向南的南下現象，鬲逐漸成形。

（89）孫華《四川盆地的青銅時代》，科學出版社，二〇〇〇年

（90）仇士華、蔡蓮珍〈夏商周斷代工程中的碳十四年代框架〉，《考古》二〇〇一年第1期，考古雜誌社，二〇〇一年

（91）秦小麗〈二里頭文化與先商文化的土器樣式〉，《古代文化》第53卷第3號，古代學協會，二〇〇一年

（92）松丸道雄〈殷周春秋史總說〉，《殷周秦漢時代史の基本問題》，汲古書院，二〇〇一年

（93）平勢隆郎《よみがえる文字と呪術の帝國》，中公新書，二〇〇一年

（94）平尾良光編《古代東アジア青銅の流通》，鶴山堂，二〇〇一年

（95）岡村秀典〈殷周時代の動物供犧〉，《中國の禮制と禮學》，朋友書店，二〇〇一年

（96）岡村秀典〈王墓の成立とその祭祀〉，《古代王権の誕生I東アジア編》，角川書店，二〇〇三年

（97）岡村秀典《夏王朝——王権誕生の考古學》，講談社，二〇〇三年

◆首先通過後世的文獻及銘文等文字資料探討了夏王朝的存在，進而根據二里頭遺址等發掘考察的成果，從考古學的角度論證了夏王朝的存在。

（98）Li Liu and Xingcan Chen 2003,*State Formation in Early China*, Duckworth,London.

◆從遺址規模及立地條件論述了二里頭文化及二

里崗文化的社會變遷，同時解明兩種文化各自的社會制度。就夏王朝和商王朝進行了考古學的探討，著重再現周邊地區貢納王權所需資源的體制及其交通體系。

（99）西江清高〈先史時代から初期王朝時代〉，《世界歷史大系・中國史I——先史～後漢》，山川出版社，二〇〇三年

（100）杜金鵬《偃師商城初探》，中國社會科學出版社，二〇〇三年

（101）中國社會科學院考古研究所《中國考古學・夏商卷》，中國社會科學出版社，二〇〇三年

◆根據最新的考古學成果和證據，對夏王朝到商王朝的時代進行了考古學角度的歷史復原。

（102）德留大輔〈二里頭文化二里頭類の地域間交流——初期王朝形成過程の諸問題から〉，《中國考古學》第4號，日本中國考古學會，二〇〇四年

結語

（103）J.K.費正清／大谷敏夫、太田秀夫譯《中國の歷史——古代から現代まで／中國新史》，ミネルヴァ書房，一九九六年

（104）李成市《東アジア文化圈の形成》，山川出版社，二〇〇〇年

（105）宮本一夫編《遊牧民と農耕民の文化接觸による中國文明形成過程の研究》，九州大學文學部考古學研究室，二〇〇〇年

綜合參考

（106）Kwang-chih Chang 1986, *The Archaeology of Ancient China*. fourth edition, Yale University Press, New Haven and London.

◆概論中國舊石器時代、新石器時代、二里頭文化與二里崗文化階段。也簡明地歸納了中國初期王朝的成立過程。本書　第四版，日譯本所據版本　第三版（量博滿譯《從考古學看中國古代》，雄山閣，一九八〇年）。

（107）飯島武次《中國新石器文化研究》，山川出版社，一九九一年

◆按地區劃分了中國的新石器時代，進而論述了

農耕的起源、新石器時的青銅器，以及關於新石器時代向二里頭文化變遷等新石器時代研究中的諸多課題。

（108）張光直／伊藤清司、森雅子、市瀨智紀譯《古代中國社會——美術・神話・祭祀——》，東方書店，一九九四年

（109）林巳奈夫《中國文明の誕生》，吉川弘文館，一九九五年

◆按地域概述了中國新石器文化，並就其後的二里頭文化、二里崗文化、殷墟文化的特徵進行了簡明易懂的解說。

（110）小澤正人、谷豐信、西江清高《中國の考古學》，同成社，一九九九年

◆從考古學的角度，概述中國舊石器時代至秦漢的歷史，根據最新的考古學考察研究成果，做了簡明概括。

（111）杉本憲司《中國の古代都市文明》，思文閣出版，二〇〇二年

年表

時代	區分	中國		日本	西亞・歐洲
		一五〇萬年前			烏貝蒂亞遺址的人類開始向歐亞大陸遷移。
舊石器時代	前期	八〇萬年前	陝西省藍田猿人與湖北省鄖縣人出現		
		五〇萬～四〇萬年前	北京猿人出現		阿布維利文化
		二〇萬年前	遼寧省金牛山人出現		阿舍利文化
			山西省丁村遺址		
	中期	一〇萬年前	山西省許家窯遺址		莫斯特文化
			貴州省觀音洞遺址		
	後期	四萬年前	寧夏水洞溝遺址	刀型石器文化	奧瑞納文化
			山西省下川遺址	細石器文化	梭魯特文化

時代	時期	年代	中國	日本	世界
新石器時代	早期	前一萬三千年	中國各地出現陶器，新石器時代的開始。	陶器、打製石器出現（繩文時代開始）	納吐夫文化
		前八〇〇〇年	長江中、下游流域開始野生稻的栽培化。幾乎同時的，華北開始了粟、黍栽培。		西亞的黎凡特地方開始栽培小麥
			河北省磁山遺址出現大量的粟穀貯藏穴。		西亞出現陶器
			在裴李崗文化的墓內發現陪葬品有性別之分。		西亞開始製造銅器
	前期	前六〇〇〇年	從興隆窪文化的列狀分布住居，出現了環壕聚落。		
			湖南省八十壋遺址出現環壕聚落。		
			浙江省河姆渡遺址出現干欄式高腳屋和大量稻穀。		歐貝德文化
			湖南省城頭山出現水田		
	中期	前五〇〇〇年	仰韶文化出現環壕聚落		
			黃河中、下游流域進入父系血緣家族組織。	繩文海進期	

	廟底溝文化的彩紋陶器擴散到各地。		烏魯克文化
	江蘇省草鞋山遺址出現水田。		
	長江下游流域進入父系血緣家族組織。		
	紅山文化出現積石墓與玉器、女神廟。		
	良渚文化的墩墓裡出現玉琮、玉璧。		
前四〇〇〇年	中國西北地區出現馬家窯文化	大規模繩文聚落出現（三內丸山遺址）	
	以中國西北地方為中心銅器開始出現了。		埃及初期王朝時代
	河南省西山遺址出現城址。		蘇美初期王朝期
	長江中游流域出現城址遺址。		
	內蒙古中南部出現城址遺址。		埃及古王國時代
後期　前三〇〇〇年	山西省陶寺遺址出現大規模城址與首長墓。		
	山東省朱封遺址出現有棺槨構造的首長墓。		
	四川盆地出現城址遺址。		
	長城地帶的畜牧型農耕社會開始。		

禹建立夏王朝。　出現環狀列石　烏爾第三王朝

河南省新砦遺址已有城址建成。

河南省二里頭遺址三號、五號宮殿（二里頭文化二期）出現。　漢摩拉比法典成立

前二〇五〇年

二里頭遺址一號、二號宮殿（二里頭文化三期）出現。

二里頭文化開始製作爵、斝等青銅禮器（青銅彝器）。

歷史時代

太乙（成湯）建立商王朝，河南省偃師商城、鄭州商城出現。　西日本出現稻米等栽培穀物。

河南省東下馮遺址與湖北省盤龍城遺址出現城郭。

前一六〇〇年

河南省出現小雙橋遺址。　西台帝國成立

河北省洹北商城出現。　東日本龜岡文化出現。　埃及親王國時代

山東省大辛莊遺址與河北省藁城台西遺址出現。

殷墟出現。

四川省三星堆遺址出現特殊青銅禮器。

江西省新干縣出現大洋洲墓。

前一〇五〇年　周武王滅紂，成立周王朝。

ISBN978-957-05-3166-4

中國・歷史的長河

01

從神話到歷史

神話時代與夏王朝

初版一刷—2018年9月
初版四刷—2022年12月
定價—新台幣460元

作者　宮本一夫
譯者　郭清華
發行人　王春申
總編輯　張曉蕊
責任編輯　王育涵
封面設計　吳郁婷、吳郁嫻
內頁編排　菩薩蠻
地圖繪製　吳郁嫻
印刷　沈氏藝術印刷股份有限公司
出版發行　臺灣商務印書館股份有限公司
地址　23141新北市新店區民權路108-3號5樓
電話　(02) 8667-3712
傳真　(02) 8667-3709
讀者服務專線　0800056196
郵撥　0000165-1
郵件信箱　ecptw@cptw.com.tw
網路書店網址　www.cptw.com.tw
臉書　facebook.com.tw/ecptw
局版北市業字第993號

從神話到歷史：神話時代與夏王朝／宮本一夫著；郭清華譯 .-- 初版 -- 新北市：臺灣商務，2018.7
面； 14.8x21公分
ISBN 978-957-05-3166-4（平裝）

1. 夏史 2. 文化遺址

621.3　107013921